PO

VIVRE
HEUREUX

DU MÊME AUTEUR
CHEZ ODILE JACOB

Comment gérer les personnalités difficiles (avec François Lelord), 1997, « Poches Odile Jacob », 2000.

L'Estime de soi (avec François Lelord), 1999, « Poches Odile Jacob », 2002.

La Peur des autres (avec Patrick Légeron), 2000 (3e édition).

La Force des émotions (avec François Lelord), 2001, « Poches Odile Jacob », 2003.

Psychologie de la peur : Craintes, Angoisses et Phobies, 2004.

CHRISTOPHE ANDRÉ

VIVRE HEUREUX

Psychologie du bonheur

Odile Jacob
poches

15, rue Soufflot, 75005 Paris

www.odilejacob.fr

ISBN 978-2-7381-1524-9
ISSN : 1621-0654

à Pauline

Introduction

> « Bonheur : état de la conscience pleinement satisfaite. »
>
> *Dictionnaire Le Robert*

Je suis tout petit.

J'aime beaucoup qu'on me raconte des histoires. Mais la fin des contes de fées me laisse toujours un peu perplexe : « Ils vécurent heureux… » Comment le sait-on, puisqu'il n'y a plus rien d'écrit, de décrit ? Ils ne se fâchent plus jamais, ces princes et ces princesses ? Plus jamais malheureux ? Et pourquoi l'histoire s'arrête-t-elle ? Ce n'est pas intéressant le bonheur ? Plus rien à raconter lorsqu'on est heureux ?

Pourquoi ce mystère autour du bonheur ?

J'ai dix ans.

J'écoute de moins en moins les histoires des adultes, mais je les observe. De plus en plus. Je tends l'oreille lorsqu'ils parlent — rarement — du bonheur. Comme tous les enfants qui grandissent, je découvre que le malheur existe, et que la vie ne se déroule pas exactement comme dans les contes de fées.

Est-ce si difficile, le bonheur ?

J'ai vingt ans.

Je suis un étudiant plutôt heureux. Entre un cours à l'université et un match de rugby, j'aime discuter avec mes amis et refaire le monde. Mon obsession ne m'a pas quitté, mais je découvre un paradoxe : le bonheur est un sujet qui fâche. Il peut susciter de l'agacement (« le bonheur, c'est niais »), des critiques (« le bonheur rend mou et égoïste »), de l'hostilité (« le bonheur est une dictature »), voire du mépris (« le malheur est plus intéressant que le bonheur »).

D'où vient tout cet énervement à propos du bonheur ?

J'ai trente ans.

Ça y est, je suis psychiatre ! Aux côtés de celles et ceux qui ont du mal avec le bonheur : bonheur empêché, bonheur impossible, bonheur qui fait peur, bonheur que l'on fuit, bonheur que l'on pleure. Nous essayons ensemble de retrouver le bon chemin… Mais ce n'est pas facile. Comme l'écrit Voltaire : « Nous cherchons tous le bonheur, mais sans savoir où, comme des ivrognes qui cherchent leur maison, sachant confusément que cela existe… »

Comment trouver le bonheur ?

Aujourd'hui…

Je n'ai toujours pas résolu l'équation du bonheur. Ou pas complètement. Mais j'ai progressé, tout de même… En écoutant et en observant ceux qui sont doués pour l'éprouver, et le construire. En accompagnant et en aidant les autres à s'en approcher. Je continue de lire Voltaire.

Qui écrit : « J'ai décidé d'être heureux parce que c'est bon pour la santé. » Comme je suis médecin, j'aime ce qui est bon pour la santé de mes patients. J'aime le bonheur et l'idée du bonheur.

Et vous ?

Où en êtes-vous avec le bonheur ?

PREMIÈRE PARTIE

Le bonheur est-il possible ?

Rien de plus important que le bonheur. Rien de plus insaisissable aussi.

Les philosophes, qui ont été les premiers à en faire un objet d'étude, ont beaucoup réfléchi — et écrit — sur le bonheur.

Depuis peu, la psychologie tente à son tour de répondre aux questions que chacun de nous se pose à propos du bonheur :

- *Qu'est-ce exactement que le bonheur ? Une pensée, une émotion, une illusion ?*
- *Comment l'approchons-nous au quotidien ?*
- *Pourquoi tant de personnes ont-elles du mal avec le bonheur ?*
- *Quels sont les rapports entre bonheur et malheur ? Le bonheur peut-il aider à mieux faire face au malheur ? À lui survivre ?*
- *Existe-t-il des aptitudes au bonheur ? Si oui, d'où viennent-elles ? Et comment vont-elles s'inscrire dans nos trajectoires de vie ?*

CHAPITRE PREMIER

Qu'est-ce que le bonheur ?

> « Ils sont nombreux à dire : Qui nous fera voir le bonheur ? »
>
> Psaume 4

« Je suis dans une maison qui n'est pas la mienne, mais où des objets familiers se mélangent à d'autres que je ne connais pas. Je me sens très bien, calme, en paix. La porte de la pièce voisine est entrouverte. J'essaie de me diriger vers elle et de l'ouvrir, mais c'est impossible : soit je ne parviens pas à bouger, soit la porte change de place.

Tout baigne dans une lumière laiteuse, je me sens en apesanteur, je me déplace tantôt en marchant, tantôt en flottant, mon corps m'obéit totalement, ne pèse plus rien, tous les bruits sont lointains et amortis.

J'ai très envie de rentrer dans la pièce, je sens que la source de mon bien-être se trouve là, et qu'en y entrant je me sentirai encore mieux. Évidemment, je n'arrive jamais à entrer.

Mais le plus étonnant, c'est que, malgré cela, c'est tout de même un rêve agréable. Je reste sereine. Au réveil, je me sens bien, un peu bizarre : j'ai l'impression d'avoir approché le bonheur… »

Ce rêve m'a été raconté par une de mes patientes, avec qui j'avais longuement parlé du bonheur. Il résume à mes yeux l'évidence et le mystère du bonheur. Et aussi toute la difficulté que nous pouvons ressentir à le comprendre et l'approcher...

À deux pas du bonheur

Approcher du bonheur...

Comme la sagesse ou l'intelligence, le bonheur ne se laisse pas définir facilement. Plutôt que de renoncer (« Le bonheur n'existe pas. Par conséquent, il ne nous reste qu'à essayer d'être heureux sans »), essayons de le cerner, en analysant les états psychologiques agréables, voisins ou cousins du bonheur, mais qui ne le contiennent ni ne le résument tout à fait : plaisir, joie, satisfaction...

En quoi ces états sont-ils différents du bonheur ? En quoi sont-ils limités ou incomplets par rapport à ce que peut nous offrir le bonheur ? Sont-ils de simples expressions du bonheur ? Des moyens de s'en approcher ?

➤ *Satisfaction et bonheur*

Le sourire de bébé s'endormant après la tétée fait dire à la maman : « Voyez comme il est heureux... » Mais, sans s'en rendre compte, c'est de son propre bonheur que parle la mère, et non pas de celui de son enfant, plus difficile à affirmer (on peut en revanche assurer qu'il est très satisfait d'avoir reçu sa dose de lait, d'amour, de câlins et d'attentions).

On ne peut pourtant donner totalement tort à la maman : satisfaire un désir, n'est-ce pas la définition la plus spontanée du bonheur ?

Cependant, cela ne marche pas, ou pas toujours, ou pas aussi bien que nous le souhaiterions : le bonheur ne se résume pas à la satisfaction de nos désirs. Il est même possible que cela soit l'inverse. Proust notait par exemple : « Il est rare qu'un bonheur vienne justement se poser sur le désir qui l'avait réclamé. » Et c'est parfois même une erreur fatale que de rechercher le bonheur au travers de la satisfaction de ses idéaux : beaucoup de mythes tragiques ne racontent rien d'autre que la souffrance, puis la chute, d'individus à la poursuite de leurs désirs, que l'objet en soit l'amour, la puissance ou la gloire. D'où la célèbre formule d'Oscar Wilde : « Il n'y a que deux tragédies dans la vie : l'une est de ne pas avoir ce que l'on désire ; l'autre est de l'obtenir. »

Que faire alors ? Selon le bouddhisme aucun objet ne vaut qu'on le désire, la souffrance provient du désir, et c'est l'abolition du désir, et non sa réalisation, qui entraîne l'arrêt de la souffrance[1]. Abolir ses désirs : quel programme difficile ! Mais il nous rappelle utilement, en tout cas, que notre recherche du bonheur doit dépendre le moins possible d'objectifs matériels : ceux-ci doivent servir le bonheur, et non l'incarner (c'est le grand mensonge de la publicité).

➤ *Plaisir et bonheur*

Suzanne

« Pour moi, le bonheur, c'est avoir l'intelligence de profiter de la vie, de ne pas gâcher ses plaisirs. La base du bonheur, c'est la capacité à prendre le plaisir là où il se trouve. Il y a un proverbe

> américain qui dit : *An apple a day, keep the doctor away*, “une pomme par jour tient le docteur à distance” (sûrement pour encourager les gens à manger des fruits pour leur santé). Je l’ai transformé, pour m’amuser, en : *A pleasure a day, keep the sadness away*, “les petits plaisirs entretiennent le moral, et éloignent les tristesses illégitimes”. Inutile de viser trop haut des bonheurs trop complexes ou trop subtils : le meilleur des mots d’ordre, c’est *enjoy*, “savourez, profitez !”. »

Le plaisir est l’ensemble des sensations agréables liées à la satisfaction de nos besoins fondamentaux : nourriture, sexualité, confort, activité physique. Chercher son bonheur dans les plaisirs de la vie : voilà un beau programme, finalement, et qui a l’avantage de la simplicité. Est-il pour autant suffisant ?

De fait, le plaisir est souvent partiel, limité à la satisfaction d’un sens ou d’un organe, et diffère en cela de la globalité du sentiment de bonheur. De plus, le bonheur n’est pas une simple addition de moments de plaisir, et la phrase du poète Mallarmé — « La chair est triste, hélas ! et j’ai lu tous les livres » — rappelle ce douloureux constat : l’accumulation ou la répétition des plaisirs ne conduit pas au bonheur. Il est même possible que cela puisse en éloigner, par déception et frustration.

Quoique agréable, et nécessaire à l’existence, le plaisir n’est donc pas le bonheur, même s’il en donne à certains l’illusion : « Le plaisir est le bonheur des fous. Le bonheur est le plaisir des sages » (Barbey d’Aurevilly). Les limites de l’hédonisme, doctrine faisant du plaisir le souverain bien, ont été maintes fois soulignées par les philosophes. Mais pas seulement par eux…

Dans le joyeux tumulte idéologique des années 1960-1970, on avait décrété le plaisir « libéré » et les mots d'ordre à ce sujet se mirent à fleurir : « Jouir sans entraves », « Il est interdit d'interdire », « Plus je fais l'amour, plus j'ai envie de faire la révolution[2] ». Certains mâles se réjouirent de cet accès au sexe facilité, mais les choses n'étaient décidément plus comme avant : inspirées par les féministes, les femmes brocardaient désormais volontiers la caricature des hommes autosatisfaits, qui confondaient bonheur et plaisir en demandant à leur compagne, après un rapport sexuel : « Alors, heureuse ? »

Pourtant, le plaisir se rapproche parfois du bonheur : le chat qui ronronne nous semble éprouver une plénitude de plaisir que nous aurions envie d'appeler bonheur. Sous une forme intense et à certaines conditions, le plaisir peut même permettre d'accéder à une joie authentique, ou parfois induire du bonheur : ainsi le plaisir des mélomanes écoutant la musique qu'ils aiment, des gourmets savourant leur plat favori, des sportifs réussissant un geste difficile… Nous verrons plus loin quelles doivent être ces conditions.

➤ *Joie et bonheur*

Nicolas

« Il m'est plus facile de me souvenir et de parler des instants de joie, que de ceux de bonheur. Je me rappelle de scènes, de moments joyeux : fous rires entre amis, fêtes de famille, réussites professionnelles, victoires sportives, retrouvailles… Toutes ces joies sont claires dans ma mémoire. Le bonheur, c'est plus flou, plus confus, plus dilué dans le temps. Sans doute parce que je suis quelqu'un de concret, de pragmatique, d'extraverti : la joie, ça se ressent, ça se voit, ça se partage facilement. Le bonheur, c'est plus intime. Un peu mystérieux… »

L'enfant qui reçoit un cadeau, le scientifique qui fait une découverte importante, l'ami qui retrouve un autre ami ressentent de la joie, cette émotion positive, intense, qui emplit toute la personne. Mais la joie est une réaction à un événement de l'environnement, elle a le plus souvent une cause extérieure : or l'un des mystères du bonheur est qu'il peut parfois survenir de l'intérieur.

Et surtout, la joie, en tant qu'émotion, est brève par essence : « Le bonheur, c'est la durée. La joie, c'est l'instant[3]. » Il est vrai que le bonheur est toujours associé au sentiment de durée. Certes, il existe des bonheurs brefs et fugitifs. Certes, le bonheur n'existe pas en continu, mais seulement par intermittence. Mais tout bonheur contient l'espérance (on souhaite qu'il ne cesse jamais), l'illusion (on pense qu'il sera éternel), ou la promesse (on estime qu'il sera assez fort pour résister au temps) de sa propre durée…

Le bonheur et la joie, souvent associés, ne sont pas toujours nécessaires l'un à l'autre : il existe des joies malsaines, bien loin de la sérénité du bonheur, comme celles de la vengeance (la *Schadenfreude* de la langue allemande : joie de voir son adversaire à terre). Il existe aussi des bonheurs calmes, parfois très éloignés de l'excitation inhérente à la joie : parler de la vie avec un ami, dans la douceur d'une nuit d'été. D'ailleurs, le bonheur tend de lui-même vers le calme et la paix. On saute de joie, pas de bonheur.

La joie est à la fois un des ingrédients, une des expressions et une des incarnations du bonheur : « Elle est l'élément du bonheur, à la fois minimum (dans le temps) et maximum (en intensité)[4]. » Comme le plaisir, la joie est aussi l'une des voies d'accès au bonheur : sa force est telle qu'elle peut forcer de nombreux verrous psychologiques, et révéler ce que peut être le bonheur. Elle peut motiver à la recherche du bonheur, ce qui est une aide précieuse.

➤ *Béatitude et bonheur*

Judith

« Ma grand-mère avait une grande influence sur toute la famille, et surtout sur nous, ses petits-enfants. Elle nous donnait beaucoup de ce qu'elle appelait des *leçons de vie*. Comme elle était drôle et gentille, nous l'écoutions volontiers. Mais elle ne nous a pas rendu que des services ! Par exemple, lorsqu'elle nous parlait de l'amour, c'était : un grand amour, sinon rien ! Nous devions, d'après elle, savoir si les garçons que nous rencontrerions étaient ou non les "bons" au grand frisson que nous ressentirions alors à leur vue. J'attends encore ce grand frisson, et pourtant, j'ai bien rencontré l'homme de ma vie : mais les choses ne se sont pas tout à fait passées comme ma grand-mère nous l'avait annoncé ! Pour le bonheur, c'était pareil : il devait forcément être grand et renversant. Et donc rare. Et, les choses étant ce qu'elles sont, il ne fallait pas y prétendre trop souvent. Là encore, j'ai mis un certain temps à comprendre que, pour moi, le bonheur se présenterait plus souvent sous la forme de petits morceaux, même délicieux, que sous celle d'un gros gâteau d'anniversaire entier, avec des bougies et tout le tralala. Que le bonheur ressemblerait davantage à des lumières de bougies éparses qu'à une salve de feux d'artifice. Je n'ai jamais pu savoir si ma grand-mère, décédée à mon adolescence, avait effectivement eu accès à des états de bonheur supérieurs, ou si ce qu'elle nous disait sur l'amour ou le bonheur était juste destiné à nous mettre en garde contre une certaine légèreté dans l'appréhension de la vie… »

Il y aurait donc, pour quelques-uns, encore mieux, encore plus fort que le bonheur, des sphères au-delà du bonheur. Il existe des états psychologiques si forts que l'on sort de soi, on est *transcendé*. L'extase mystique survenue à Pascal, le 23 novembre 1654, entre dix heures et demie du soir et minuit, va bouleverser le cours de sa vie. Il en laissera quelques mots sur un parchemin (« Joie, joie, joie, pleurs de joie… ») connu sous le nom de *Mémorial de Pascal*, qu'il conservera jusqu'à sa mort, cousu dans la doublure de son vêtement.

Saint Augustin définissait la béatitude comme « la joie dans la vérité ». Le dogme catholique parle du « bonheur véritable que Dieu accorde à l'homme fidèle à sa volonté », et souligne alors qu'il vaut mieux, pour en souligner la durée, utiliser le terme de béatitude : « On parle d'un bonheur passager, non d'une béatitude fugitive[5]. »

Le bonheur quotidien de ceux qui ne sont ni saints ni sages ne prétend pas à des objectifs aussi élevés et impressionnants que la rencontre de Dieu ou de la Vérité. Et surtout, nous le verrons, le bonheur suppose un épanouissement dans le cadre de la personne, et non une « sortie » de soi comme l'extase ou le ravissement. Dans le bonheur, on n'est pas coupé du monde, mais en lien étroit avec lui. Rien de moins « béat » que le bonheur. Et pourtant, nous verrons bientôt que le bonheur a tout de même quelque chose à voir avec une forme de transcendance de la vie quotidienne…

➤ *Pourquoi faire des différences ?*

Un enfant s'approche de vous et vous tend un dessin, vous disant avec un grand sourire : « Tiens, c'est pour toi. » Puis il s'en va en chantonnant… Ce que vous ressentez alors est sans doute agréable. Mais qu'est-ce donc exactement ? Du plaisir ? (« son geste m'a fait plaisir ») De la joie ? (« j'étais tout joyeux ») Ou du bonheur ?

(« cela m'a rendu heureux »). Et si vous aviez été préoccupé ou stressé, ce geste vous aurait-il atteint ? (car on peut ne pas être réceptif au bonheur). Si vous n'aviez pas été disponible, l'enfant serait-il venu vers vous ? (car on peut écarter le bonheur de soi).

Alors, pourquoi se poser ces questions ? Finalement, tous ces états sont agréables, pourquoi ne pas s'en contenter, pourquoi chercher plus loin ? Il est manifeste que les éprouver et les cultiver nous rapproche du bonheur. Pourtant, ils ne le remplacent pas. Savoir, sentir qu'il peut y avoir « quelque chose » d'autre, qui les dépasse et les englobe, c'est déjà une motivation puissante. Il y a aussi, nous le verrons, une *nécessité* du bonheur, face aux menaces du malheur.

De fait, l'important n'est pas tant de nommer précisément ce que l'on ressent, que de permettre le bonheur et de le construire. S'il est utile de réfléchir à ces nuances, c'est parce que, comme le disait le philosophe Alain, « le plaisir, ou la joie, ou le bonheur, comme on voudra le nommer, n'est pas à prendre, il est à *faire* ». Et pour « faire » son bonheur, il faut certes accueillir, voire cultiver, tout ce qui nous en rapproche. Mais aussi, réfléchir un peu au-delà de nos expériences immédiates…

Comment faisons-nous l'expérience du bonheur ?

Imaginez une belle soirée d'été. Vous venez de passer un moment dehors, dans la tiédeur de la nuit, à écouter les grillons et à regarder les étoiles (*situation* propice au bonheur).

Vous entrez ensuite chez vous, et passez dans la chambre de votre enfant : vous vous apercevez qu'il a soigneusement disposé toutes ses peluches autour de lui avant de s'endormir. Sa tête émerge des draps, entourée par une galerie de petits animaux sympathiques. Vous vous sentez profondément touché(e) par ce spectacle (*émotion* de bonheur).

En montant vous coucher, vous bavardez avec votre conjoint à propos du bonheur, et échangez vos points de vue : il vous semble que le bonheur peut être en partie le fruit de certains efforts, mais votre conjoint pense qu'on ne peut le chercher volontairement, car il n'est que donné par le hasard (*visions* du bonheur).

En vous endormant, vous vous sentez bien, et prenez conscience de votre chance de pouvoir vivre ces instants ; vous réfléchissez à tout ce qu'il vous faudra faire pour pouvoir continuer d'en vivre d'autres (*construction* du bonheur). Puis vous sombrez dans le sommeil, car vous avez beaucoup réfléchi…

Vous venez de vivre quatre expériences de bonheur, différentes dans leur nature, leurs mécanismes, leurs significations : situation, émotion, construction et vision. Que recouvrent-elles ? Et que peuvent-elles vous apporter ?

➤ *Les situations de bonheur*

Voici l'extrait d'une lettre d'un de mes anciens professeurs, maintenant retraité dans le Sud-Ouest, avec qui j'avais parlé longuement du bonheur…

« Cher Christophe,

Tu me demandais l'autre jour de te raconter quelques instants de bonheur. En voici quelques-uns, récents et en vrac :

— quand mon épouse met des bouquets de fleurs dans la maison ;

— ouvrir les fenêtres de ma chambre, le matin, et voir le paysage que j'aime ;
— entendre les voix joyeuses et vigoureuses de mes enfants au téléphone ;
— manger un salmis de palombe avec des amis ;
— entamer mes premières grandes discussions avec mes petits-enfants ;
— observer le vol mystérieux des grues ;
— réparer un volet abîmé, le remettre à sa place, et contempler le résultat ;
— recevoir un appel téléphonique surprise d'amis en voyage dans la région, m'annonçant leur arrivée chez nous en fin d'après-midi ;
— marcher seul dans la forêt et m'arrêter de temps en temps pour écouter les bruits de la nature ;
— goûter à un vieil armagnac avec mes neveux... »

Nous parlons souvent de « moments de bonheur » pour désigner les instants, à la fois ordinaires et délicieux, que nous offre notre quotidien. Il existe incontestablement des moments plus favorables à la survenue du bonheur que d'autres. Ils sont presque toujours issus de trois familles de situations : les moments d'échanges (se parler, s'écrire, se téléphoner), les moments de communion (avec la nature ou l'art) ou de sensations (gastronomiques ou physiques), les moments de réalisation (dans le travail ou une activité que l'on aime).

Certains jours semblent nous offrir davantage de ces situations de bonheur. Mais est-ce dû aux situations, ou à notre réceptivité ? Nous pouvons les rater, ne pas les voir ni les saisir, « passer à côté ». Nous pouvons aussi aller à leur recherche, développer notre réceptivité à leur égard. La part du subjectif restera toujours importante : parfois, ces petites fêtes du bonheur quotidien refusent de décoller.

Car ces situations, ces instants ne sont finalement que des marchepieds pour notre bonheur : il reste encore à faire…

➤ *Les émotions du bonheur*

Sophie

« Le bonheur, il fait ce qu'il veut, il va et il vient, il nous échappe en grande partie. Il ressemble plus à un chat qu'à un chien : c'est lui qui décide de venir ronronner sur nos genoux ou pas, il peut vous bouder, ou disparaître plusieurs jours. Il n'accourt pas quand on l'appelle. C'est pour ça que moi, je n'aime pas dire que je *suis* heureuse. Je me donne juste le droit de dire que je me *sens* heureuse. Le bonheur, ce n'est pas un état stable, c'est quelque chose d'incontrôlable et de subjectif. »

« Se sentir heureux », voilà qui nous fait passer dans une dimension légèrement différente : le bonheur n'est plus seulement à l'extérieur de nous, mais nous l'avons intériorisé, sous la forme d'une émotion.

Une émotion est la perception physique et psychologique d'une situation, cette perception allant plus vite que l'intelligence et le langage. Une émotion est involontaire : on ne peut en contrôler la survenue (mais on peut en revanche en moduler l'intensité, faire ou non le choix de l'exprimer, et décider éventuellement de la manière dont nous l'exprimerons). On ne peut la convoquer : nul ne peut *décider* d'être jaloux, en colère ou joyeux.

Le bonheur se rapproche donc incontestablement du monde des émotions (nous verrons qu'il est *quelque chose* en plus) : il va être ressenti de manière involontaire, physique et psychique, pourra souvent se passer des mots, et on ne pourra décider d'être heureux sur commande.

Comme il existe des émotions discrètes (la nostalgie) et d'autres renversantes (la joie), le bonheur pourra lui-même être plus ou moins intense et bouleversant.

➤ *La construction du bonheur*

Les deux expériences précédentes du bonheur, situations et émotions, nous renvoient à une interaction entre l'environnement (que propose-t-il ?) et la personne (comment va-t-elle réagir ?). Ce que l'on peut nommer *construction* du bonheur n'est plus un phénomène passif : être dans des situations agréables et s'y montrer réceptif, mais un phénomène actif : les rechercher, les susciter, en amplifier l'impact et la durée.

Ce que confirme l'étymologie : dans la langue française, le mot « heureux » désigne au départ celui qui bénéficie d'un destin favorable. Le « bon heur » est alors la « bonne chance[6] », d'où l'expression, sinon incompréhensible, « au petit bonheur la chance ». On assiste ensuite à une évolution progressive dans l'usage du mot, qui se met à désigner un état mental. Cette évolution du sens du mot *bonheur* correspond à celle des attitudes et des convictions à son propos : siècle après siècle, nous nous sommes mis à penser que le bonheur ne nous était plus seulement offert par le destin, mais que nous pouvions aussi le construire et le conquérir. En langage parlé, nous utilisons par exemple l'expression : « Artisan de son bonheur. »

> Dans la lettre de mon professeur du Sud-Ouest, dont je citais un extrait un peu plus haut, figuraient aussi quelques exemples de bonheurs très clairement liés à un effort, une démarche de construction :

— « rechercher en moi, secrètement, à me réconcilier avec telle ou telle personne en inimitié et, quelquefois, réussir ;
— prendre du temps avec un ami malheureux, et l'écouter ;
— dans mes combats intérieurs, gagner quelques batailles de temps en temps… »

Ce passage du bonheur *reçu* au bonheur *construit* est comparable à ce qui s'est passé pour la nourriture (le bonheur est d'ailleurs, sous certains aspects, comparable à une nourriture psychologique).

Longtemps, les humains furent des chasseurs-cueilleurs : leur nourriture dépendait de ce qu'ils pouvaient trouver et glaner dans leur environnement. Puis, ils devinrent des éleveurs-agriculteurs, ce qui leur permit un meilleur contrôle des ressources alimentaires. Cela entraîna du bien (moins de famines, développement possible d'autres activités techniques ou culturelles…) et du moins bien (conflits de pouvoir, courses à la possession, maladies de pléthore…).

Il en est de même du bonheur : nos aspirations modernes sont aujourd'hui de l'apprivoiser, de ne plus nous contenter des bonheurs *sauvages*, mais de tenter d'en faire l'*élevage*. On parle à ce propos d'usines à rêves et d'industries du bonheur pour décrire les machineries du cinéma hollywoodien. La grande question est bien sûr de savoir si ce bonheur d'élevage aura le même goût que le bonheur sauvage. Si les bonheurs de *culture* valent les bonheurs de *nature*.

Mais c'est sans doute une erreur de formuler le débat ainsi : voilà longtemps que nous n'opposons plus la lumière électrique à la lumière naturelle. Les deux nous sont nécessaires, et les deux ont leurs charmes propres : on peut trouver également belles une aurore à la campagne et une ville éclairée la nuit… Il en est de même des bonheurs sauvages et des bonheurs d'élevage, des bonheurs offerts et des bonheurs construits : nous avons besoin des deux. Ils sont complémentaires et rien ne les oppose, en dehors des convictions idéologiques de certains chantres du « bonheur-qui-ne-doit-surtout-pas-se-rechercher-car-ce-ne-serait-pas-du-vrai-bonheur ».

➤ *La vision du bonheur*

Aurélie

« J'ai eu deux parents très différents dans leur rapport au bonheur. Ma mère était une anxieuse, toujours inquiète par rapport à l'avenir, n'osant jamais se réjouir, de peur que cela n'attire le malheur et la poisse. Elle était adepte du *Pour vivre heureux, vivons cachés*. Chez elle, c'était carrément : "Cachons notre bonheur, et faisons même semblant de ne pas le reconnaître si par hasard on le croisait !" Elle était convaincue que le bonheur était une chance indue, insolente ; et qu'il pouvait attirer la colère des dieux ou la jalousie des humains. Mon père, lui, c'était l'inverse : il était persuadé que le bonheur était possible, et que tout le monde y avait droit, que nous étions sur terre pour y être heureux. C'est le malheur qui lui semblait être une anomalie. Autant ma mère était inquiète à propos de tout, autant lui était confiant sur à peu près tout. Et quand elle critiquait son optimisme systématique, il lui répondait : "Même si j'ai tort, ça me fait du bien d'y croire." »

Se sentir heureux relève de l'émotion. Estimer que le bonheur est possible ou que sa vie est heureuse relève par contre du jugement, on pourrait même dire de la conviction : c'est une *vision* du monde, subjective et personnelle. Cette vision conditionne profondément le regard que nous promenons sur notre vie, et explique que nous la considérions comme heureuse ou malheureuse : nous sélectionnons ou ignorons certains événements, nous leur attribuons une importance plus ou moins grande. Nous pouvons ainsi être aveugles à des situations de bonheur, gaspiller des émotions de bonheur. Ou, au contraire, nous nourrir durablement de l'expérience et du souvenir de quelques petits bonheurs.

Une vision positive du bonheur peut assurer une vie émotionnelle plus harmonieuse. Un de mes patients me disait un jour : « Lorsque je suis triste, fatigué, il me tarde de pouvoir être à nouveau heureux… » C'est toute une vision du bonheur qui transparaît dans cette phrase : même dans la tristesse, on sait que le bonheur finira par revenir. Tout comme on ne s'effondre pas parce qu'il pleut, mais on attend et on espère le soleil.

C'est exactement ce que ne peuvent plus faire les personnes déprimées, persuadées que leurs souffrances ne connaîtront pas de fin, et c'est pour cela que leur tristesse douloureuse est en fait une maladie. C'est pour cela aussi qu'elles ont du mal à « se battre » et à « réagir », comme le leur recommande l'entourage : leur vision du bonheur a été laminée par la maladie dépressive, et avec elle leur motivation à faire des efforts (« À quoi bon ? La vie n'apporte que souffrances et déceptions… »). C'est pourquoi la dépression relève d'un traitement, médicamenteux ou psychothérapique, et non de la seule volonté de la personne. Mais revenons à notre vision du bonheur…

Sur quoi la vision du bonheur repose-t-elle ? Sur des éléments subjectifs plus souvent qu'objectifs. Et toujours sur une histoire intime, une trajectoire de vie personnelle : Aurélie, dont j'ai cité le témoignage, avait commencé à « fonctionner » comme sa mère, sur le mode d'une hyperanxiété face à l'existence, jusqu'à la trentaine, avant de devenir peu à peu capable de penser le bonheur possible, comme son père.

Chacun de nous a donc un avis *a priori* sur le bonheur : possible ou non, lié à l'action ou au repos, au lien social ou au recul, etc. Mais surtout : dépendant de nos efforts ou du hasard. Car nous savons tous que le bonheur n'existe que par intermittence. Mais il y a ceux qui s'y résignent, et s'en remettent au hasard. Et ceux qui ont en tête de rendre, par leurs efforts, ces intermittences plus fréquentes et plus durables…

➤ *« J'ai connu le bonheur, mais ce n'est pas ce qui m'a rendu le plus heureux »*

À l'issue de ce survol des différentes expériences de bonheur, nous pouvons maintenant mieux comprendre une des significations de cette phrase, apparemment paradoxale, de Jules Renard.

Il y a d'une part des bonheurs qui nous sont offerts par la vie (situations et émotions) et d'autre part les bonheurs que nous essayons de construire et de nous permettre (construction et vision). Les premiers nous donnent l'occasion de *ressentir du bonheur*, ce qui est déjà beaucoup. Les seconds nous aident à *accéder à une vie un peu plus heureuse* que celle que nous auraient permis les hasards de l'existence ou les événements de notre passé, ce qui est encore mieux.

Pour être tout à fait sincère, et pour avoir lu et relu religieusement son *Journal*, je crois que Jules Renard voulait aussi dire d'autres choses : que les petits bonheurs peuvent nous rendre plus heureux que les grands, et donner plus de sens à notre vie. Nous en reparlerons. Et que le bonheur n'est pas quelque chose de totalement rationnel (même si le rationnel peut nous aider à mieux l'apprivoiser) ni prévisible (même s'il vaut mieux y réfléchir un peu à l'avance). Nous allons voir pourquoi…

Le bonheur : un sentiment très particulier

➤ *Au départ était le bien-être*

« Le bonheur, c'est quand je me sens bien… »

Au premier abord, quoi de plus éloigné du bonheur, concept noble, que le bien-être, concept plus trivial, voire vulgaire ou pantouflard ? Pourtant, le bien-être, de par sa nature, est sans doute ce qui nous rapproche le plus du bonheur.

Les scientifiques, très prudents avec la notion de bonheur, préfèrent souvent ne travailler que sur cette notion de bien-être, sur laquelle des études sont aujourd'hui conduites en quantité croissante[7]. Dans son essai *Vivre content*[8], Jean-Louis Servan-Schreiber propose malicieusement de renoncer au bonheur, ou du moins à l'usage du mot, et suggère plutôt de rechercher le *contentement*, comme une « petite monnaie du bonheur ».

C'est en tout cas comme cela que les choses se présentent le plus souvent : des moments agréables croisent notre chemin, à moins que nous ne les ayons provoqués nous-mêmes. Ils peuvent être prévisibles et logiques : marcher au printemps sur un chemin que l'on connaît et que l'on aime, participer à une fête, parler de la vie avec un(e) ami(e), écouter sa musique préférée… Ils peuvent aussi être des étincelles et des jaillissements imprévus : entendre un oiseau chanter au-dehors alors que l'on s'échine à un travail difficile, croiser une personne inconnue qui vous sourit, recevoir un coup de téléphone imprévu de quelqu'un qu'on aime bien, voir deux enfants marcher dans la rue en se tenant par la main…

Tous ces moments nous offrent de l'agréable sous une forme ou une autre. Ils vont nous faire du *bien*. Et tout ce qui va concourir à notre bien-être va faciliter la survenue du bonheur : faciliter seulement, ni plus ni moins. Le bien-être n'est finalement qu'un carrefour, qu'une fenêtre ouverte sur des possibles. Il peut ne déboucher que sur lui-même, ou permettre d'accéder à tout autre chose. Et à ce stade, le bonheur n'est encore qu'un fantôme, une promesse. Il n'y a pour l'instant qu'un « petit quelque chose »…

➤ *Le bonheur est un sentiment*

Le bien-être ne serait jamais du bonheur sans l'ingrédient fondamental qu'est la *prise de conscience*. Montesquieu écrivait : « Il faudrait convaincre les hommes du bonheur qu'ils ignorent, lors même qu'ils en jouissent. » C'est que la prise de conscience de l'état de bien-être, qui est le socle du bonheur, fait changer ce dernier de statut : d'un simple état de confort, on peut accéder à un phénomène beaucoup plus intense.

Cette prise de conscience est une opération psychologique plus difficile qu'il n'y paraît. Elle est entravée par de nombreux obstacles quotidiens, ce qu'une de mes patientes appelait des « pollutions psychologiques » : soucis, stress, fatigue, exigences excessives… C'est sans doute pour cela que tant de bonheurs sont rétrospectifs. Ce qu'ont tristement souligné les poètes : « Bonheur, je t'ai reconnu au bruit que tu as fait en partant. »

Quoi qu'il en soit, la conscience de l'instant est l'ingrédient indispensable au bonheur. À tel point que certains, comme Albert Camus, plaçaient cette conscience encore au-dessus du bonheur : « Ce n'est plus d'être heureux que je souhaite maintenant, mais seulement d'être conscient. » *Montaigne, ou la conscience heureuse* est aussi le titre d'un des plus beaux livres[9] consacrés à ce philosophe attentif au bonheur, qui écrivait dans ses *Essais* : « Moi qui n'ai autre fin que vivre et me réjouir. »

Plus qu'une pensée volontariste ou qu'un discours intérieur (dur de se convaincre que l'on est heureux si le corps ou le cœur ne suivent pas), plus qu'une émotion ou qu'une humeur (même bonne), le bonheur est donc, grâce à la conscience, ce que les chercheurs en neuropsychologie nomment un *sentiment*, cette « expérience mentale et privée d'une émotion[10] ». La conscience est indispensable à l'émotion de bien-être pour conduire au sentiment de bonheur. Mais il nous manque encore une ultime dimension…

➤ *Le bonheur se suffit à lui-même*

Clémence

« Mon plus grand bonheur ? C'est un bonheur de carte postale, cet été ! Un coucher de soleil, de l'arrière d'un bateau qui me ramenait de vacances dans une île grecque. Mon ami était à côté de moi, le paysage était magnifique. Je n'avais plus besoin de rien, un état qui m'arrive rarement, moi qui suis plutôt insatisfaite de nature. J'avais l'impression que tout ce qu'un être humain pouvait ressentir d'agréable était concentré dans cet instant. »

L'expérience du bonheur, c'est une transcendance du bien-être (transcender : dépasser, se situer au-delà). Le bonheur, à la différence du plaisir, déborde la personne, va au-delà de son contrôle et de ses limites, physiques ou psychologiques. Notre bonheur est toujours plus grand que nous, il nous tire vers le haut, il nous emplit et nous déborde. Mais surtout, le bonheur est le seul objet des aspirations humaines qui se suffise à lui-même : une fois qu'il est atteint, on ne désire plus rien d'autre. C'est pour cela que les philosophes de l'Antiquité, comme Aristote, le considéraient comme le *summum bonum* : le « souverain bien ».

La perception d'un état de plénitude, de finitude, tel qu'on a l'impression d'être arrivé à ce qu'on voulait, que l'on ne désire rien de plus que la durée de l'instant, voilà le troisième élément permettant de comprendre ce qu'est le bonheur. Cela n'avait pas échappé à Diderot et d'Alembert, car leur définition du bonheur dans l'*Encyclopédie* comportait ce passage : « Un état, une situation telle qu'on en désirerait la durée sans changement[11]... »

➤ *On ne rigole pas avec le bonheur !*

« Lorsque la famille était réunie à table, et que la soupière fumait, Maman disait parfois : Cessez un instant de boire et de parler. Nous obéissions. Nous nous regardions sans comprendre, amusés. C'est pour vous faire penser au bonheur, disait-elle. Nous n'avions plus envie de rire[12]... »

Ce souvenir d'enfance du chanteur québécois Félix Leclerc nous rappelle avec poésie ce paradoxe de la conscience : c'est elle qui amplifie et sublime nos moments de bien-être. Mais c'est aussi elle qui nous révèle, dans le même mouvement, et le bonheur et sa fragilité.

L'écrivain Philippe Delerm, alors qu'il observe de loin sa femme et son fils, décrit également cette expérience troublante : « Je sais. Je ne serais jamais plus heureux que maintenant. Je dis le nom de mon bonheur ; il me fait peur soudain, et me donne la chair de poule[13]. »

Nous voilà bien loin de l'image d'Épinal d'un bonheur souriant et niais, d'un bonheur rassurant et sans épines. C'est sérieux, le bonheur… Avec même quelque chose d'un peu tragique ? C'est que l'aspiration de tout humain à la durée de son bonheur est condamnée par la nature même de ce dernier : en tant que sentiment, le bonheur est le produit d'un équilibre instable entre de la biologie et de la psychologie, une histoire et un environnement.

Rien n'est parfait, pas même le bonheur !

➤ *L'alchimie du bonheur*

Nous comprenons maintenant mieux pourquoi le bonheur est si peu obéissant ! La séquence des opérations psychologiques nécessaires à son émergence est complexe et subtile.

Résumons-nous : j'éprouve, je prends conscience, je ne désire plus rien d'autre, et dans le même temps je sais que cela va s'arrêter…

Cet enchaînement est d'une grande fragilité : je peux ne pas être prêt à accueillir le bien-être ; je peux ne pas avoir la force, l'envie, la capacité d'en tirer le meilleur. Réaliser la fragilité de cette alchimie peut aussi nous inciter à savourer encore plus le bonheur, *puisqu'*il va disparaître ; ou à nous tourmenter, *parce qu'*il va disparaître…

Nous allons donc découvrir ensemble, tout au long de ce livre, comment le processus du bonheur peut être entravé ou facilité. Et rassurez-vous : comme dans les bons vieux films hollywoodiens, il y aura bien sûr, après quelques rebondissements, un *happy end*…

CHAPITRE 2

Le bonheur empêché

> « Nous souhaitons la vérité et nous ne trouvons en nous qu'incertitude. Nous recherchons le bonheur et ne trouvons que misère et mort. »
>
> Blaise PASCAL

« Tu écris un livre sur le bonheur ? Un truc que personne n'arrive à définir ni à atteindre ? Fais plutôt quelque chose sur le malheur, ce sera plus facile ! »

Je n'ai finalement pas écouté les conseils de l'ami qui me lançait cette remarque, mais il avait raison au moins sur un point : difficile de parler du bonheur sans aborder la question du malheur. Ou plutôt *les* questions liées au malheur : Pourquoi tant de personnes ont-elles du mal à toucher au bonheur ? Pourquoi ne pas être malheureux, ce n'est pas forcément être heureux ? Peut-on survivre à un très grand malheur ?

Je ne suis pas doué(e) pour le bonheur

> « Et quand il croit serrer son bonheur, il le broie… »
>
> Louis ARAGON

Ève
« Le bonheur, je n'y arrive pas. Peut-être que cela m'angoisse. Quand il est là, je ne le vois pas, ou bien il me met mal à l'aise et je le fuis. Ou encore je le détruis, tout en sachant que je me fais du mal. Un psy m'a dit un jour que j'avais trop peur du bonheur pour pouvoir être heureuse. Le problème, c'est qu'il ne m'a jamais appris à en avoir moins peur… »

➤ *La peur du bonheur existe-t-elle ?*

Jeune interne, je me souviens avoir été souvent surpris par ce que disaient des psychiatres plus anciens à propos de certains patients, de leur *envie d'aller mal*, de leur masochisme supposé, de leur résistance à la guérison… C'était une des mauvaises habitudes de la psychiatrie, à la fin du XXe siècle : lorsqu'on n'arrivait pas à guérir quelqu'un, on lui en faisait porter la responsabilité. J'ai mis longtemps à comprendre que les propos de mes aînés témoignaient plus souvent de leur impuissance à guérir, et de leur lassitude de thérapeutes, que d'une quelconque réalité. Plus tard, j'ai retrouvé ce même type de discours à propos du bonheur : l'être humain aurait peur du bonheur… Encore et toujours du prêt-à-penser ?

➤ *Plutôt de la maladresse : « Que faire du bonheur ? »*

« Je ne supporte pas bien le bonheur. Manque d'habitude », écrivait Marguerite Yourcenar[1]. Il existe clairement, nous le verrons, un savoir-faire du bonheur que certains n'ont jamais appris de l'existence. C'est cela, plus qu'une supposée « peur du bonheur », qui s'avère le plus fréquent. Tout le monde aspire au bonheur, mais tout le monde n'a pas appris à y accéder ou à en profiter. Et lorsque le bonheur arrive, ou plutôt se propose (car il n'arrive jamais tel quel, mais toujours sous forme de possibilité ou d'ébauche), on est parfois perdu. Paul Fort, auteur du célèbre poème « Le bonheur est dans le pré », écrivait ainsi : « Que faire du bonheur lorsqu'on n'est pas son maître et que l'on ne sait point non plus le reconnaître et s'y fixer[2] ?... »

➤ *Ou de l'angoisse : « Et après le bonheur ? »*

Pour les anxieux, le bonheur est embarrassant : à peine est-il arrivé, ou même entraperçu, qu'ils se posent la question : « Et après ? » L'apparition, ou même l'évocation du bonheur, les amène immédiatement à la peur de sa perte et de sa disparition. Certains adoptent alors la seule attitude préventive possible : « Fuir le bonheur de peur qu'il se sauve », comme dans la chanson de Serge Gainsbourg.

Nous avons vu que la conscience de la brièveté de tout bonheur était inhérente au bonheur même. Mais cette conscience est difficilement supportable pour certains, qui choisissent alors de croiser au large : « Je préfère rester à deux pas du bonheur, plutôt qu'avoir les deux pieds dedans… »

➤ *Parfois, de la superstition : « Porter malheur à son bonheur ? »*

Élie

« Lorsque je me sens heureux, lorsqu'il me semble avoir de la chance, je préfère ne pas me réjouir ouvertement, sinon j'ai l'impression que cela pourrait porter malheur à mon bonheur et à celui de mes proches. Je veux vivre mes bonheurs, mais sans les nommer, en secret. Un jour, après avoir acheté notre maison, nous faisions une pendaison de crémaillère. Un de mes copains s'approche alors de moi et me dit : "Alors, tu dois être heureux dans cette belle maison ?" Je me suis retrouvé coincé, je ne savais plus quoi dire. C'est vrai que j'étais heureux d'y vivre, mais le reconnaître me faisait peur. J'ai dû m'en sortir par une pirouette… »

Comment se protéger du malheur ou attirer le bonheur sur soi ? Depuis la nuit des temps, le rapport au bonheur et au malheur est à la source de la plupart des superstitions[3]. Dans la Grèce antique, les dieux pouvaient être jaloux du bonheur des mortels. D'où peut-être la réticence des cultures méditerranéennes à dire et afficher son bonheur[4]. On pourrait porter malheur à son bonheur, tout simplement en le révélant…

On sait aujourd'hui que les superstitions sont d'autant plus importantes que la personne a un sentiment de contrôle faible sur son existence et le cours de sa vie. Des croyances magiques fortes envers le bonheur signifient souvent que la personne ne dispose pas des capacités (ou de la confiance) suffisantes pour la construction de son propre bonheur.

➤ *Ou de tristes habitudes : « Le malheur, je connais bien... »*

Olga

« Comment dire ça ? Paradoxalement, j'ai mes repères dans le malheur. J'ai l'habitude de la solitude, de la tristesse, de la nostalgie, du spleen... Après une rupture amoureuse, je suis à la fois triste et soulagée : je sais que je vais retrouver mes petites habitudes, ma routine de vieille célibataire. Les soirées en solitaire, à manger des surgelés devant la télé. Il me semble être davantage moi-même dans ces instants que quand j'essaie de vivre en couple : je suis toujours angoissée de ne plus aimer ou être aimée, toujours déçue par rapport à ce que j'espérais... »

J'ai souvent rencontré des patient(e)s qui souffraient d'une véritable « habitude du malheur », d'une complicité triste avec ce dernier. Ils se reconnaissaient davantage dans les moments malheureux que dans les instants de bonheur ; l'un d'entre eux parlait même du « cocon délicieux de la tristesse » (qui ne reste délicieux qu'à condition de ne pas s'y éterniser). Le poète américain Thoreau utilisait l'expression : « existences de calme désespoir ».

Ce phénomène a été particulièrement étudié chez les personnes à basse estime de soi[5]. Elles ont parfois le sentiment que la vérité de leur être se situe davantage dans la souffrance que dans la jouissance. Cette familiarité avec le sentiment de malheur n'a pas été choisie mais imposée par défaut. Comme la vie ne leur a pas appris le maniement du bonheur, ces personnes se sentent alors plus proches de ce à quoi elles ont été habituées : la tristesse.

On peut aussi se demander si ces sujets fragiles ne se livrent pas parfois, inconsciemment, à une prévention du bonheur, dont ils redoutent qu'il ne les fasse souffrir lorsqu'il disparaîtra : « Ne pas trop se réjouir pour ne pas trop souffrir » est leur devise. Paul Fort n'avait-il pas intitulé un de ses recueils de poèmes *Chansons pour me consoler d'être heureux* ?

➤ *Et quelques interdits culturels : « Le bonheur ?… Soyez raisonnable, voyons… »*

Dans le passé, il existait de nombreux interdits religieux autour du bonheur : longtemps, pour l'Église catholique, le bonheur ne devait pas être recherché ici-bas, mais seulement au paradis.

Aujourd'hui, les limitations concernant la possibilité d'atteindre le bonheur sont laïques, et plus discrètes : « Il n'est point entré dans le plan de la création que l'homme soit heureux », écrivait Freud. Même chose quant à la vanité de sa quête : pour le philosophe Alain, « le bonheur est une récompense qui vient à ceux qui ne l'ont pas cherchée ».

Le poids exact de ces stéréotypes culturels est bien sûr difficile à évaluer, mais nul doute qu'ils jouent un rôle limitant dans les visions des bonheurs possibles chez un certain nombre de personnes. Tant que ces limitations se présentent clairement à notre esprit comme des points de vue, d'origine religieuse ou culturelle, il est possible de s'organiser face à elles : y réfléchir, les contester, les moduler… Mais ces interdits subtils finissent souvent par être intériorisés, digérés par notre inconscient. Certains patients parlent par exemple de leur conviction de « ne pas avoir droit au bonheur ». Ce type de phrase est toujours à mes yeux un symptôme préoccupant, et une priorité dans le dialogue psychothérapique : pourquoi, et au nom de quoi, des êtres humains n'auraient-ils pas droit au bonheur ?

Il arrive même que l'on observe une véritable généalogie du malheur, une transmission, de génération en génération, de ces croyances limitant le droit au bonheur. Il existe des familles où les enfants, comme leurs aïeux, doivent se soumettre au destin : « Nous ne sommes pas faits pour le bonheur… »

Pour un psychothérapeute, ces phrases sont l'équivalent de la muleta du matador pour le taureau : cela lui donne envie de foncer. Mais l'expérience montre qu'il faut avancer avec douceur : contester la conviction d'un malheur inévitable et d'un bonheur interdit, c'est contester la parole des parents, grands-parents, etc. Or on ne peut rejeter le discours de ceux qui nous ont faits : d'abord parce que le but de ce discours n'était pas de nous nuire. Ensuite parce qu'il ne comporte pas que de mauvaises choses : il faut, comme on dit, « faire le tri ». D'autre part, l'apprentissage du bonheur prend du temps : inutile de casser trop vite ce qui existe, nous avons tous besoin de repères, même négatifs, même limitants. Il faut alors « rompre la chaîne », selon la formule du psychanalyste Alain Braconnier[6], mais aussi reconstruire. Voilà pourquoi certaines thérapies prennent du temps…

Le sentiment de malheur au quotidien

> « La fiancée que tu auras choisie, un autre couchera avec elle ; la maison que tu auras construite, tu n'y habiteras pas ; la vigne que tu auras plantée, tu n'en cueilleras même pas les premiers fruits. Ton bœuf sera abattu sous tes yeux, et tu n'en mangeras pas ; on t'enlèvera ton âne, et il ne reviendra pas chez toi ; tes brebis seront livrées à tes ennemis, sans personne pour venir à ton secours. Tes fils et tes filles seront livrés à un autre peuple ; et tes yeux s'épuiseront à force de les guetter tout le jour, mais tu n'y pourras rien. Le fruit de ton sol et tout le produit de ta peine seront mangés par un peuple que tu ne connais pas, et tu ne seras jamais qu'un homme exploité et broyé. Tu sombreras dans la folie à force de regarder ce que tu auras sous les yeux... »
>
> Deutéronome,
> « Menaces de malheur », 28, 30-34

La plupart de nos expériences du malheur se rattachent à des événements moins graves que ceux dont les impies se voient menacés dans ce passage de la Bible. Mais nos petits malheurs quotidiens n'en sont pas moins source de gêne et de souffrance. Car, comme pour le bonheur, l'impression de malheur sur l'ensemble d'une existence s'avère, en général, davantage liée à la répétition qu'à l'intensité. C'est ce que nous montre l'exemple (imaginaire) de Marie et de Sixtine, d'après une recherche scientifique sur ce phénomène[7].

Deux sœurs, Marie et Sixtine, vont vivre deux événements heureux : gagner 1 000 euros au Loto et recevoir une prime professionnelle de 2 000 euros. Marie va vivre les deux événements heureux le même jour, et Sixtine à quinze jours d'intervalle.

Laquelle des deux formules augmentera le plus leur bonheur ? La plupart des gens interrogés (63 %) pensent que c'est Sixtine la mieux lotie : on profite mieux des bonnes nouvelles lorsqu'elles sont étalées dans le temps.

Même expérience avec deux événements malheureux : subir une amende de 1 000 euros et un rappel d'impôts de 2 000 euros. Et même différence entre les deux sœurs : Marie apprend les deux mauvaises nouvelles le même jour, et Sixtine à quinze jours d'intervalle. Laquelle se sentira moins malheureuse ? Une majorité de personnes (57 %) considère que ce sera maintenant Marie : il vaut mieux que les malheurs soient regroupés, plutôt qu'étalés dans le temps.

La meilleure formule, au vu de ces expériences de psychologie pratique, serait donc de concentrer ses malheurs et d'étaler ses bonheurs. Mais il est rare que la vie nous offre le choix…

➤ *Peut-on se rendre malheureux(se) ?*

« Elle se rend malheureuse… » Comme le masochisme, le véritable goût pour le malheur est sans doute rare. C'est pourtant un étiquetage facile que l'on a longtemps collé sur certaines personnes, et qu'elles-mêmes finissent parfois par adopter. Pourtant, comme pour le masochisme, la réalité n'est pas ce que l'on croit. Dans les couples dits sadomasochistes, deux propositions peuvent exister : « Je l'aime *parce qu'il* (elle) me fait souffrir. » Ou bien : « J'aime *bien qu'il* (elle) me fasse souffrir. » Seule la première proposition, la moins fréquente en vérité, relève du véritable masochisme.

De même, nous ne devons pas confondre « j'ai du mal avec le bonheur » avec « j'aime le malheur ». Tout le monde est capable de se rendre transitoirement malheureux, par dépit ou par impuissance. Mais l'appétence authentique et durable pour le malheur ne se retrouve que dans certains troubles de la personnalité, et relève alors de la psychothérapie[8].

➤ *La vision du malheur*

On appelait autrefois « névrose de destinée » la propension irrésistible de certains patients à se croire victimes d'un destin contraire : condamnés au malheur et interdits de bonheur. Croyance qui va influencer sérieusement leurs comportements envers ces deux états : à les entendre, ces personnes semblent attirer les malheurs (« la loi des séries ») et faire fuir le bonheur (« je n'ai jamais de chance »).

La théorie des *attributions*, qui sert à comprendre le fonctionnement des sujets déprimés, nous offre un éclairage intéressant sur les mécanismes de ces visions de bonheur et de malheur.

On peut concevoir la dépression comme une maladie biologique (les psychiatres parlent de « trouble de l'humeur », ou de « trouble émotionnel »), associée — cause ou conséquence ? — à une vision très négative de l'existence. On a montré[9] que les déprimés *attribuaient* aux événements négatifs de leur environnement deux caractéristiques fondamentales : stabilité (« cela va durer ») et globalité (« cela est vrai pour tout »). Ainsi une mère de famille déprimée dont l'enfant a des difficultés scolaires va penser qu'il échouera toujours dans ses études (stabilité), et que toute sa vie de mère, d'épouse, de femme, est un échec (globalité).

Il semble en être de même pour certains sujets non déprimés mais se sentant durablement malheureux et convaincus que le malheur est leur destin : ils perçoivent toutes les expériences négatives de leur existence comme destinées à s'éterniser (« pas d'espoir que cela s'améliore »), et prouvant bien que leur vie est un ratage (« j'ai échoué dans tous les domaines »). Ils procèdent à l'inverse pour les événements positifs, les percevant comme instables (« cela ne va pas durer ») et non significatifs (« cela n'arrange rien à mes vrais problèmes, de toute façon »). Toute construction du bonheur s'avère alors bien difficile…

Où en êtes-vous entre bonheur et malheur ?

Voici un questionnaire très simple : prenez quelques instants pour vous demander laquelle des quatre propositions suivantes se rapproche le plus de votre ressenti habituel :
- « Je suis plutôt heureux(se). »
- « Je ne suis pas vraiment malheureux(se). »
- « Je ne suis pas vraiment heureux(se). »
- « Je suis plutôt malheureux(se). »

Chacune de ces formulations reflète la vision globale que vous portez sur votre existence, dans ses rapports avec bonheur et malheur. Rentrons un peu dans le détail de ces visions…

« Je suis plutôt heureux(se) »

Choisir cette formulation témoigne d'une vision positive de ses capacités au bonheur. Se reconnaître plutôt heureux(se) suppose, plus qu'une absence complète de malheurs, une perception globalement satisfaite de son existence, les moments de bonheur l'emportant, en fréquence ou en importance, sur ceux de malheur. Elle suppose aussi une relative confiance dans ses capacités à prolonger ou renouveler les expériences de bonheur. Ce qui débouche logiquement sur le fait qu'oser affirmer son bonheur ne fait pas peur. On sait qu'il disparaîtra sans doute à un moment, mais aussi qu'il reviendra. Seul programme de bonheur souhaitable : continuer sur cette voie…

« Je ne suis pas vraiment malheureux(se) »

Il s'agit ici d'une formulation attestant d'une vision prudente de ses rapports au bonheur. Plus que la confiance, c'est ici la lucidité qui est la valeur privilégiée : ne pas affirmer son bonheur puisque le malheur existe et n'est jamais bien loin. Mais il y a aussi de la prudence. À la question : « Comment ça va ? », on répond volontiers : « Pas trop mal, ça pourrait être pire. » On sait que ce pire existe, et l'on s'estime content d'y échapper : ne pas être malheureux(se), voilà déjà qui peut suffire à son bonheur. Le premier programme auquel on peut alors songer va être de prendre davantage confiance dans ses capacités à construire le bonheur.

« Je ne suis pas vraiment heureux(se) »

Cette formulation témoigne d'une vision attristée de son bonheur. On n'arrive pas à l'atteindre, et ces attentes déçues font souffrir. On sait — ou on suppose — le bonheur possible, au moins pour les autres, sinon pour soi-même. Mais on a le sentiment de ne l'atteindre que par pauvres intermittences, ou par bribes, ou l'on a l'impression — à tort parfois — qu'il ne s'agit que de bonheurs de qualité inférieure. On sait pourtant que ce que l'on vit, ce n'est pas vraiment du malheur. Tout un travail fructueux est ici possible et souhaitable : augmenter sa réceptivité aux petits bonheurs, apprendre à lutter contre sa tendance à se rendre malheureux(se)…

« Je suis plutôt malheureux(se) »

Cette formulation correspond à la vision la plus douloureuse. Elle montre que l'on a renoncé au bonheur, au moins dans l'immédiat. On a le sentiment pesant de vivre le malheur : grand, il nous emplit et nous écrase, nous suit et ne nous lâche pas, même des années après ; petit, il nous étouffe, en se répétant chaque jour. Pas ou peu d'espoirs de bonheur : comme toutes les personnes qui souffrent, l'on n'aspire qu'à une chose, que la souffrance — le malheur — s'interrompe. Le programme de bonheur est ici vaste, et doit commencer par ne pas rester seul(e), voire solliciter l'aide d'un thérapeute. Tout est à faire, mais tout est possible…

Quelques questions sur le bonheur et le malheur

➤ *Un combat inégal ?*

Aurore

« Lorsque je vais mal, j'ai l'impression de me laisser aller à une pente naturelle. J'ai l'impression que l'état habituel de l'être humain, c'est le malheur. Quand je vais bien, il me semble que c'est presque toujours à la suite d'efforts. J'ai le sentiment que le bien-être ne m'est jamais donné, qu'il est toujours conquis. Et parfois, je me sens fatiguée de faire toujours des efforts. J'aimerais accéder au bonheur de manière facile, naturelle, spontanée… »

Nous avons vu que le bonheur repose biologiquement sur une seule des grandes émotions fondamentales : la joie. Le malheur, lui, peut s'appuyer sur un nombre plus important de ces émotions : tristesse, bien sûr, mais aussi colère, peur, honte… D'où sa plus grande facilité de survenue ?

Bonheur et malheur ne partent donc pas à égalité. Il est rare, par exemple, que de très grands bonheurs laissent une empreinte active toute une vie durant. Cela peut, par contre, être le cas de très grands malheurs.

Une de mes patientes avait perdu sa fille aînée dans un accident de la route, plusieurs années auparavant. Sa vie s'était alors arrêtée : la chambre de sa fille était restée intacte, rien ne pouvait y être modifié, elle devait rester telle qu'elle était le dernier matin où celle-ci l'avait quittée. « Il me semble que c'est le seul moyen pour que le souvenir de ma fille ne soit pas une abstraction, mais quelque chose de concret. Je sais que c'est maladif, mais cette maladie est ma seule raison de continuer à vivre. Je maintiens ma tristesse et mon malheur en faisant ainsi, mais ce malheur est la dernière chose qui me retient à la vie. » Et effectivement, le malheur de cette patiente était comme un mausolée construit à la mémoire de sa fille disparue. Y renoncer aurait été lui faire offense. Ma patiente restait volontairement dans la prison de son deuil malgré toutes les portes et les fenêtres ouvertes sur la vie : autres enfants, petits-enfants, conjoint, amis…

Même en l'absence d'événements aussi dramatiques, la trace et le sillage du malheur sont plus faciles à entretenir que ceux du bonheur. Il faut moins d'énergie et moins d'efforts pour rester malheureux après un malheur que pour rester heureux après un bonheur. C'est ce qu'un de mes patients appelait chez lui « la tentation du malheur ».

➤ *Le malheur est-il nécessaire au bonheur ?*

> « Ah, combien de choses savez-vous de la félicité de l'homme, vous autres âmes confortables et bienveillantes ! Car bonheur et malheur sont deux frères jumeaux qui ou bien grandissent ensemble, ou bien, comme c'est le cas chez vous, demeurent petits ensemble ! »
>
> Friedrich NIETZSCHE

Selon Nietzsche, l'aptitude à ressentir le bonheur est donc indissociable de celle à ressentir le malheur. Et vouloir éviter à tout prix le malheur condamnerait immanquablement le bonheur à la médiocrité. Les souffrances psychologiques de Nietzsche ne sont sans doute pas étrangères à sa position. Mais, bien qu'il ne soit certainement pas le meilleur professeur à l'école du bonheur, son génie lui fait tout de même poser une question fondamentale : finalement, le plus grand risque qui menace le bonheur, dans une vie « normale », ne provient-il pas davantage de l'ennui et de la morosité, plutôt que du malheur ?

Il est vrai que l'ennui peut parfois se nicher dans le bonheur. On s'habitue à tout, même au bonheur. À moins d'un travail de prise de conscience régulier (se rendre compte qu'on est heureux). Et le malheur permet parfois de se rappeler que le bonheur est une chance.

Alors, le malheur est-il utile au bonheur ? Sans doute en partie. Mais par expérience (*vivre* un malheur) ? Ou par connaissance (*savoir* qu'il existe et nous menace) ? La connaissance devrait nous suffire. Et pourtant… C'est tout le problème de la sagesse qui nous manque parfois tant : ne pas attendre que le malheur soit là pour regretter le bonheur passé.

► *Peut-on ressentir du bonheur dans le malheur ?*

Hélène

« Lorsque mon mari est décédé, après les obsèques, j'étais entourée de tous mes enfants et de mes amis, je me sentais par moments presque heureuse de cette affection soudainement palpable. Je me disais : il doit être heureux de nous voir tous ici, en train de lui montrer notre amour, et de nous voir unis. Sa vie aura été réussie jusqu'au bout, il laisse derrière lui des enfants capables d'être heureux. Mais c'était très culpabilisant de se sentir presque heureuse, de se laisser aller à sourire, à boire, à manger, alors qu'il n'était plus là... »

Certains sentiments de malheur s'avèrent parfois des états très subtils, où coexistent plusieurs émotions, dont quelques traces de bonheur. C'est par exemple le cas de souffrances amoureuses, pour lesquelles nous disposons de témoignages célèbres, comme celui de Juliette Drouet à propos de Victor Hugo, son amant volage : « Je suis trop heureuse qu'il daigne me rendre malheureuse. » Ou celui de Mariana, jeune religieuse portugaise séduite et abandonnée par un gentilhomme français, dans les *Lettres de la religieuse portugaise*[10] : « J'aime bien mieux être malheureuse en vous aimant que de ne vous avoir jamais vu. »

Le problème psychologique que peuvent poser ces sentiments complexes est celui de leurs alternatives possibles. Ces mélanges émotionnels ambigus sont-ils la seule façon d'éprouver le bonheur ? Cela augure alors d'autres souffrances... Ou bien ne sont-ils que passagers, et spécifiques de certaines épreuves de vie ? Ce qui peut témoigner que l'on va simplement jusqu'au bout de l'expérience, et que l'on en ressortira plus riche...

➤ *Et du malheur dans le bonheur ?*

Damien

« Mes parents décédés ne sont pas là pour voir ce que j'ai fait de ma vie, pour connaître mes enfants, pour partager avec nous ces instants heureux. De temps en temps, cette pensée me traverse brutalement, en général dans les moments où se mêlent bonheur et relâchement, les fins de journée, les périodes de repos après des bonheurs agités. Tout à coup, j'ai l'impression que mon sentiment de bonheur se teinte de nostalgie, de tristesse. Il ne disparaît pas, mais il s'assombrit, comme un beau paysage ensoleillé lorsque passe un nuage. »

Damien décrit un phénomène qui intéresse beaucoup les chercheurs : la possibilité de ressentir en même temps des émotions *a priori* contradictoires. En théorie, le cerveau de l'être humain n'est pas prévu pour cela, mais en pratique, la complexité de notre machinerie cérébrale nous permet toutes les subtilités. Le récit de Damien montre l'irruption d'une *émotion* de malheur dans un bonheur global qui est le fruit d'une *construction*.

Y aura-t-il de la neige à Noël ?

À la fin du film de Sandrine Veysset (1996), une jeune mère, vivant dans des conditions matérielles misérables, tente de se suicider avec ses cinq enfants le soir de Noël, alors qu'elle est au comble du bonheur possible, pour eux : malgré un père absent et toxique, ils ont un peu de chauffage, un peu d'argent pour de petits cadeaux, sont réunis et s'aiment. Mais elle a conscience des limites de ce bonheur, et du fait qu'il sera de plus en plus dur de le préserver… Après un réveillon plein de gaieté, elle attend que tous ses enfants soient endormis auprès d'elle dans la salle commune qui leur sert de chambre à coucher, la seule pièce chauffée de la maison, et elle éteint le brûleur du radiateur à gaz, toutes portes et fenêtres fermées… Elle est réveillée au milieu de la nuit par les cris joyeux de ses enfants, tous debout devant la fenêtre qu'ils viennent d'ouvrir : au-dehors, il neige. Et personne n'est mort…

Anne-Laure

« J'ai toujours été émue par les choses finissantes ou inaccessibles. Étudiante, je me souviens des dernières soirées entre amies, en automne, avant les sessions d'examens de notre dernière année de faculté. Nous allions toutes bientôt nous séparer, c'était à la fois triste et délicieux… »

Anne-Laure témoigne du bonheur triste des époques qui s'achèvent, des groupes réunis qui vont se séparer, du moment où se mêlent deux constructions psychologiques, le bonheur rétrospectif du souvenir des moments heureux, et le malheur anticipé des séparations.

Charlotte

« J'ai des problèmes avec le bonheur : au-delà d'un certain seuil, c'est comme s'il me paraissait insupportable, alors une pensée de malheur m'arrive. C'est souvent le cas lorsque je regarde mes enfants jouer et que tout va bien : je suis tout à coup traversée par l'idée qu'ils vont souffrir, vieillir, mourir… »

Chez certaines personnes maladivement inquiètes, comme Charlotte, le sentiment de bonheur ne suffit plus à protéger de l'angoisse de la mort, contre laquelle il est pourtant le remède, l'antidote. Pire même, l'apparition du sentiment de bonheur est rapidement suivie par celle d'angoisses, liées à la crainte d'un malheur imminent. Que faire de ce malheur virtuel ? Pas d'autre solution que le regarder en face, y réfléchir. Puis lui tourner le dos, et faire l'effort de se concentrer à nouveau sur le bonheur…

Le sage a dit...

« Le bonheur naît du malheur. Le malheur est caché au sein du bonheur... »

Les maximes de Lao Tseu, sage chinois du VIe siècle avant notre ère et fondateur supposé de la doctrine taoïste, fascinent souvent les Occidentaux, habitués à manier des concepts tranchés, à raisonner en fonction de catégories clairement définies, et opposant souvent le bonheur et le malheur.

Or bonheur et malheur sont des états émotionnels et psychologiques complexes, dont la pleine conscience révèle qu'ils sont parfois imbriqués. Nous avons vu qu'il existait parfois dans le sentiment de bonheur une inquiétude liée à la conscience de sa fragilité. On peut aussi ressentir dans certains malheurs l'intuition floue de bonheurs à venir.

Mais on peut aussi choisir, pour progresser dans un premier temps, de raisonner à partir de repères plus simples et tranchés...

➤ *Le bonheur peut-il protéger du malheur ?*

Édouard

« Le bonheur n'empêche pas le malheur. Lorsque je suis heureux, je sais que cela n'empêchera pas la tristesse de pointer le bout de son nez à un moment ou à un autre. Je me dis simplement que c'est toujours ça de pris, et que cela me montre qu'il y a des cycles, comme les saisons : après la pluie, le beau temps... »

Avoir été heureux n'empêche pas de se sentir malheureux plus tard. Mais savoir qu'on est capable de l'être rend les malheurs plus supportables : on sait qu'ils auront une fin... Pourtant, espérer le retour du bonheur n'est pas si évident. En psychiatrie, on sait par exemple que le facteur de risque principal en matière de suicide, plus que l'intensité de la souffrance psychologique, est la perte d'espoir. Une des échelles d'évaluation du risque suicidaire les plus utilisées est la *Hopelessness Scale* (« l'échelle de désespoir ») qui mesure précisément à quel point le patient est persuadé que plus rien de bon ne pourra désormais survenir dans sa vie[11]. Car le malheur absolu est sans doute la peine sans espoir décrite par le poète Audiberti[12] :

> « Sous ma robe de pourpre immonde,
> mon voile d'or sinistre à voir,
> je suis la reine de ce monde.
> Je suis la peine sans espoir. »

➤ *Est-il possible de faire face au « vrai » malheur ?*

Il serait orgueilleux de prétendre délivrer des leçons ou un enseignement face au malheur absolu que représentent la mort d'un proche, une maladie grave, l'exil ou la ruine. « Que peux-tu dire, en tant que psychiatre, à quelqu'un de très malheureux et qui a de bonnes raisons de l'être ? », me demandent parfois mes amis. On ne cherche alors pas tant à dire, qu'à comprendre comment la personne réagit face au malheur. Et à essayer de se rapprocher d'elle : car le grand malheur fait incontestablement basculer dans un autre monde, depuis lequel les autres, ceux qui ont été préservés apparaissent comme irrémédiablement maladroits, inconscients, égoïstes… Il m'est arrivé à quelques reprises d'avoir à accompagner, en tant que psychothérapeute, des personnes confrontées à ces souffrances.

> Je me souviens notamment d'un homme, un père qui avait perdu son fils. Jeune médecin, je travaillais alors comme psychiatre attaché dans un service de chirurgie. On y opérait de nombreux cancers, et le travail psychologique n'y manquait

pas. Nous avions un jour reçu un jeune garçon d'une vingtaine d'années, atteint d'une tumeur pulmonaire gravissime, qui le condamnait à brève échéance. Son père venait chaque jour passer de longs moments avec lui. C'était un grand bonhomme au regard sévère, qui impressionnait tout le monde. Un jour, les infirmières vinrent me chercher, manifestement inquiètes. Après une visite à son fils, alors que celui-ci avait beaucoup décliné, le père s'était effondré dans la salle de repos, totalement mutique. J'entrai dans la pièce très embarrassé et ne sachant que lui dire de réconfortant. Il ne me regardait pas et ne disait rien. Je n'avais jamais été aussi mal à l'aise de ma vie. Je me dis alors qu'il était inutile de vouloir le réconforter. Qu'il fallait juste essayer de lui parler, et de le faire parler. Je commençai péniblement : « Je suis le psychiatre du service... Je sais que vous vivez le pire des drames... Je ne sais pas si je peux vous aider... Peut-être n'avez-vous pas envie qu'on vous parle maintenant... » Chacune de mes phrases était accueillie — si l'on peut dire — par un silence épouvantable. Je n'en pouvais plus et je me préparais à partir, en lui disant : « Vous préférez que je vous laisse seul ou que je reste ? » Après un long silence, il me répondit : « Restez, s'il vous plaît. »

Nous sommes restés ensemble pendant environ deux heures. Il me parla longuement de son fils et de sa mort prochaine, de ses autres enfants. J'essayais de conduire l'entretien de mon mieux, en le faisant parler de son propre désarroi (je savais que son épouse était dépressive et fragile, et qu'il ne lui en parlait sans doute jamais), et de l'importance de son rôle auprès de son fils, qui vivait ses derniers jours. Je marchais sur des œufs, avec la conscience aiguë qu'il pouvait à tout moment se lever et m'agresser verbalement, sur le registre : « Vous parlez de mon fils comme s'il était déjà mort. » Mais je ne voyais pas très bien de quoi d'autre nous aurions pu parler vraiment. Je n'étais pas là pour lui changer les idées, il avait ses amis pour cela.

À la fin, il me demanda mon âge. J'avais à peine quelques années de plus que son fils, et nous nous sommes regardés en silence, faisant tous deux le même calcul mental. Je l'entendais penser : « Toi tu vas vivre, et mon fils va mourir. » Lorsque nous prîmes congé, il me remercia sobrement. Arrivé au bout du couloir du service, je me retournai : il était en train de me regarder sans rien dire. Surpris, j'esquissai un geste maladroit et plutôt ridicule avec la main, pour lui dire au revoir et bon courage. Il ne réagit pas. Deux jours après, son fils mourait.

Je reçus un mois plus tard à mon cabinet une lettre assez brève, où il me disait en substance : « Vous m'avez aidé, je n'ai parlé à personne d'autre que vous de ce qui m'arrivait, j'ai recommencé à m'occuper de ma femme et de mes deux autres fils, je suis profondément malheureux mais j'accepte aujourd'hui l'idée que continuer à vivre n'est pas une insulte à Nicolas » (son fils disparu). Je l'ai recroisé quelques mois plus tard sur un trottoir de Toulouse, où je vivais alors. Nous nous sommes arrêtés tous les deux. Il m'a semblé qu'il me souriait et qu'il me faisait le même signe de la main que celui que j'avais ébauché dans le couloir. Puis il a tourné le dos et s'en est allé. Cette fois-ci, c'est moi qui l'ai regardé partir…

André Comte-Sponville notait à propos du malheur : « Je l'ai vécu juste assez pour savoir ce qu'il est… Se rappeler, dans ces moments-là, que tout est impermanent : ce malheur passera aussi. Et que sa réalité suffit à prouver, au moins par différence, au moins pour les autres, la possibilité du bonheur. Ce n'est pas une consolation ? Dans les pires moments, il m'a semblé que si[13]… »

Comment font les personnes confrontées au malheur extrême, et qui arrivent à lui survivre ? Souvent, elles ne restent pas seules, elles agissent, elles sont attentives à préserver le reste de leur existence pour empêcher que le malheur n'envahisse tout, elles osent parler de la mort, de la maladie, du handicap, de la souffrance. Les accompagner permet d'observer qu'elles passent alors par quatre étapes :

• tout d'abord, la vie qui continue et le bonheur des autres accroissent leur sentiment de malheur ;
• puis, elles commencent à accepter cette vie qui continue, et ce bonheur possible pour les autres ;
• peu à peu, le quotidien se remet à leur procurer de tout petits bonheurs ;
• et enfin le bonheur leur redevient possible, par moments, même s'il apparaît définitivement d'une autre nature, plus grave et moins léger, plus proche de la paix que de la joie.

➤ *Le bonheur peut-il exister après le malheur ?*

Sortir de la prison du malheur n'est pas plus facile que quitter la vraie prison : après un long emprisonnement, les détenus libérés ne se sentent pas heureux au moment de leur libération, au mieux soulagés, au pire angoissés et désorientés[14]. Il est rare que quelqu'un les attende au-dehors…

Et il en est de même pour les personnes ayant enduré un grand malheur : apprendre ou réapprendre le bonheur ne leur est jamais facile. Mais la chose est possible. C'est ce que nous apporte la notion de résilience, cette capacité non seulement à survivre au malheur, mais encore à reconstruire du bonheur. Boris Cyrulnik écrit ainsi : « La résilience, c'est plus que résister, c'est aussi apprendre à vivre[15]. »

Le développement récent des travaux sur ce thème est l'aboutissement d'une petite révolution dans le champ de la psychologie : la plupart des thérapeutes concevaient jusqu'alors leur métier comme essentiellement basé sur l'écoute, plus ou moins passive, de la souffrance de leurs patients. Ceux-ci décrivaient alors, presque tous, leur thérapie sur le mode : « Je parlais, le (la) thérapeute m'écoutait. »

Le problème, outre que cela ne marchait pas toujours, c'est que cela pouvait avoir sur certains de fâcheuses conséquences : en encourageant les patients à parler inlassablement de leurs malheurs, on prenait le risque de les faire passer insensiblement du malheur subi au malheur construit, des émotions de malheur à la vision d'une vie malheureuse…

Les travaux sur la résilience mettent l'accent, et c'est nouveau, sur les processus de réparation mis en œuvre par les victimes de la vie. Et montrent la possibilité d'une reconstruction, d'une renaissance, même dans le cas de blessures profondes. Les capacités de résilience gardent encore un certain mystère : elles prennent racine dans les ressources intimes de la personne, mais aussi dans certains petits détails, insignifiants de l'extérieur, mais jouant un rôle vital à l'intérieur. Une parole, un sourire, une main tendue au bon moment peuvent tout faire basculer, et nourrir durablement l'espoir et la confiance.

Une de mes patientes avait été une enfant battue et maltraitée par des parents alcooliques, sans que l'entourage le sache, ou fasse mine de s'en inquiéter. Elle me racontait qu'elle n'avait pu supporter autant de souffrances que grâce à ses maîtres et maîtresses d'école : une félicitation ou une attention lui permettaient de « tenir », me disait-elle, de supporter brimades et violences, un mot gentil lui redonnait envie de vivre.

Sortir des ténèbres…

Que de malheurs, parfois, avant d'arriver au bonheur ! Que de souffrances à endurer et à dépasser, dans certaines existences. Et pourtant, le bonheur est toujours possible. Mon métier de psychiatre me le rappelle régulièrement. Accompagner des personnes souffrantes de maladies anxieuses ou dépressives sévères pendant des mois ou des années, et les voir un jour reprendre une vie normale, c'est-à-dire offrant la possibilité du bonheur : quel bonheur pour un thérapeute !

La dépression n'est peut-être pas le malheur absolu, mais elle n'est pas loin, dans ses formes majeures, d'être la pire des souffrances psychiques, l'univers mental le plus sombre et le plus désespéré qui soit. C'est pourquoi les témoignages de rescapés de la dépression sont particulièrement utiles aux personnes confrontées au malheur. Le récit le plus saisissant et le plus réaliste sur les affres de la maladie dépressive est celui de William Styron, dans son ouvrage autobiographique *Face aux ténèbres*[16]. Mais son livre est aussi un puissant message d'espoir : « Il n'est nul besoin d'entonner une note forcée ou inspirée pour souligner cette vérité que la dépression n'est pas l'annihilation de l'âme ; les hommes et les femmes qui ont surmonté la maladie — et ils sont légion — portent témoignage de ce qui est sans doute son unique côté rédempteur : il est possible de la vaincre. »

Je me souviens de l'anecdote que me racontait une jeune patiente dépressive. Elle avait compris qu'elle était en train de guérir lors d'un moment de vie apparemment insignifiant, survenu dans le métro parisien. Alors qu'elle ruminait de sombres pensées sur sa vie et son avenir bouché, un couple d'amoureux était venu s'asseoir en face d'elle, et échangeait des baisers. L'aggravation fut instantanée (elle se remettait d'une rupture douloureuse et était alors célibataire) : elle commença à se sentir encore plus malheureuse. À la station suivante, elle se leva pour descendre. Un jeune homme assis près de la porte la regarda, et lui sourit, alors qu'elle quittait le wagon. « À cet instant, me raconta-t-elle, je me suis sentie bien, tout d'un coup. Quelques jours auparavant, ce regard et ce sourire m'auraient semblé insignifiants ou obscènes, ou j'aurais même pu ne pas les voir. Là, ils me faisaient du bien. Je n'ai jamais revu le garçon évidemment, je ne sais pas pourquoi il m'a souri, mais cela m'a semblé, bizarrement, une bonne raison pour espérer et continuer à vivre malgré tout. Et c'est finalement à ce moment que j'ai senti que guérir était possible… »

Les personnes sorties de la dépression, cet « enfer subjectif » comme le décrivait l'un de mes patients, s'en trouvent souvent psychologiquement changées. À la fois plus fragiles, dans un premier temps, puis plus fortes à long terme. Dans son *Anatomie de la dépression*, le journaliste Andrew Solomon offre un témoignage réaliste de sa guérison : « Chaque jour, parfois vaillamment et parfois à l'encontre de la raison, je choisis de vivre. N'est-ce pas là un bonheur rare[17] ? » À la fin de son livre, Styron raconte comment il a pu s'arracher à la maladie dépressive, et cite le dernier vers du très célèbre poème de Dante, *L'Enfer,* épisode le plus frappant de *La Divine Comédie*.

Dante, accompagné du poète latin Virgile, a traversé tous les cercles de l'enfer, où il s'est trouvé confronté à tout ce que l'humanité a produit de péchés et de turpitudes. Après une ultime rencontre avec Lucifer lui-même (« l'empereur du règne de douleur », sa tête à trois faces, ses ailes de chauve-souris, broyant de ses dents les pécheurs…) les deux compagnons finissent par emprunter un petit chemin secret et escarpé pour arriver au terme de leur périple, que Dante conclut par : *E quindi uscimmo a riveder le stelle*.

« Et là nous sortîmes pour revoir les étoiles »…

CHAPITRE 3

Le bonheur : une histoire intime

> « Monsieur Lepic : "Alors, Poil de Carotte, mon ami, renonce au bonheur. Je te préviens, tu ne seras jamais plus heureux que maintenant, jamais, jamais".
> Poil de Carotte : "Ça promet." »
>
> Jules RENARD

Comment expliquer les grandes différences que l'on peut observer, d'une personne à l'autre, en termes d'aptitude au bonheur ? Sont-elles liées à ce qui s'est passé dans l'enfance ? Ou bien à des dispositions d'origine innée ? Et comment ces aptitudes vont-elles évoluer tout au long de l'existence, en fonction des événements de vie ?

Les psychiatres se posent ces questions, comme tout le monde, mais peut-être aussi un peu plus souvent que tout le monde, tant les rencontres avec leurs patients vont leur offrir des histoires étonnantes de rapports intimes au bonheur, ratés ou réussis. Je me souviens d'avoir soigné un jour, pour une phobie invalidante, une patiente que nous appellerons Françoise. Son récit autobiographique m'avait marqué, car il y était question à la fois d'aptitudes au bonheur et de souffrances surmontées. Voici la retranscription de ses propos, d'après mes notes de l'époque :

« C'est seulement à l'âge adulte que je me suis rendu compte que j'avais de la chance : j'étais une heureuse nature. À force d'entendre ma mère le répéter durant mon enfance, j'avais fini par ne plus y prêter la moindre attention. Pourtant, je n'avais pas eu une enfance particulièrement heureuse : mes parents ont divorcé quand j'avais un an, j'ai été placée en nourrice jusqu'à l'âge de trois ans, ma mère était violente avec mes frères et sœurs. Mais pas avec moi. J'arrivais à la désarmer par mes sourires et mon regard. Elle me disait toujours : "Toi, on ne peut rien te dire." Je crois que ma constante bonne humeur à la fois la désarmait, et lui était indispensable.

En tout cas, il m'a toujours semblé qu'il était naturel de ne pas se faire plus de souci que nécessaire, et j'avais l'impression que tout le monde était comme moi. Mais en rentrant peu à peu dans l'intimité de mes amis, puis en exerçant mon métier (je suis infirmière), j'ai réalisé combien il était difficile pour beaucoup de gens de rebondir après des tracas, et plus simplement de profiter davantage de ce que leur offrait la vie.

Dans ma vie, j'ai eu ensuite plutôt de la chance, mais je crois aussi que ma façon d'être attirait beaucoup de personnes vers moi. J'ai connu un très grand bonheur en rencontrant mon mari, puis une très grande souffrance à sa mort. Nous nous aimions beaucoup. Tout est allé très vite, entre le moment où il est tombé malade et celui où il est mort, il y a eu à peine deux mois. Aujourd'hui encore, la sensation physique du malheur remonte en moi lorsque je parle de cette période. Mais je peux penser à mon mari sans pleurer. Parce que j'arrive à songer à tous les bonheurs que nous avons vécus ensemble plutôt qu'à nos dernières semaines de grand malheur. Parce qu'il me semble finalement — il n'y a qu'à vous que j'ose dire cela, j'aurais peur de choquer les gens — que je suis peut-être aujourd'hui moins malheureuse, veuve, que certaines de mes amies divorcées, dont le reste de l'existence est gâché par les rancœurs et le ressentiment. Moi j'ai connu un grand amour, et le souvenir m'en restera toujours comme tel. J'ai de la tristesse mais pas d'amertume.

Voilà pourquoi j'ai l'impression de n'avoir qu'un mérite limité, celui de décider de continuer à vivre heureuse, pour notre fille. Après, le reste est naturel : si je suis toujours vivante, ce n'est pas pour me rendre malheureuse. Si je pense à mon mari, ce n'est pas pour me souvenir des choses tristes, mais de nos bons moments ensemble… »

Existe-t-il une prédisposition au bonheur ?

Julie, huit ans, lit un conte à son petit frère, Martin, quatre ans :

« La première fée se pencha sur le berceau, et dit : je t'offre la beauté. La deuxième se pencha à son tour, et dit : je t'offre l'intelligence. Et voici la troisième… Elle lui offre quoi, la troisième fée, Martin ? »

Martin, garçon souriant et heureux de vivre, souvent félicité à ce propos par ses parents, répond alors, après une brève hésitation :

« Elle lui offre… Elle lui offre… Elle lui offre d'être toujours de bonne humeur ! »

Le cadeau de la dernière fée était, de mon avis de psychiatre, le plus extraordinaire et le plus désirable des trois*…

➤ *Bonne humeur*

« Elle est de bonne humeur aujourd'hui », « Il a retrouvé la joie de vivre »…

---

* Vous trouverez page 285 un questionnaire qui vous permettra de réfléchir sur vos prédispositions à la bonne humeur.

Une des manifestations les plus tangibles du tempérament, c'est ce qu'on appelle l'humeur (*mood*, en anglais), cet état émotionnel de base qui colore nos perceptions et réactions à l'environnement quotidien[1]. L'humeur est un phénomène discret, qui se fait souvent oublier, du moins de la personne intéressée (souvent, notre entourage repère nos humeurs plus facilement que nous). Elle représente une sorte de toile de fond, de paysage, d'arrière-plan de nos états mentaux. On l'a comparée à des verres de lunettes colorés : la vision des choses n'est pas modifiée, mais c'est toute l'ambiance de ce que l'on voit qui change, selon que l'on porte des verres sombres ou clairs, de couleur chaude ou de couleur froide.

Cependant, la psychologie est plus compliquée que l'optique et, à la différence de lunettes aux verres non colorés, l'humeur n'est jamais neutre[2] : on se trouve toujours dans une humeur positive ou négative.

L'humeur paraît souvent surgir de nulle part (*out of blue*, disent les Américains). Mais elle va profondément influencer notre regard sur le monde, et donc nos comportements. Lorsque vous êtes de bonne humeur, vous voyez « la vie en rose », tandis que votre mauvaise humeur vous rendra moins sensible aux petits détails réjouissants ou attendrissants de l'existence. De « mauvais poil », vous serez moins patient et tolérant envers les autres, là où une humeur guillerette vous rendra indulgent pour leurs défauts. Mais comme l'humeur est rarement extrême, à la différence des émotions, sa discrétion fait qu'on l'oublie volontiers : il nous semble que notre regard sur le monde dépend de nos jugements, alors qu'il est profondément influencé par nos humeurs.

L'humeur n'est pas fixe, elle est comme la température au cours d'une journée, susceptible de variations importantes du matin au soir. Elle peut être influencée par de petits événements anodins : des travaux ont ainsi confirmé que la météo[3] ou les résultats de votre équipe de football favorite[4] peuvent influencer votre bien-être du moment.

Mais ces variations constantes se font autour d'un niveau moyen (le *set point*), assez stable pour une personne donnée[5]. Une des études les plus complètes sur ces oscillations de l'humeur a étudié 459 volontaires, dans un suivi quotidien de leurs états d'âme pendant 35 jours consécutifs au minimum[6]. Durant cette période, les sujets évaluaient quotidiennement et précisément leurs humeurs dominantes du jour : la stabilité des affects, tant positifs que négatifs, était remarquable chez la plupart des participants, malgré la multitude des événements de vie qui ne manquaient pas de survenir. Dès le quatrième ou cinquième jour de l'étude, le niveau moyen de l'humeur était identifiable, et ne cessait de se confirmer avec le temps. Bien sûr, certains sujets étaient plus instables émotionnellement que d'autres (les Anglo-Saxons les qualifient de *moody*), mais eux aussi avaient leur *set point*, leur niveau moyen autour de ces oscillations. Nous allons bientôt reparler de ces phénomènes en abordant la question du tempérament.

D'autres études se sont consacrées à l'influence de la météo sur l'humeur, et les plus rigoureuses ont montré, à la grande surprise des chercheurs, une influence très modeste de la pluie et du beau temps sur le niveau moyen de notre moral à long terme : ni la température, ni la pression atmosphérique, ni l'ensoleillement ne jouent un rôle significatif, si on prend la peine d'étudier leurs effets sur une durée assez longue[7]. Cela semble aller contre l'évidence ? Et contre les expressions populaires établissant un lien : avoir une personnalité « lunatique », une humeur « radieuse » ? Sans doute, mais le but des recherches scientifiques n'est pas de confirmer les évidences. Même si une belle journée de ciel bleu va nous rendre un peu plus heureux, sur la durée, cet effet ne nous protégera pas de nos démons intérieurs. On peut être déprimé et malheureux sous les tropiques…

Pourquoi alors avons-nous l'impression du contraire ? Il semble que la plupart d'entre nous mémorisent mieux les concordances logiques entre la météo et leur moral : on se souvient plus volontiers des jours ensoleillés où l'on avait bon moral, ou à l'inverse des jours de pluie où l'on avait le cafard. Il semble aussi que nous ayons tendance à ignorer et refouler les discordances : nous ne mémorisons pas facilement les jours de soleil où nous avons le blues, ni les jours de pluie où nous nous sentons heureux.

En l'absence d'efforts personnels de changement, notre niveau moyen d'humeur tend donc à être assez stable. Sur un suivi de plusieurs années (certaines études peuvent s'étendre sur neuf ans), la perception subjective moyenne qu'un individu a de son bonheur ne varie guère[8], et ce quels que soient les événements de vie (environnement stable ou mouvant). Nous avons donc besoin d'explications plus complètes, du côté de ce que l'on appelle le tempérament…

➤ *Heureux tempérament*

« C'est une heureuse nature », « Elle est dotée d'un tempérament plutôt gai »… Le tempérament désigne la prédisposition, face aux événements de la vie quotidienne, à ressentir plus ou moins facilement certaines émotions, certaines humeurs[9]. Cette « affectivité de base », selon les psychologues, peut être à tonalité positive ou négative. Il y a des tempéraments qui semblent prédisposés à l'expérience du bonheur, et d'autres qui semblent plus réceptifs à celle du malheur, du moins en ce qui concerne la « vie de tous les jours », c'est-à-dire hors événements exceptionnels.

Le tempérament se traduit quotidiennement au travers de nos humeurs, qui en sont l'expression. Les deux phénomènes sont liés, et on peut proposer une comparaison météorologique : nos humeurs correspondent aux mouvements, ponctuels, du temps (pendant un ou plusieurs jours, il pleut ou il fait beau), tandis que notre tempérament correspond au climat habituel (tempéré ou tropical, méditerranéen ou continental...).

Nous autres, psychiatres, nous intéressons beaucoup à certains tempéraments, qui nous paraissent être des facteurs de risque pour de nombreuses maladies psychiques : le « neuroticisme » (ou « névrosisme ») par exemple, qui expose aux troubles anxieux et aux maladies dépressives[10]. Ce tempérament regroupe un ensemble de traits, dont une réactivité excessive au stress, une présence importante d'affects négatifs (inquiétude, hostilité, tristesse, etc.), une mauvaise stabilité émotionnelle (le moral connaît des hauts et des bas). Les personnes à neuroticisme élevé vont ressentir très fortement des humeurs négatives après des événements de vie mineurs, que l'on peut simuler en laboratoire[11] : par exemple, elles seront intensément et durablement touchées par un film triste (qui risque de déclencher chez elles des ruminations sur les côtés sinistres de leur propre vie). À l'inverse, leur moral sera peu remonté par un film comique ou optimiste. L'humeur de ces sujets « névrotiques » semble obéir à des cycles au cours de la journée : on retrouve par exemple chez eux une augmentation des humeurs négatives en fin de journée[12].

➤ *Humeur et tempérament : peut-on changer ?*

Si humeur et tempérament reposent sur des bases stables, est-ce que cela signifie que la porte du bonheur est fermée aux personnes qui n'auraient pas reçu les bonnes cartes, génétiques ou environnementales ?

À l'évidence, certains tempéraments vont nécessiter des efforts et des réajustements plus fréquents. Mais l'expérience des psychothérapeutes prouve que nombre de personnes qui n'étaient pas au départ « douées pour le bonheur », ont peu à peu appris à accéder au bien-être émotionnel et ont « rattrapé leur retard » en matière de capacité au bonheur. Un travail sur soi réussi (efforts personnels, thérapie) est toujours à même de faire évoluer le niveau de base de l'humeur.

Dans tous les cas, il reste donc possible d'agir, et la marge de manœuvre pour se rendre plus heureux est réellement importante, à quatre conditions :

- comprendre que l'on peut échapper à son « destin » (ou mieux encore : se rappeler que ce destin n'existe pas) ;
- avoir conscience que le bonheur est une construction ;
- savoir comment agir ;
- et surtout… agir !

Les parents peuvent-ils apprendre le bonheur à leurs enfants ?

> « Vos enfants, vous pouvez vous efforcer d'être comme eux, mais ne tentez pas de les faire comme vous. »
>
> Khalil GIBRAN

Bonheur et neurones

Il existe bien évidemment des travaux sur la neuropsychologie du bonheur et du bien-être. On sait par exemple que c'est dans le cortex préfrontal que les événements de vie se voient attribuer une valeur émotionnelle, positive ou négative[13]. On sait aussi que nos hémisphères cérébraux jouent probablement un rôle différent dans la survenue des sentiments liés au bonheur : des lésions de l'hémisphère cérébral droit entraînent souvent une humeur neutre ou positive ; à l'inverse, des lésions situées à gauche provoquent une humeur négative[14]. Chez les sujets rendus joyeux, on observe une activité du cortex cérébral plus forte à gauche qu'à droite ; chez les sujets rendus tristes, c'est à droite que l'activité est la plus intense. Pas de débouchés pratiques pour l'instant, sinon la passionnante perspective de pouvoir suivre, de manière objective, grâce aux techniques d'imagerie cérébrale, les progrès des patients sous traitement, que ce dernier soit médicamenteux[15] ou psychothérapique[16]. Car la psychothérapie peut, elle aussi, modifier la biologie du cerveau…

Gabrielle

« J'essaie de faire passer de bons moments à mes enfants. Il me semble que, dans mon travail de mère, une de mes responsabilités est de leur offrir un stock de bons souvenirs et d'instants heureux. S'ils ont connu le bonheur enfants, ils sauront toujours le retrouver adultes. Ils sauront aussi ne pas s'engluer dans le malheur. Ils seront capables de discerner vrais et faux bonheurs. À mes yeux, c'est plus important que les diplômes ou l'ambition… »

➤ *Que peuvent faire les parents pour le bonheur de leurs enfants ?*

Depuis la nuit des temps, les mères puis les pères ont eu le souci de leur progéniture. Mais ce souci a évolué : il était d'abord que leurs enfants ne meurent pas (préhistoire et jusqu'au XIXe siècle), puis qu'ils réussissent (à partir du XXe siècle, en Occident du moins), et enfin qu'ils soient heureux (XXIe siècle). Le tout sous l'égide du : « Fais ce que je te dis, car c'est pour ton bien. »

Il existe sans doute trois façons d'ouvrir la route du bonheur à ses enfants :

- puisque l'amour parental conduit à tout, il faut les aimer, bien sûr ;
- comme ils nous observent (toujours), il faut aussi leur montrer la voie et leur donner quelques exemples de bonheur ;
- enfin, parce qu'ils nous écoutent (parfois), il faut prendre le bonheur suffisamment au sérieux pour leur en parler et répondre à leurs questions.

Nous allons évoquer maintenant ces différents points…

➤ *L'amour donné par mes parents m'a-t-il aidé au bonheur ?*

Barbara

« J'envie la tranquille certitude des gens qui ont été aimés dans leur enfance, me racontait un jour une de mes patientes, qui avait connu une enfance très douloureuse et carencée. Je les repère tout de suite : ils arrivent à faire confiance à la vie et aux autres, comme ça, *a priori*. Ils ne doutent pas de leurs capacités à être acceptés et aimés. Lorsqu'un bonheur se présente, ils le saisissent et le savourent. Moi, et je suppose tous ceux qui n'ont pas été assez aimés, c'est l'inverse : tant que je n'ai pas de preuves formelles que je suis appréciée, je pense que je ne le suis pas. Si ma vie m'offre un peu de bonheur, j'ai aussitôt peur de le perdre. Mes fondations ne sont pas solides, j'ai l'impression que tout ce que je peux bâtir est en péril. Aujourd'hui, j'en veux encore à mes parents : il me semble qu'ils n'étaient pas vraiment des parents, mais seulement un couple qui a eu des enfants, ce qui n'est pas la même chose. Ils ne se sont jamais vraiment posé la question de notre bonheur, à mon frère et à moi… »

La suite de son existence permit cependant à ma patiente de consolider ses capacités à accéder à des bonheurs durables et sécurisants. Mais il lui fallut auparavant tout un patient travail de reconstruction de sa vision du monde.

Avoir été aimé dans son enfance finit par convaincre que l'on en est digne, et que l'on a le droit d'être heureux. L'amour des parents est le grand socle facilitateur du bonheur. Les carences (pas assez d'amour) et les maladresses (pas assez de preuves d'amour) affectives rendent vulnérable par rapport au bonheur : on n'y est pas habitué, d'où l'inquiétude qu'il peut nous inspirer, et l'on peut même penser que l'on n'y a pas droit, d'où des attitudes et habitudes affectives parfois autodestructrices (comme rompre sans raison avec quelqu'un que l'on aime).

➤ *Que m'ont montré mes parents de leur rapport au bonheur ?*

> « Il est donné à l'enfant d'en savoir plus que ses parents, les ayant regardés. »
>
> Pierre DRIEU LA ROCHELLE

Les enfants observent leurs parents se débattre avec leur propre bonheur. Puis, ils en tirent leurs conclusions. Comme la trame du quotidien se compose davantage de petits incidents que de grands événements, les leçons de vie observées par nos enfants concerneront plus souvent notre manière de faire face à un événement mineur (embouteillage au retour de week-end), au cours duquel nous ne surveillerons guère nos réactions spontanées, qu'à un événement majeur (décès de la grand-mère), face auquel nous allons mobiliser notre énergie et notre attention, sachant que « les enfants regardent »...

En tant que parents, nous pouvons nous poser deux grandes questions : « Que faisons et disons-nous lorsque tout va bien ? » et : « Que faisons et disons-nous lorsque des problèmes surviennent ? »

« Que faisons et disons-nous lorsque tout va bien ? »

Sommes-nous capables de reconnaître, savourer, amplifier les instants heureux, ou bien les passons-nous sous silence ? Pire : nous arrive-t-il de les gâcher, par négligence ou parce que nous pensons que nos soucis sont plus importants, et prioritaires ?

Certains parents expriment ouvertement leur plaisir, par des paroles ou des comportements que leurs enfants apprennent vite à reconnaître (chansons, blagues...) lors de moments en commun : week-ends, vacances, repas ou instants familiaux. D'autres ne manifestent jamais clairement qu'ils sont contents, absorbés qu'ils sont dans leurs responsabilités de parents et d'adultes : le début du week-end leur évoque qu'il aura une fin, le repas au restaurant leur rappelle que tout cela coûte cher, etc. Dans ce cas, on ne se réjouit pas de l'instant. Bien sûr, ensuite, on s'en souviendra comme de « bons moments ». Mais sur le coup, c'est l'agacement face à la lenteur du serveur qui occupe le devant de la scène, et non pas le plaisir d'être ensemble au restaurant…

« Que faisons et disons-nous lorsque des problèmes surviennent ? »

Comment réagissons-nous aux petits stresseurs quotidiens ? En faisons-nous des contretemps, sur lesquels on peut même plaisanter ? Ou des drames et des injustices, face auxquels chacun doit adopter une attitude grave et s'affliger ?

Isabelle

« J'ai un souvenir d'enfance qui m'est resté, je ne sais pourquoi, en mémoire : une panne d'essence sur l'autoroute lors d'un départ en vacances. Mon père était distrait et ne surveillait jamais la jauge. Cela aurait pu tourner en cauchemar, et peut-être que mes parents l'ont vécu comme cela, avec des jeunes enfants à l'arrière de la voiture, qui chauffait en plein soleil, au milieu des embouteillages bruyants et polluants. Mais nos parents ont gardé le sourire (je crois qu'il était un peu forcé chez ma mère, plus spontané chez mon père) et se sont tournés très vite vers la recherche de solutions, au lieu de se disputer. L'arrivée du dépanneur, avec son jerrican d'essence, a été vécue comme un événement joyeux, et nous sommes repartis en chantant dans la voiture : comme disait mon père, nous n'avions perdu *que* deux heures de vacances. Je crois que c'est la répétition de petites scènes semblables dans mon enfance, qui fait que je ne vis pas trop mal les contretemps et les tracas quotidiens. »

Comportements des parents et impact sur les aptitudes au bonheur de leurs enfants

Facilitant le bonheur : voir souvent ses parents…	**Compliquant le bonheur : voir souvent ses parents…**
Se réjouir, se détendre, savourer les instants de loisirs et de plaisirs	Ouvertement inquiets et préoccupés au point de ne plus être disponibles pour les loisirs et les plaisirs
Exprimer clairement qu'on savoure les instants de bonheur	N'exprimer que des émotions négatives, ou des propos limitants, lors des bons moments (« ça ne va pas durer… »)
Dans les moments stressants, rire, relativiser ou faire de l'humour	Se polariser sans recul sur les soucis quotidiens, et n'envisager de profiter de la vie que lorsqu'il n'y a plus *aucun* problème
Parler du bonheur à leurs enfants	Ne jamais aborder la question du bonheur ou s'en tenir à des propos pessimistes (« profites-en, car tu perdras vite tes illusions… »)

► *Que m'ont appris mes parents sur le bonheur ?*

Les parents peuvent aider leurs enfants à accéder aux différentes expériences de bonheur dont nous avons parlé dans le premier chapitre : situations, émotions, vision, construction.

• Situations : en offrant à leurs enfants de bons moments et, plus largement, une sécurité matérielle minimale.

• Émotions : en leur apprenant (principalement par l'exemple) à profiter de ces bons moments.

• Vision : en leur transmettant leurs convictions sur la nature et la recherche du bonheur.
• Construction : en aidant leurs enfants à être acteurs de leur bonheur, à susciter et rechercher les bons moments, et à vivre en bonne intelligence avec le monde qui les entoure.

Dans tous ces domaines, les attitudes quotidiennes des parents illustrent clairement quelles sont les priorités qu'ils se sont, parfois inconsciemment, fixées : se soumettre aux règles sociales et être conforme ? Réussir sa vie matérielle ? S'épanouir et être heureux ?

Ces projets de vie inconscients sont aussi, bien évidemment, liés à l'époque ou à la classe sociale. La romancière Annie Ernaux a ainsi décrit dans plusieurs de ses ouvrages une enfance triste et sans bonheur apparent. Dans *La Place*[17], émouvant récit consacré à un père qui ne connut jamais le bonheur que de loin, elle raconte l'existence de ses parents, petits commerçants pauvres dans une ville de province de l'après-guerre : comme celle de toute une génération, leur vie était sacrificielle (« La justification de son existence : que j'appartienne au monde qui l'avait dédaigné »), et ils cherchaient à éviter à leur enfant l'expérience du manque, souci de ceux qui savent ce qu'est la pauvreté (« La gosse n'était privée de rien »). Annie Ernaux décrit le renoncement de ses parents à trop de bonheur (« On ne peut pas être plus heureux qu'on est »), c'est-à-dire en fait au bonheur tout court. Et leurs tentatives de se satisfaire de leur condition (« Il y avait plus malheureux que nous »). Elle cherche à comprendre son père et sa vision du monde, en parlant du livre de lecture de ce dernier, « le seul dont il a gardé le souvenir », qui était *Le Tour de France de deux enfants*, et dont elle rapporte une des phrases clés : « Apprendre à toujours être heureux de notre sort. » Elle raconte la fin de ce père qui, après le diagnostic d'une maladie grave, se décide tardivement à « profiter un peu de l'existence », programme qui n'allait pas bien loin dans l'hédonisme…

Les âges du bonheur

Le bonheur n'est pas exactement le même d'un bout à l'autre de l'existence. Comment est-on heureux aux différents âges de la vie ? Comment va évoluer notre bonheur avec le temps ? Et comment la vie va-t-elle peu à peu façonner notre bonheur ?

➤ *Enfance : le bonheur à l'état pur ?*

L'enfance est l'âge du bonheur qui ne se cache pas : sauts de joie, exclamations, sautillements, chantonnements. Mais aussi l'âge d'une intelligence innée des petits bonheurs quotidiens, car les enfants savent se réjouir de ce qui paraît parfois anodin à l'adulte : le retour des parents le soir après le travail déclenche assez souvent un vrai bonheur chez les tout-petits (aptitude qui se perd parfois chez l'adulte : à quand remontent vos derniers sauts de joie à l'arrivée de votre conjoint ?).

La grande supériorité de nombreux enfants par rapport aux adultes tient sans doute à leur capacité à vivre l'instant présent : « Les enfants n'ont ni passé ni avenir, et, ce qui ne nous arrive guère, ils jouissent du présent », remarquait La Bruyère. Cette capacité est fortement corrélée à celle d'éprouver du bonheur.

L'observation ou la remémoration des bonheurs enfantins est une des sources de bonheur des adultes (de là vient peut-être la nostalgie de ceux qui n'ont pas été parents). D'où ces vers du poète chinois Li Po : « Vous me demandez quel est le bonheur suprême ici-bas ? C'est d'écouter la chanson d'une petite fille qui s'éloigne après vous avoir demandé son chemin. »

De fait, l'enfance peut être, à bien des égards, un réservoir de bonheur. Pas seulement sous forme d'un stock de souvenirs heureux, qui pourra servir d'ancrage et de ressource face à de futures adversités. Mais aussi en développant une réceptivité ultérieure au bonheur et des capacités de discernement envers vrais et faux bonheurs.

Sandrine

« J'ai eu une enfance plutôt heureuse, et je crois qu'une des conséquences directes, c'est que ça a augmenté ma lucidité. Comme je savais ce que c'était qu'être aimée, je voyais bien dans mes différentes aventures sentimentales avec qui ça pouvait bien tourner et avec qui cela serait vraiment difficile. Ça ne m'a pas empêchée de faire des erreurs, de m'entêter même si intuitivement je sentais que ce n'était pas ça. Mais j'ai finalement eu moins de galères que certaines de mes copines, et en tout cas elles m'ont moins secouée… »

Cependant, il existe aussi des enfants tristes, déprimés et tout simplement des enfants qui ont du mal avec le bonheur. Jules Renard nous en donne un saisissant exemple dans son chef-d'œuvre (comportant de nombreux aspects autobiographiques) *Poil de Carotte*, portrait d'un enfant mal aimé et peu apte au bonheur. Poil de Carotte, jeune garçon roux, en butte aux brimades d'une mauvaise mère, en arrive d'ailleurs à la conclusion suivante : « Tout le monde n'a pas la chance d'être orphelin. »

La tendance éternelle à « attribuer le bonheur à ceux qui nous semblent les plus proches de l'origine, de la simplicité, de l'innocence, de l'ignorance[18] », à imaginer l'enfance comme un âge de bonheur sans nuages est donc abusive. Les enfants peuvent souffrir, connaître angoisses et malheurs comme les adultes... Quelle est donc la part de vrai et de faux, dans ce mythe de l'enfance *modèle de bonheur* ?

L'enfance est bien évidemment l'objet d'une idéalisation *a posteriori*, ce que l'on nomme un « biais de reconstruction ». Mais les bonheurs de l'enfance sont souvent le seul modèle dont disposent beaucoup d'adultes. Ce qui est trompeur, car le bonheur de l'enfant semble différent par nature de celui de l'adulte : l'enfant est heureux sans le savoir et sans le vouloir ; c'est, en général, l'inverse pour l'adulte. Certes, « l'enfant est le père de l'homme » (Woodsworth), mais nous avons à faire preuve de prudence dans notre tendance naturelle à prendre les enfants comme modèles dans la compréhension et la quête du bonheur.

Quand s'arrête l'enfance ? Et à quel moment cessent, ou plutôt se modifient, les bonheurs de l'enfance ?

J'ai été troublé chaque fois que j'ai saisi chez chacune de mes filles ces instants où leur petite enfance s'estompe, pour laisser éclore de grands enfants. Un signe concret : l'arrêt du trottinement que l'enfant heureux utilise pour se déplacer. Le petit enfant trottine non pas parce qu'il est pressé, mais parce qu'il est heureux. L'enfant plus grand ne trottine plus, il marche ou il court, comme un adulte. Il y a aussi l'apparition de la lecture, dont les parents se réjouissent, mais qui signe le début de la mort lente et programmée du jeu. Les enfants gardent encore pour des années leurs jouets, mais ils n'y jouent plus vraiment. C'est triste et délicieux à la fois de saisir les instants qui signifient tout cela. Et puis, il y a bien sûr l'arrêt des croyances, la petite souris, le père Noël et, là encore, les efforts des enfants pour continuer à y croire, ou à faire semblant d'y croire, comme s'ils sentaient intuitivement qu'ils viennent de perdre une extraordinaire capacité de bonheur. L'extinction de ces bonheurs d'enfance est évidemment une source d'inspiration nostalgique, heureuse ou malheureuse…

Dans un récit autobiographique, où il parle largement des bonheurs de son enfance, l'écrivain Alain Rémond raconte l'anecdote suivante : « Je me souviens de ce jour où un camarade de mon âge est venu me voir, et m'a surpris en train de jouer avec Madeleine et Bernard. Le ton de mépris, dans sa voix, quand il m'a lancé : "Quoi, tu joues encore à ton âge ?" Oui, je jouais encore. Et je le plaignais, sincèrement, de ne plus savoir jouer. Après, quand on a passé la barrière, franchi la frontière, c'est fini, on ne peut plus revenir en arrière, jamais[19]. »

➤ *Adolescence : le bonheur, bof…*

C'est Philippe Delerm qui raconte ce souvenir de classe de terminale, où le professeur de philosophie pose en cours la question : « Êtes-vous heureux ? » Presque tous les élèves répondent « non », au grand désarroi de l'enseignant déconcerté, qui se lance alors dans une « apologie laborieuse d'un équilibre personnel qui ne nous tentait guère. […] Il y avait dans le mot bonheur quelque chose de lourd et de repu ».

Si on les questionne à ce propos, les adolescents sont peu concernés par le bonheur : « C'est une question de vieux… » Ils recherchent davantage l'intense, sinon l'absolu et le définitif. Surtout, ils se montrent hypersensibles aux renoncements parfois contenus dans certains bonheurs.

Cette méfiance est illustrée par la très belle figure adolescente d'Antigone, dans la pièce de Jean Anouilh[20]. La jeune fille est ici en train de s'en prendre à son oncle, Créon :

ANTIGONE. — Le bonheur...

CRÉON. — Un pauvre mot, hein ?

ANTIGONE. — Quel sera-t-il, mon bonheur ? Quelle femme heureuse deviendra-t-elle, la petite Antigone ? Quelles pauvretés faudra-t-il qu'elle fasse elle aussi, jour après jour, pour arracher avec ses dents son petit lambeau de bonheur ? Dites, à qui devra-t-elle mentir, à qui sourire, à qui se vendre ? Qui devra-t-elle laisser mourir en détournant le regard ?

CRÉON. — Tu es folle, tais-toi...

ANTIGONE. — Non, je ne me tairai pas, je veux savoir comment je m'y prendrai, moi aussi, pour être heureuse...

[...]

ANTIGONE. — Vous me dégoûtez tous avec votre bonheur ! Avec votre vie qu'il faut aimer coûte que coûte. On dirait des chiens qui lèchent tout ce qu'ils trouvent. Et cette petite chance pour tous les jours, si on n'est pas trop exigeant. Moi, je veux tout, tout de suite — et que ce soit entier —, ou alors je refuse ! Je ne veux pas être modeste, moi, et me contenter d'un petit morceau si j'ai été bien sage. Je veux être sûre de tout aujourd'hui et que cela soit aussi beau que quand j'étais petite — ou mourir.

CRÉON. — Allez, commence, commence, comme ton père...

Rappelons qu'Antigone était la fille des amours incestueuses d'Œdipe et de Jocaste. Inutile de préciser qu'elle ne trouvera jamais le bonheur et que son histoire finira mal.

L'adolescence ne peut donc guère nous apprendre sur le bonheur, ce n'est ni sa tasse de thé ni son domaine de compétences. Mais elle nous met clairement en garde contre la dérive pantouflarde du bonheur…

Quand s'arrête l'adolescence ? Et son rapport tourmenté au bonheur ? Jamais chez certains… Les autres fois, c'est justement au moment où l'on commence à se poser la question du bonheur… C'est-à-dire à moins s'intéresser inlassablement à la question du « Qui suis-je ? », et davantage à celle du « Que faire de ce que je suis ? ».

➤ *Âge adulte : maturité ou médiocrité du bonheur ?*

Édith

« À quel moment je suis devenue adulte ? Je n'en sais rien, il me semble que ce n'est même pas fini, que c'est un processus encore en cours chez moi ! Ça a dû démarrer vers l'âge de trente ans, quand j'ai commencé à relever la tête du guidon, quand j'ai eu fini de poser les fondations de ma vie de famille et de ma vie professionnelle. Peu à peu, je suis passée du besoin de faire au besoin d'être, des plaisirs de l'excitation aux désirs de calme, des cris aux murmures. Finalement, du narcissisme à la lucidité… »

C'est à l'âge adulte que se posent les grandes questions vis-à-vis du bonheur : le mépriser ou l'aimer ? L'attendre ou le construire ? Alors, devient-on adulte lorsqu'on commence à se poser la question du bonheur ? Et surtout lorsque l'on commence à comprendre qu'il dépend principalement de nous ? À partir de la prise de conscience qui suit les premiers échecs sérieux, les premières désillusions ? Ou du prix à payer pour les premières réussites ? Ou encore lorsqu'on se met à construire son cadre de vie familial, social, professionnel ? En tout cas, insidieusement, comme ça, la question du bonheur se pose un jour à nous…

Et surtout la question de la *construction* du bonheur. On se fatigue de lui courir après ou de l'attendre, et on voudrait bien pouvoir le capturer et le domestiquer. Mais ce bonheur d'élevage nous comblera-t-il autant que le bonheur sauvage ? C'est toute la question… La grande difficulté de l'adulte face au bonheur est de ne pas le confondre avec le confort. Tout l'enjeu est de ne pas perdre la capacité à ressentir des bonheurs sauvages, tout en apprenant à en cultiver d'autres. C'est de cette diversité que va naître le bonheur d'être un adulte.

En devenant adulte, on comprend aussi que les projets de vie heureuse n'ont à être ni valorisés ni méprisés. Ils répondent aux convictions de chacun, à la conscience que l'on peut avoir de ses forces mais surtout de ses faiblesses.

Leila

« Je m'occupe de mon bonheur parce que je n'ai pas été heureuse dans mon enfance, parce qu'on ne m'a jamais appris à l'être, et parce que j'ai l'impression que ce n'est pas au départ dans mon caractère. Je n'ai aucune spontanéité vers la joie. Alors si moi-même je ne m'en préoccupe pas, je sais ce que cela donne : l'état dans lequel j'ai été entre vingt et quarante ans, où je passais de la déprime à l'anxiété, de l'anxiété à l'insatisfaction, de l'insatisfaction à la morosité… Aujourd'hui, j'ai quarante ans, j'ai compris ce qui pouvait me faire aller mieux, et je compte bien travailler à le développer encore… »

➤ *Vieillir heureux ?*

Pour la première fois dans l'histoire de l'humanité, une société (occidentale) voit croître peu à peu la proportion de « jeunes vieux », plutôt aisés et plutôt en bonne santé. Mais aussi, et surtout, ceux-ci revendiquent le droit au bonheur, alors que la vieillesse était jadis l'âge des renoncements. C'est parfois même à cette période de l'existence que le besoin de bonheur se fait le plus sentir. Que peut-on réellement regretter au soir de sa vie, sinon de n'avoir pas assez fait pour son bonheur et celui de ses proches ? Autant y penser assez tôt.

Bonheur au monastère :
être heureux permet-il de vivre vieux ?

Une belle étude de psychologie a été conduite récemment auprès de cent quatre-vingts religieuses d'un ordre monastique américain : les chercheurs ont analysé dans le détail les autobiographies que les nonnes avaient écrites, à la demande de la mère supérieure, alors qu'elles rejoignaient la congrégation et qu'elles étaient en moyenne âgées de vingt-deux ans. En reprenant ces lettres soixante ans plus tard, on s'est aperçu que celles dont les écrits reflétaient une vision positive et heureuse de l'existence (mesure du nombre de formulations et de mots positifs, de la quantité d'émotions positives exprimées) ont vécu nettement plus longtemps que les autres[21].

Les pièges liés à l'âge sont bien connus : entre nostalgie, amertume et renoncement, la marge est étroite pour une vie heureuse. Le discours politiquement correct consiste à dire que l'âge n'a pas d'importance. Certaines stars poussent même l'hypocrisie jusqu'à affirmer dans les magazines qu'il leur tarde de vieillir, tout en consommant régulièrement en coulisses de la chirurgie plastique.

Pourtant, vieillir est un déclin. Comte-Sponville en parle de manière franche et lucide, donc utile : « Je ne crois guère aux avantages de la vieillesse... Un gain d'expérience, de maturité, de culture ? On le doit moins à la vieillesse qu'à la vie, qui continue malgré tout... La vie est une richesse. Le temps est une richesse. Être vieux, non : ce n'est que le temps qui manque et la vie qui s'en va[22]... » Pourtant, de nombreux témoignages individuels attestent que l'on peut rester capable de bonheur avec les années. Dans une interview accordée à une revue médicale sur le thème de sa maladie de Parkinson, l'écrivain François Nourissier parlait simplement du « bonheur tout charnel, tout physique d'avoir duré[23] ».

Comment expliquer que l'on puisse continuer à être heureux en prenant de l'âge, voire à l'être plus encore qu'auparavant ? C'est parce que nos émotions tendent, en moyenne, à aller vers le mieux et que notre expérience de la vie augmente notre intelligence du bonheur...

Beaucoup d'études montrent que l'âge apporte une stabilisation des émotions (moins de montagnes russes, de hauts et de bas) ainsi qu'une augmentation des émotions positives.

D'autre part, l'expérience peut servir le bonheur, en permettant de ne pas renouveler les erreurs et gâchis passés. Enfin, certains choix de vie des personnes âgées, qui n'hésitent pas à se lancer dans de nombreuses et nouvelles activités, leur procurent une seconde jeunesse psychologique : « Être jeune, c'est avoir, dans tel ou tel domaine, plus d'avenir, du moins en principe, que de passé[24]. » Ce que le professeur de médecine Jean Bernard formulait

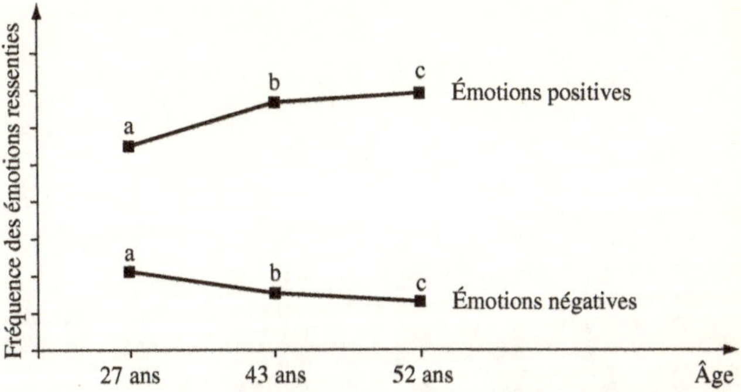

Le niveau moyen des émotions positives et négatives évolue favorablement avec l'âge (d'après une étude longitudinale auprès de 80 femmes[25]).

autrement : « Il faut ajouter de la vie aux jours lorsqu'on ne peut plus ajouter de jours à la vie. »

Cette forme de jeunesse, à cultiver à tous les âges, est très clairement une clé majeure pour le bonheur…

DEUXIÈME PARTIE

Comprendre et défendre le bonheur

Ce livre n'est pas celui d'un auteur qui a trouvé le bonheur (et qui vous expliquerait comment le trouver). Désolé... Il est seulement celui d'un thérapeute dont le métier est d'aider ses patients à le chercher plus efficacement.

Cette deuxième partie s'efforce donc de répondre à de nouvelles questions :

Dans quelles directions faut-il chercher le bonheur ?

Science, philosophie et religion peuvent-elles nous aider concrètement dans cette recherche ?

Et, comme le bonheur est un sujet important pour chacun d'entre nous, tout le monde a un avis à son propos. Il arrive donc que le bonheur devienne un sujet qui fâche. Entre « ceux qui y croient » et « ceux qui n'y croient pas », les discussions sont toujours allées bon train.

Que faut-il savoir de l'histoire et de la sociologie du bonheur pour mieux parler de son bonheur ? Et savoir le défendre ?

CHAPITRE 4

Où chercher le bonheur ?

« Nous cherchons tous le bonheur, mais sans savoir où, comme des ivrognes qui cherchent leur maison, sachant confusément que cela existe… »

VOLTAIRE

Ah, les recettes du bonheur…

Il en est des pragmatiques, comme celle du poète romain Martial : « Un petit héritage, un champ fertile, un foyer sans histoire, un corps vigoureux, un doux sommeil… » D'autres sont à dominante alimentaire, par exemple chez Jean-Jacques Rousseau : « Le bonheur, c'est un bon compte en banque, une bonne cuisinière et une bonne digestion. » Il en existe aussi des méthodiques, voyez le philosophe Arthur Schopenhauer : « Au premier chef : gaieté de caractère, *eukolia*, un tempérament heureux… L'accompagne d'abord et avant tout la santé du corps… En troisième lieu, repos de l'esprit… En quatrième lieu, des avantages extérieurs : une très petite quantité[1]… » Il y a également les convictions de quelques découragés tels que Bossuet : « Le bonheur humain est composé de tant de pièces qu'il en manque toujours. » D'autres recettes, enfin, sont assez suspectes quant à l'impartialité de leur auteur, comme cette définition fameuse de Flaubert : « Être bête, égoïste et avoir une bonne santé : voilà les trois conditions voulues pour être heureux. »

Mais aujourd'hui, que savons-nous au juste de ce qui compose le bonheur ? Les réflexions des philosophes et les recherches des scientifiques ont-elles abouti à quelques certitudes ? Voici un tour d'horizon des connaissances et convictions actuelles sur un sujet éternel…

Promesses et artifices : le bonheur sur commande

Le bonheur vite et bien… Si l'on ne sait pas où chercher le bonheur, alors notre société marchande se chargera de nous proposer — ou mieux, de nous vendre — des solutions. Celles-ci vont-elles s'avérer satisfaisantes pour autant ? Que peuvent l'argent, les biens matériels et les drogues diverses dans nos aspirations au bonheur ? La réponse politiquement correcte est : « Rien ! Le bonheur ne s'achète ni ne se convoque. » Est-ce toujours vrai ?

➤ *L'argent fait-il le bonheur ?*

« L'argent ne fait pas le bonheur », dit le proverbe. « Mais il y contribue », a-t-on coutume d'ajouter. Les scientifiques ont étudié la question : il semble en fait que l'argent augmente le bonheur des plus pauvres, jusqu'à un certain seuil, selon ce que l'on nomme un effet « plateau » (voir la courbe ci-dessous). La misère matérielle pose de nombreux obstacles au bonheur, et il apparaît qu'il existe l'équivalent d'un SMIB (Seuil Minimum d'Induction du Bonheur), en dessous duquel les choses sont bien compliquées. Atteindre ce seuil n'offre pas le bonheur, mais se trouver en dessous l'empêche le plus souvent. En revanche, au-delà de ce seuil, l'augmentation des ressources financières n'a plus qu'un impact limité sur le sentiment subjectif de bien-être.

D'intéressantes études ont montré que l'augmentation très nette du revenu moyen des Américains entre 1960 et 1990 ne s'était pas accompagnée de la moindre augmentation du pourcentage de personnes se déclarant heureuses[2]. Le suivi individuel d'une cohorte de personnes, sur une durée de dix ans, montre que les fluctuations financières, à la hausse comme à la baisse, ne modifient pas le niveau moyen du bien-être[3]. C'est finalement ce que constatait avec humour l'écrivain Jean d'Ormesson : « Contrairement à ce que croient les pauvres, l'argent ne fait pas le

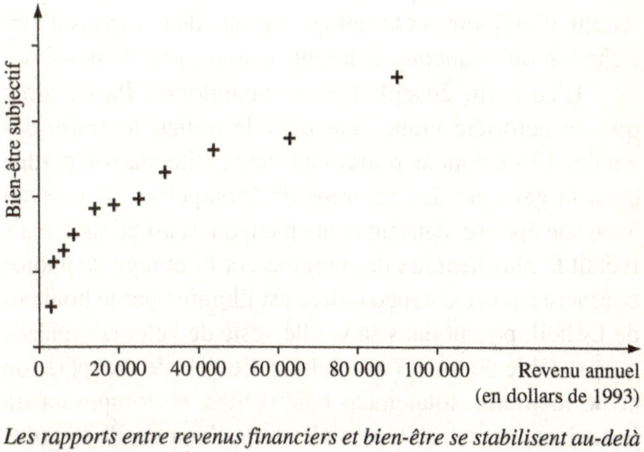

Les rapports entre revenus financiers et bien-être se stabilisent au-delà d'un seuil minimum[4].

bonheur des riches. Mais contrairement à ce que croient les riches, il ferait celui des pauvres. »

Une autre question est souvent posée : trop d'argent ne rend-il pas malheureux ? Si la réponse était positive, la courbe des rapports argent/bien-être, que nous vous présentons, devrait redescendre à son extrémité droite. Mais regardez bien : ce n'est pas le cas (hélas ?). Selon quelques études, les très riches semblent même pouvoir accéder à quelques bonheurs supplémentaires… De quoi donner raison à Jules Renard, méfiant à l'égard du discours des gens riches : « Si l'argent ne fait pas le bonheur, rendez-le ! » Cependant, ces résultats sont à prendre avec de grandes précautions, car ils concernent un très petit nombre de personnes.

Par ailleurs, plus que la possession de l'argent pour lui-même, c'est évidemment la satisfaction qu'apporte cet argent qui influe sur le sentiment de bonheur[5]. Comme le disait l'éditeur Bernard Grasset : « Ce n'est pas à la possession des biens qu'est attaché le bonheur, mais à la faculté d'en jouir. » On sait qu'il existe deux façons d'être riche : avoir beaucoup d'argent ou avoir peu de besoins.

L'écrivain Joseph Delteil abandonna Paris, alors que sa notoriété grandissait dans le milieu littéraire des années 1930, pour se retirer dans une petite maison perdue dans la garrigue des environs de Montpellier. Il y vivait avec son épouse, dans un dénuement quasi ascétique : mais il était le plus heureux des hommes, et l'ouvrage de photos consacré à son existence retirée est illuminé par le bonheur de Delteil, posant dans sa vieille veste de velours rapiécée ou à sa table de travail encombrée d'objets de récupération et de mémoire, totalement hétéroclites, et composant un joyeux capharnaüm. Une maison, de l'amour, de la nourriture, et le spectacle de la nature : il n'en fallait pas plus

Les gagnants du Loto

Beaucoup d'études ont été conduites auprès des gagnants de loteries diverses. Assez unanimes, ces travaux montrent que, passé la bouffée de joie à l'annonce du gain (« Mimine, tu as gagné le gros lot ! »), le bonheur et le bien-être de ces « heureux gagnants » sont en fait de même niveau que ceux de personnes n'ayant pas gagné. Un an après, ils en sont au même point de bien-être qu'avant d'avoir gagné[6]. Nombreux sont ceux qui signalent les multiples ennuis que leur brusque fortune a provoqués[7] : conflits avec la famille, les collègues et les voisins si l'on garde le même milieu de vie ; difficultés d'adaptation au nouvel entourage social si l'on en change… Et pour certains, encore pire : ruinés, ils ont désormais des regrets. Car il y a une injustice supplémentaire en matière d'argent : être riche, cela s'apprend dès l'enfance !

à Jospeh Delteil, romancier de génie, pour vivre pleinement heureux[8].

Concluons donc : les très pauvres ont plus de risques d'être malheureux à cause de leur pauvreté, les très riches ont quelques chances, s'ils s'y prennent bien, d'être un peu plus heureux. Et entre les deux, pas grand-chose à attendre de l'argent pour le bonheur…

➤ *Mensonges et mirages marchands*

En septembre 2002, le fabricant automobile Mercedes vantait sa Type A, petit véhicule urbain, sous le slogan : « Les dimensions idéales du bonheur. » Il n'était pas le premier à utiliser le bonheur comme vecteur publicitaire : nous avions déjà connu : « Le bonheur, c'est simple comme un coup de fil » (France Télécom), « Le bonheur est dans le prix » (Hertz), « Le bonheur, si je veux » (Club Med), et, en plus menaçant, « C'est fou comme on s'habitue au bonheur », destiné à promouvoir des assurances du Crédit agricole…

La publicité fait grand cas et grand usage du bonheur, et nous bombarde d'images supposées l'évoquer : couples buvant paisiblement du café en se regardant avec amour, enfants épanouis dans de belles voitures… De toute évidence, elle a compris qu'il s'agissait d'une aspiration universelle et d'une motivation puissante. La proposition sous-jacente à ces images et messages a au moins l'avantage de la simplicité : vous pouvez accéder facilement et rapidement au bonheur par l'achat, la possession et la jouissance de biens matériels.

> Une de mes patientes m'avait un jour raconté qu'à la mort de sa mère, son frère et elle avaient découvert, en visitant les placards de cette dernière, des quantités de livres, vêtements, appareils électroménagers et autres produits de beauté, soigneusement rangés et intacts dans leurs emballages jamais ouverts. La vieille dame, isolée, rivée à sa télévision cédait régulièrement aux sirènes du téléachat, en s'offrant toutes ces promesses de petits bonheurs vantés par de si gentils présentateurs…

Inutile de développer cependant un puritanisme absolu envers les biens matériels : acheter ou s'acheter quelque chose n'empêche pas le bonheur, et parfois en procure un peu, même si les promesses ne sont pas toujours tenues. Attention, à l'inverse, de ne pas être des victimes trop faciles : la publicité pèse beaucoup plus sur nous que nous ne l'imaginons. Woody Allen disait : « Les méchants ont sans doute compris quelque chose que les bons

99 francs de bonheur

« Je me prénomme Octave… Je suis publicitaire : eh oui, je pollue l'univers. Je suis le type qui vous vend de la merde. Qui vous fait rêver de ces choses que vous n'aurez jamais… Dans ma profession, personne ne souhaite votre bonheur, parce que les gens heureux ne consomment pas. Votre souffrance dope le commerce… L'hédonisme n'est pas un humanisme : c'est du cash-flow… »

Ces lignes de Frédéric Beigbeder, tirées de son best-seller *99 francs*, se passent de commentaires : l'auteur connaît parfaitement les coulisses du monde de la publicité, pour y avoir exercé ses talents pendant de longues années[9]. Son témoignage rappelle que se servir du bonheur pour vendre, ce n'est pas tout à fait la même chose que vendre du bonheur…

ignorent… » Permettons-nous un peu de manichéisme : remplaçons méchant par publicitaire, et gentil par consommateur. Puis regardons plus attentivement les pubs à la télé, en nous demandant ce que cherchaient à provoquer ceux qui les ont conçues…

> Un patient déprimé (et donc très sensible au côté sombre de certaines situations, anodines aux yeux des gens pressés) m'avait un jour raconté la vague de tristesse qui l'avait submergé dans un aéroport :
> « C'était un vendredi soir, mon avion avait été retardé, et j'avais une heure à perdre. Je déambulais dans les galeries marchandes et je suis tombé devant un magasin de jouets. Debout devant la vitrine, j'observais deux cadres bien vêtus, un homme et une femme, choisir nerveusement des cadeaux, chacun dans leur coin, probablement pour leurs enfants. Ils venaient sans doute de donner à la vendeuse l'âge de leurs gosses, pour avoir le dernier

> cadeau à la mode, que ceux-ci ne pouvaient encore posséder. Ils avaient l'air pressés et de mauvaise humeur. Je me suis senti tout à coup affligé par cette scène. J'avais l'impression qu'ils achetaient des cadeaux pour compenser leur absence, je me faisais tout un film : ils n'étaient jamais chez eux à cause de leur boulot, alors ils culpabilisaient et se rachetaient en gâtant leurs enfants, en étouffant leurs plaintes éventuelles de montagnes de cadeaux. J'imaginais l'enfant recevoir le cadeau avec une vague excitation, puis tourner le dos au parent coupable de ne pas assez être là… Je trouvais tout à coup ce magasin sinistre, malgré les sourires des nounours et les paillettes de la vitrine. »

Comment entretenir un rapport sain avec les biens matériels ?

Voici l'avis de Bossuet, prêtre célèbre pour ses *Sermons* et ses *Oraisons funèbres*, qui prêchait devant la cour de Louis XIV : « On ne peut se rendre maître des choses en les possédant toutes ; il faut s'en rendre le maître en les méprisant toutes. »

Si l'on veut tout de même rester un peu dans la vraie vie (celle où nous sommes la cible constante de publicités efficaces), il y a trois questions à se poser avant un achat non indispensable, c'est-à-dire non alimentaire (encore que, à part le pain et l'eau…) :

• « Ai-je vraiment besoin de cela ? Que suis-je finalement en train d'acheter ? Un objet ou une promesse de bien-être, de statut, de bonheur ? »

• « Quel vide suis-je en train de masquer ? »

• « Cet achat est-il remplaçable par autre chose ? Par exemple, ce cadeau par du temps passé avec mes enfants ou mon conjoint ? »

Mais finalement, pourquoi se poser tant de questions ? Car il existe deux manières de ne pas accorder

Épicure et le bonheur

Parmi les philosophes de l'Antiquité, Épicure est l'un de ceux dont le nom est resté jusqu'à nous : on qualifie d'« épicurien » un individu cherchant à goûter aux plaisirs de la vie au travers des biens matériels qu'elle nous offre (confort, gastronomie, etc.). Pourtant, la doctrine d'Épicure mettait vivement en garde contre la dépendance aux biens de ce monde. Dans notre malheur, nous sommes souvent « comme un homme malade qui ignore la cause de sa maladie[10] ». Et nous risquons alors de chercher le bonheur dans de mauvaises directions, « parce que des objets coûteux peuvent nous paraître susceptibles de satisfaire des besoins que nous connaissons mal ». Épicure avait donc consacré beaucoup de soins à établir la liste de ce qui était ou non essentiel au bonheur :

— Naturel et nécessaire : amis, liberté, nourriture, logement, vêtements, réflexion.

— Naturel mais pas nécessaire : belle maison, serviteurs, banquets et mets raffinés.

— Ni naturel ni nécessaire : gloire, pouvoir.

Loin d'être une frénétique recherche de plaisirs, l'épicurisme était donc un « hédonisme *a minima* ». Mais la publicité n'existait pas encore du temps d'Épicure...

d'importance aux biens matériels : l'antique, qui consiste à ne pas chercher à les posséder, et la moderne qui consiste à les accumuler tant qu'ils se dévalorisent totalement.

Ainsi, le rapport des enfants à leurs jouets a été complètement bouleversé par la société de consommation : alors que les jouets étaient autrefois rares et précieux pour l'enfant, qui en prenait grand soin, ils sont de nos jours totalement dévalorisés, oubliés ou jetés très vite après avoir été reçus. D'une certaine façon, les enfants d'aujourd'hui sont de plus en plus indifférents à leurs jouets, bien plus en tout cas que ne l'étaient les enfants de jadis.

On peut cependant redouter que ces achats répétés et banalisés de « promesses de bonheur » ne donnent de mauvaises habitudes, et ne fassent peu à peu perdre le sens de bonheurs plus naturels ou immatériels, et par conséquent — du moins peut-on l'espérer — plus satisfaisants et durables. Par exemple, l'accumulation de jouets semble bien « produire » des enfants qui ne savent plus jouer et créer les univers nécessaires au plaisir du jeu. Offrir un cadeau remplace-t-il vraiment le temps passé avec son enfant ?

On peut aussi se demander si les parcs d'attractions, dont les plus aboutis restent les Disneyland et autres Eurodisney, n'illustrent pas clairement l'exploitation commerciale maximale (et intelligente) des attentes de bonheur. Tout y est pléthorique dans le positif : musique joyeuse, spectacles souriants, jeux et jouets à profusion. Parfois pour le meilleur : l'étonnement joyeux des enfants découvrant les personnages de dessins animés « en vrai » sous forme de peluches géantes et amicales (quoiqu'un peu pressées). Souvent pour le pire : cette pléthore est agressante, surtout pour les tout-petits. Le parc offre çà et là le spectacle d'enfants hébétés par la surstimulation, de parents qui cèdent sur tout pour ne pas frustrer leurs rejetons et gâcher la journée.

En fin d'après-midi, des caprices éclatent, des colères explosent, et plus personne ne rigole… Et les inégalités du bonheur se creusent encore plus, les différences entre familles se perçoivent, le parc d'attractions agit comme un révélateur : si les relations entre parents et enfants étaient médiocres, basées sur la culpabilité des uns et la tyrannie des autres, la fin de la journée entraîne en général des conflits et des reproches (« non seulement on t'offre une journée ici, mais encore tu nous casses les pieds... »), et les parents ressentent l'amertume d'un échec dans la tentative de donner du bonheur à leur enfant. Si ces relations étaient bonnes, on rigole et on remémore les bons moments de la journée.

Je ne donne aucune leçon : en tant que père, j'ai moi-même fréquenté Eurodisney... J'avoue même y avoir pris du plaisir avec mes enfants. Mais jamais autant que nous ne l'avions rêvé en imaginant la journée à l'avance. Et je reste perplexe. Tous les ans, je passe une journée en tête à tête avec chacun de mes enfants pour leur anniversaire. Je me souviens d'avoir vécu, à une semaine d'intervalle, deux journées très différentes avec la deuxième de mes filles : l'une à Eurodisney ; l'autre dans le bois de Vincennes, à faire virevolter un cerf-volant. L'une saturée de bruits et d'images, joyeuse mais indigeste, pleine d'événements. L'autre lente et ensoleillée, pleine de bavardages et de silences, pleine d'impressions. Laquelle comptera le plus pour elle dans ses souvenirs de bonheurs d'enfance ?

➤ *Substances du bonheur ?*

Je ne saurais expliquer pourquoi, mais beaucoup des patients alcooliques que j'ai eu à soigner étaient plutôt sympathiques. Certains étaient très gravement dépendants de la boisson, et fort difficiles à aider : profondément malheureux, anxieux ou déprimés, ils recherchaient dans l'alcool un moyen d'alléger leur mal de vivre, et parfois même d'accéder à de petits moments de bonheur. D'autres avaient juste flirté avec l'alcool, et réussi à s'en dégager par eux-mêmes.

Florent

« Tous les soirs, une fois rentré chez moi, je buvais quelques verres pour me mettre sur un nuage, pour me sentir bien. Ce qui m'a angoissé, c'est que ça ne marchait pas si mal, finalement. Je me sentais vaguement heureux. Ce n'était pas seulement la diminution du stress de la journée, mais un autre regard sur le monde. Le problème, c'est que je prenais mon premier verre de plus en plus tôt dans la soirée. Au début, c'était avant le repas, puis peu à peu, à peine passé la porte, je me servais un coup. Là où j'ai compris que cela tournait mal, c'est quand j'ai commencé à penser à ce que j'allais boire, avant même d'être arrivé chez moi. Là, j'ai décidé d'arrêter. Juste à temps, à mon avis. Depuis, je m'interdis de boire seul, je réserve l'alcool à la convivialité. »

On parlait autrefois des « paradis artificiels » (titre d'un ouvrage célèbre de Charles Baudelaire) à propos de l'usage des drogues de toutes sortes. Mais les bonheurs de synthèse — alcool, médicaments, drogues — conduisent-ils vraiment au paradis ? Ils sont le plus souvent des cache-souffrance, des cache-misère : « Il n'existe pas de drogués heureux », affirmait un best-seller des années 1970[11] durant lesquelles la consommation de drogues bénéficiait d'une aura étonnante. Plus contemporaines, les « pilules du bonheur » sont rarement ce que l'on croit. Pour autant, peut-il exister un « bon usage » des drogues socialement admises pour améliorer le bien-être ?

De nombreux chantres de la dive bouteille ont ainsi vanté la fraternité retrouvée autour d'une bonne cuite. Ces « coïts de sympathie », selon l'expression de Jules Renard, ne sont pas si méprisables. Divers travaux ont montré que l'alcool diminuait le souci de soi : le nombre de fois où l'on utilise le « je » ou les remarques autocentrées diminue significativement après absorption d'alcool chez des volontaires « sains », c'est-à-dire non dépendants de l'alcool de manière chronique[12]. L'ivresse permet parfois de modifier son regard sur la vie ; à la condition absolue d'en tirer les leçons et de pouvoir se passer d'elle pour accéder par ailleurs au bonheur.

> C'est ce que m'avait raconté un de mes patients, que je soignais pour tout autre chose : « Je suis reconnaissant à l'alcool. Il m'a permis de voir que le monde dépend de mon regard sur lui. Il fait gris et tout est triste, puis, quelques verres plus loin, on trouve du charme à la grisaille, elle n'a plus d'importance, les soucis sont revenus à leur juste place. L'air de rien, ça m'a beaucoup servi de réaliser cela. Tout le problème, c'est d'avoir tout de même d'autres sources de bien-être que l'alcool, sinon, on est en danger. Moi j'avais mes copains, ma famille, mon boulot… Mais finalement, pour moi, l'image du bonheur, c'est une après-midi d'été, à l'ombre fraîche d'un grand arbre, après un bon repas entre amis. On a bu du rosé, on a refait le monde, on est bienveillant envers tout ce qui nous entoure. On sait que cela ne durera pas plus que l'après-midi, mais ce n'est pas grave. On sait aussi qu'on recommencera un de ces dimanches… »

Cependant, nous ne parlons ici que des effets de l'alcool sur le sujet non dépendant : tous les travaux scientifiques soulignent que les conséquences sont totalement inverses chez les gros buveurs. Une récente étude de terrain sur les comportements des alcooliques au comptoir des bistrots[13] montrait par exemple l'appauvrissement considérable des échanges entre buveurs chroniques, tant au niveau des regards que des paroles : relations manquées, propos stéréotypés…

La règle — qui n'est paradoxale qu'en apparence — devrait être de ne consommer de l'alcool que lorsque l'on va à peu près bien, faute de quoi notre contrôle sur la quantité absorbée sera déficient. On a montré par exemple qu'après avoir subi un échec, les personnes doutant déjà d'elles-mêmes ont tendance à consommer davantage d'alcool (lors d'un pseudo-test de dégustation organisé en laboratoire de psychologie) que des personnes elles aussi mises en échec de la même façon dans des tests précédents, mais disposant d'une bonne estime de soi[14].

Les pilules du bonheur existent-elles ?

En 1981, arrivait sur le marché le célèbre Prozac. Il s'agissait bel et bien d'une révolution dans le monde des psychotropes (les médicaments du psychisme). Jusque-là, les médicaments antidépresseurs étaient efficaces, mais au prix d'effets secondaires gênants (tremblements, bouche sèche, troubles de la vision, etc.). Le Prozac ne proposait pas une efficacité supérieure sur la dépression, mais s'avérait infiniment mieux toléré, ce qui fit beaucoup pour son succès : en quelques mois, il devint l'antidépresseur le plus prescrit au monde par les médecins. Comme tous les autres médicaments de sa classe chimique (dite des « sérotoninergiques », agissant sur la sérotonine, neurotransmetteur cérébral), le Prozac n'avait pas que des capacités antidépressives : il était également très efficace sur la plupart des maladies anxieuses, comme les phobies sociales, le trouble panique, les troubles obsessionnels-compulsifs (TOC). Mais un autre aspect de la molécule commença à attirer l'attention : certains patients déprimés, une fois guéris, se trouvaient mieux sous Prozac qu'avant que leur dépression ne commence. Comme si le médicament avait un effet sur certains de leurs traits de personnalité. D'ou un best-seller mondial sur ce sujet, habilement traduit en français sous le titre *Le Bonheur sur ordonnance*[15].

En fait, ce médicament, et les autres sérotoninergiques en général, peut aussi exercer chez certaines personnes un effet sur des traits de personnalité, en régulant notamment leurs émotions négatives et leur humeur, qu'il existe un trouble psychique[16] ou non[17]. Faut-il pour autant, comme l'ont fait les journalistes, avoir recours à l'expression de « pilules du bonheur » ? Il serait plus exact de dire qu'il s'agit parfois de « pilules anti-tendance-à-se-sentir-malheureux ». Les patients qui bénéficient de cet effet (qui n'est pas présent chez tout le monde, loin de là) ne sont d'ailleurs pas toujours chauds pour le prolonger, contrairement à ce que l'on a craint un moment : il semble que les sérotoninergiques puissent aussi émousser chez certains les sensations agréables. Ce qui est tolérable sur un traitement de courte durée, mais l'est moins en cas de prise prolongée. Mais demain, si de nouvelles molécules dénuées de ces inconvénients arrivent entre les mains des médecins, le débat devra bien avoir lieu. Faudra-t-il le conduire à un niveau philosophique : renoncer ou non à la vision nietzschéenne de l'homme grandi par sa souffrance ? Ou bien à un niveau scientifique : quels avantages et quels inconvénients à modifier par la chimie les tempéraments humains ? L'avenir nous le dira...

Les apparences du bonheur

> « Le bonheur, c'est d'être heureux ; ce n'est pas faire semblant de l'être. »
>
> Jules RENARD

Denis

« Il y a quelques années, j'ai touché le fond. J'avais perdu mon travail, ma femme m'avait plaqué, je buvais trop, je fumais comme un malade. Un matin, j'étais au bistrot en bas de chez moi, dans le Ve arrondissement à Paris, à parcourir les petites annonces. Après un ou deux cafés, j'attaquais mon premier demi de la journée à onze heures, lorsqu'un groupe de jeunes gens entra et vint s'asseoir à la table voisine. Ils devaient être en classe préparatoire de grandes écoles d'un lycée chic du coin, tous beaux, bien habillés, propres, gais, l'air d'enfants riches et sains. "Tout le contraire de toi", me dis-je alors. Je me sentais déjà minable à cette période de ma vie, même sans avoir à me comparer à quiconque. Mais alors là, par rapport à eux, je me trouvais vieux, laid, en échec social, inintelligent, pas sexy… Je n'osais même plus lever la tête et regarder vers eux, de peur de voir tomber un coup d'œil méprisant sur le pauvre type que je me sentais être.

Au bout d'un moment, je suis allé aux toilettes pour me cacher et me calmer. Je traînais un peu, en espérant qu'ils allaient partir (ils devaient bien avoir des cours tout de même !). J'observais mon visage dans la glace, c'était un épouvantable spectacle : rides, cheveux gris, calvitie naissante, teint glauque du type qui boit, qui fume, qui ne fait pas de sport. J'ai eu l'impression d'être un sous-homme, définitivement. Quand je suis remonté, ils n'étaient plus là.

Je vais mieux depuis, mais ce moment est gravé dans ma mémoire : c'est celui où je me suis senti le plus malheureux et le plus désemparé de ma vie. »

Les apparences sont certes trompeuses, mais elles sont visibles… et parfois douloureuses. Comme l'écrivait Proust à ce propos : « Ce qu'il y a d'admirable dans le bonheur des autres, c'est qu'on y croit… »

➤ *Le statut et les diplômes*

N'accumulez pas les diplômes dans le but d'être heureux : cela ne sert à rien ! Quant à l'appartenance à une classe sociale, elle influence le bonheur de la même façon que l'argent : une fois sorti de la misère, grimper dans l'échelle sociale ne confère pas plus de bonheur (mais n'en enlève pas non plus !).

Heureux les simples d'esprit ? L'intelligence n'a pas non plus d'effets notables sur le bien-être et le bonheur[18]. Les travaux sur l'intelligence émotionnelle l'ont déjà montré[19] : on peut être très intelligent et très malheureux. Comme le notait Alexis Carrel, prix Nobel qui ne fut pas intelligent dans tous les domaines de son existence (notamment par ses prises de position sur l'eugénisme) : « L'intelligence est presque inutile à celui qui ne possède qu'elle. »

Ainsi, les enfants surdoués ne le sont pas toujours pour le bonheur, tant leurs « surdons » vont rendre parfois difficile leur adaptation à l'environnement, notamment sur le plan relationnel[20]. Je me souviens d'Anne, une petite fille de sept ans, non pas surdouée mais simplement très douée, à qui l'instituteur proposait de sauter une classe car elle était manifestement au-dessus du niveau. Elle refusa plusieurs semaines la proposition, en argumentant avec une véritable sagesse : « Je ne veux pas sauter de classe, car je perdrais toutes mes copines, et je serais malheureuse sans elles… »

➤ *La jeunesse*

Oscar Wilde, qui défendait le plaisir contre le bonheur, écrivait : « Le plaisir est la seule chose pour laquelle il vaut la peine de vivre. Rien ne vieillit comme le bonheur. » Et si c'était exactement le contraire ? On peut d'ailleurs noter qu'en inversant les deux mots, la maxime tient toujours la route…

On a pensé quelque temps que la capacité à ressentir du bonheur diminuait avec l'âge. Mais il s'agissait d'une erreur, simplement due aux questionnaires que l'on utilisait pour mesurer le bien-être : ces derniers privilégiaient les instants de joie, et sous-exploraient le bonheur lié au calme et au recul.

En fait, quelques études montrent même le contraire[21] : le bonheur peut croître avec l'âge, nous en avons parlé au chapitre précédent. Mais le plus souvent, l'âge n'influe pas directement sur la possibilité d'être heureux. Au plus va-t-il jouer sur le type de bonheur que l'on aura tendance à rechercher et à apprécier, les bonheurs calmes étant progressivement préférés aux bonheurs agités.

➤ *La santé*

Il existe en langue anglaise trois mots pour parler de ce que le français désigne sous un terme unique, la maladie :

- *disease*, la maladie diagnostiquée par les médecins (« ce patient a la maladie de… ») ;
- *illness*, la maladie observée par la société et l'entourage (« ma sœur est malade ») ;
- et *sickness*, la maladie ressentie par le patient (« je me sens malade »).

Le bonheur et le bien-être sont liés à la santé perçue plus qu'à la santé physique au sens strict, et relèvent évidemment de cette troisième signification. Les hypocondriaques, persuadés de souffrir de maladies aussi fatales qu'indépistables, sont ainsi profondément malheureux quoiqu'en bonne santé objective. Et des patients souffrant de maladies chroniques pénibles n'en arrivent pas moins à se sentir heureux de leur existence. Certains d'entre eux s'avèrent capables de percevoir le handicap lié à la maladie comme un problème à affronter puis à oublier, et non comme une injustice ou un drame qui les frappent et sur lesquels on doit se polariser.

➤ *La beauté*

Qu'est-ce que la beauté a à voir avec le bonheur ?

Rien en théorie, mais en pratique, deux phénomènes importants vont entrer en jeu. Tout d'abord, la satisfaction subjective avec son apparence physique est un facteur de bien-être, d'intensité modérée, mais dont l'influence s'exerce régulièrement, et qui va influencer entre autres l'estime de soi (autre facteur agissant sur le bien-être). Ensuite, une apparence physique jugée agréable par l'entourage peut faire bénéficier d'un certain nombre d'attentions et d'avantages, injustes, mais dont la réalité est attestée par de nombreux travaux[22] : on a tendance à supposer que les individus physiquement plaisants sont plus sympathiques, intelligents, compétents que les autres, et on leur accorde donc souvent un *a priori* favorable (à eux de confirmer ensuite…). Seront-ils plus heureux pour autant ?

Pas forcément, car, comme le soulignait Stendhal : « La beauté n'est que la promesse du bonheur. » Et la vie nous apprend souvent que nombre de promesses ne sont pas tenues… La beauté objective, si elle peut être une aide au bonheur, n'en est jamais la garantie. L'habitude de s'appuyer sur sa beauté et ses capacités de séduction pour obtenir reconnaissance, estime ou amour, peut rendre douloureuses les morsures du temps qui passe… et qui fait passer la beauté.

> « Je me souviens très bien de la première photo où je me suis vue vieille. J'étais à côté de quelques jeunes femmes toutes fraîches, et la comparaison avec elles était atroce : j'avais l'air d'être leur grand-mère. Mais le pire, c'est que j'étais habillée comme elles, je souriais comme elles, tout était pareil, sauf les rides, la peau terne, l'air usé, les formes moins fermes, toute une foule de petits détails qui me crucifiaient…
> J'ai compris ce jour-là que j'avais définitivement quitté la jeunesse. À quarante ans, il était temps… Mais avec toutes les promesses de la mode et de la pub pour les antirides et tout ça, on finit par y croire. J'ai déchiré la photo, jeté secrètement le négatif. Et j'ai mis des mois à m'en remettre. »

Ce récit d'une patiente souffrant de ce qu'elle appelait sa « dépression de la quarantaine » illustre bien les limites de la beauté dans ce qu'elle peut conférer au bonheur. Du moins une certaine forme de beauté, qui nous est imposée aujourd'hui : la « beauté jeune ». Cette beauté peut certes apporter (un peu) au bonheur, mais son obsession peut (beaucoup) lui enlever…

Tout le malheur de la beauté…

Dans son roman *Le Portrait de Dorian Gray*, Oscar Wilde raconte l'histoire d'un jeune homme d'une très grande beauté, mais obsédé par la crainte de vieillir : « En perdant sa beauté, on perd tout… La jeunesse est le seul bien qui vaille. Quand je m'apercevrai que je suis en train de vieillir, je me tuerai. »
Un jour, l'un de ses amis peintre réalise un tableau de lui, saisissant de réalisme et de beauté : « Comme c'est triste ! murmura Dorian Gray, gardant les yeux fixés sur son portrait. Comme c'est triste ! Je vais devenir vieux, horrible, effrayant. Mais ce tableau restera éternellement jeune. Il n'aura jamais un jour de plus qu'en cette journée de juin. Si seulement ce pouvait être le contraire ! Si c'était moi qui restais toujours jeune, et que le portrait, lui, vieillît ! Pour obtenir cela, pour l'obtenir, je donnerais tout ce que j'ai ! »
À partir de cet instant, c'est son portrait qui vieillit à sa place, lui-même gardant une éternelle jeunesse. Ce récit tragique (car l'histoire finit bien évidemment mal) est l'occasion pour Wilde de développer son point de vue sur la beauté et les malheurs qui peuvent paradoxalement s'y attacher : « Toute distinction physique ou intellectuelle est frappée d'une fatalité… De ce que les dieux nous ont donné, nous aurons tous à souffrir, à souffrir terriblement. »

Le bonheur est dans le lien

« Le bonheur, c'est d'avoir quelqu'un à perdre. »
Philippe DELERM

Je me souviens d'avoir un jour longtemps parlé du bonheur avec une femme qui traversait une période très difficile. Elle aurait sans doute succombé, psychologiquement, si elle n'avait été entourée d'amis et de proches, qui s'étaient manifestés pour la soutenir. Elle qui était assez dure et fermée avait tout à coup réalisé à quel point elle était entourée et estimée : « Les premiers temps, rien ne pouvait me consoler. Puis, la prise de conscience que beaucoup de gens m'aimaient m'a aidée à faire face. Je n'étais pas assez consciente de cet énorme bonheur. L'épreuve, au lieu de m'endurcir, m'a attendrie. Et c'est de cela que j'avais besoin, j'étais déjà assez dure comme ça. Maintenant, je me sens plus fragile, mais aussi plus capable d'être heureuse… »

Il existe des données scientifiques très robustes sur l'importance des liens sociaux dans le bonheur. Rien d'étonnant chez cet animal social qu'est l'être humain. Il semble par exemple que le fait de disposer de bonnes « compétences sociales », de capacités à communiquer efficacement et agréablement avec les autres, soit associé à un état plus important de bien-être[23].

Cependant, les relations entre bonheur et liens sociaux sont complexes, car à double sens : être heureux rend les relations sociales plus faciles, mais des relations sociales agréables rendent aussi plus heureux. À l'inverse, hélas, le cercle devient vicieux : être malheureux me rend moins sociable, et ce manque de nourritures relationnelles me rend plus malheureux, etc.

➤ *Le couple*

Une « montagne de données », selon l'expression d'un chercheur américain[24], semble indiquer que la vie en couple est très fortement corrélée au sentiment de bonheur. Là encore, deux hypothèses peuvent prévaloir : les gens heureux sont plus attirants pour les autres et ont plus de facilité à trouver des partenaires ; ou bien la vie à deux accroît les capacités au bonheur. Cette seconde option est considérée comme la plus fréquente par la majorité des spécialistes.

Le couple est donc bon pour le bonheur, à deux conditions :

• égalité (une réelle réciprocité et un respect mutuel, dans le souci du bonheur du conjoint) ;

• et intimité (basée sur des échanges gratifiants : sexualité, discussions, projets et loisirs en commun, etc.).

Ces deux conditions sont indispensables pour que le couple ajoute au bonheur que chacun des conjoints est capable d'atteindre seul.

Cependant, la barque du couple moderne n'est-elle pas déjà très chargée ? On se mariait jadis pour éviter les malheurs de la vie (pauvreté, solitude, jugements sociaux négatifs sur le célibat, etc.), alors qu'on vient aujourd'hui chercher le bonheur dans le mariage. Bien évidemment, cela ne marche pas à tous les coups, d'où des divorces en nombre croissant. Non pas que les conjoints soient plus insupportables aujourd'hui qu'autrefois, c'est probablement l'inverse : l'évolution des sociétés occidentales a rendu les hommes moins autoritaires, les femmes sont moins frustrées par une vie recluse autour du foyer familial.

Mais ce sont les attentes des conjoints qui ont changé : les cas de divorce évoluent sans doute parallèlement à l'aspiration des individus à être heureux, et surtout à attendre que ce bonheur leur soit procuré par le mariage ou la vie à deux. Il existe évidemment d'autres facteurs expliquant la vogue des divorces (tolérance sociale accrue envers l'adultère, « tentations » plus nombreuses, individualisme galopant...), mais les attentes de bonheur dans le couple, plus souvent déçues que comblées, sont une plainte fréquemment entendue par les thérapeutes. De quoi consoler les célibataires et les adeptes de la vie de couple à distance ou à temps partiel...

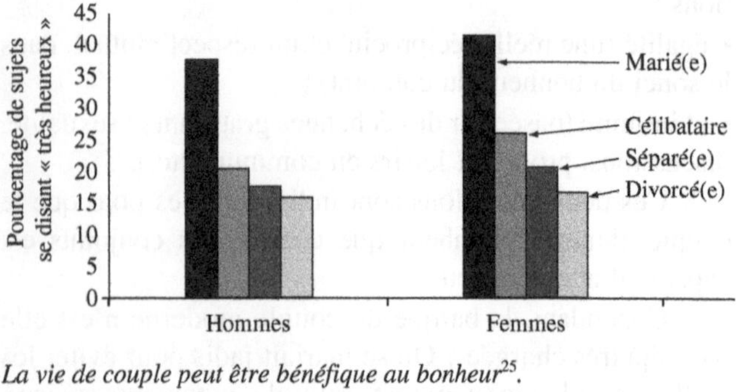

La vie de couple peut être bénéfique au bonheur[25].

Et l'amour dans tout ça ?

Tomber amoureux figure en tête, chez la plupart des gens, des événements pouvant donner du bonheur. Vrai sans doute pour le bonheur-émotion, mais plus problématique pour le bonheur-construction. *L'Amour ne suffit pas !* titrait il y a quelques années un livre sur le couple d'un célèbre psychiatre américain[26]. Pour lui, d'autres phénomènes doivent prendre le relais pour que le couple soit heureux sur la durée, et pas seulement durant la période du coup de foudre : renoncements, souci de l'autre, gestion efficace des conflits... Les thérapeutes conjugaux voient leurs salles d'attente peuplées de gens qui s'aiment, mais qui se déchirent et ne savent pas vivre ensemble. De plus, si vous êtes incapable d'être modérément heureux en tant que célibataire, pourquoi le seriez-vous davantage en couple, étant donné toutes les contraintes que cela entraîne ?

Les différences hommes et femmes sur le chemin du bonheur

La plupart des travaux montrent que les femmes se déclarent en moyenne légèrement plus heureuses que les hommes, et pour des raisons légèrement différentes : les femmes sont plus attentives à leurs enfants et à la santé de leur famille, les hommes à leur travail et leur sécurité matérielle[27].

Le bonheur des femmes serait-il donc de nature plus altruiste et celui des hommes plus égoïste ? C'était en tout cas l'opinion de Choderlos de Laclos, qui écrivait dans ses *Liaisons dangereuses* : « L'homme jouit du bonheur qu'il ressent, et la femme de celui qu'elle procure. »

Attention tout de même : un mari appliquant ce principe, en toute bonne foi, ne devrait pas s'étonner ensuite que son épouse aille rechercher ailleurs un autre type de bonheur, moins altruiste...

➤ *Les enfants*

Natacha

« Le comble du bonheur pour moi ? C'est lorsque je vais regarder mes enfants dormir, avant d'aller me coucher. Je ne manquerais cela pour rien au monde. Même lorsque je suis épuisée ou déprimée, cela m'est nécessaire et me rend heureuse. Je ressens comme un frisson animal, une bouffée physique de bonheur. Et parfois, je suis carrément bouleversée. Un jour, j'ai trouvé ma petite dernière endormie dans son lit, avec son costume de princesse enfilé sur son pyjama, une couronne en plastique dans les cheveux. Tous ses nounours et toutes ses poupées étaient rangés sagement au pied de son lit, comme pour mieux la voir et l'écouter. Elle avait dû se relever après le baiser du soir, et jouer pendant un bon bout de temps à leur faire l'école des princesses ou quelque chose comme ça. Je ne sais pas pourquoi, je me suis sentie émue aux larmes. Ce n'était pas seulement mignon. C'était poignant. C'était un tourbillon d'émotions. Ce petit moment de bonheur clandestin qu'elle s'était offert toute seule, cette fragilité de l'enfance, le fait de savoir qu'un jour, toute cette magie disparaîtrait. Lorsque je suis allée me coucher, j'étais en larmes. Des larmes de bonheur... »

La présence des enfants représente sans doute une formidable amplification de toutes les émotions quotidiennes, positives ou négatives, stresseurs et sources de bonheur. Mais comme l'amour, les enfants n'apporteront de bonheur durable qu'aux parents déjà capables d'être heureux par eux-mêmes. Faute de quoi, l'enfant « chargé de mission »[28] aura bien du mal à remplir la plus difficile de toutes, celle de rendre ses parents heureux. Pourtant, trop de couples font un enfant dans l'espoir de restaurer le bonheur de vivre ensemble. C'est d'ailleurs le problème posé par les enfants idéaux et les bonheurs parentaux sans nuages survendus par la pub ou le cinéma. Cette grande escroquerie consiste à ne montrer que des enfants parfaits, auprès desquels les nôtres vont par contraste apparaître épouvantables alors qu'ils sont comme nous : simplement normaux.

Dans le film de Manuel Poirier *Les Femmes et les enfants d'abord* (2002), qui met en scène un père de famille quadragénaire aux prises avec une crise de milieu de vie, on voit une scène rarissime au cinéma, mais que tous les parents connaissent par cœur : la crise de nerf d'anniversaire. Submergé par la pression de ce qui devrait être un moment de bonheur, l'enfant dont c'est l'anniversaire s'énerve, fait des caprices absurdes, se roule par terre et finit par se faire houspiller par ses parents d'abord furieux (« on se donne du mal pour te rendre heureux, et voilà ») et ensuite culpabilisés (« le pauvre chou, le gronder le jour de son anniversaire… »).

Les études évaluant le bien-être parental en fonction des cycles de vie familiale confirment que les choses ne sont pas totalement roses. Elles obtiennent assez souvent des courbes en W : le bien-être quotidien est d'abord altéré par le fait

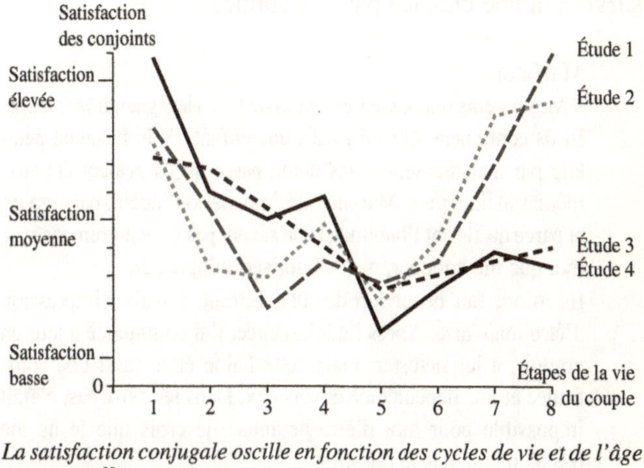

La satisfaction conjugale oscille en fonction des cycles de vie et de l'âge des enfants[29].

1 : lune de miel, pas d'enfants
3 : présence d'un ou plusieurs enfants de moins de cinq ans
5 : présence d'un ou plusieurs adolescents
8 : plus d'enfants à la maison

d'avoir à s'occuper de jeunes enfants, remonte un peu quand ceux-ci grandissent, s'effrite à nouveau à l'adolescence, puis finit enfin par remonter quand les parents se retrouvent seuls… Pourtant, les parents se déclarent en moyenne plus heureux que les personnes n'ayant pas d'enfants. Sans doute les enfants offrent-ils un sentiment de bonheur à leurs parents (dans les moments où ils ne les stressent pas…), en leur donnant le sentiment que leur vie a un sens[30].

➤ *Les parents*

Je soigne souvent des personnes qui ont souffert d'avoir ce que l'on nomme des « parents toxiques[31] ». Les capacités à se sentir heureux peuvent-elles leur résister et survivre à une enfance par eux abîmée ?

Marianne

« Mes parents ont passé l'essentiel de leur vie à gâcher la mienne. Et ils continuent. Quand j'étais une enfant, ils le faisaient peut-être par maladresse, et sans doute parce qu'ils avaient été eux-mêmes malheureux. Mais aujourd'hui, ils continuent, par aigreur, et parce qu'ils ont l'habitude et ne savent pas faire autrement avec moi que me critiquer, me dévaloriser, m'agresser.

Ils m'ont fait beaucoup de mal. Enfant, j'avais l'impression d'être mauvaise. Après l'adolescence, j'ai commencé à leur en vouloir, à les détester, mais cette haine était aussi une souffrance et une dépendance envers eux. Dans les deux cas, c'était impossible pour moi d'être heureuse, je crois que je ne me posais même pas la question.

Aujourd'hui, après des années gâchées et plusieurs psychothérapies, j'ai appris à ne plus les détester. Je leur ai même pardonné. Mais je n'ai rien oublié de tout ce qu'ils m'ont fait. Et je me tiens donc à bonne distance. Sinon, tout pourrait recommencer. »

Nos parents sont de plus en plus présents dans nos vies, leur longévité est accrue, leur disponibilité aussi. Les bonheurs et malheurs liés à eux vont donc rester d'actualité... Le pardon aux parents toxiques représente un des classiques de la psychothérapie[32], et demande souvent des années de travail. Il est cependant capital et joue un rôle majeur dans le bonheur de l'adulte dont l'enfance a été endommagée : « Pardonner, ce n'est ni oublier ni effacer ; c'est renoncer, selon les cas, à punir ou à haïr, et même, parfois, à juger[33]. »

Le ressentiment est une prison, le pardon une libération. Et le pardon n'implique pas l'oubli : « Je pardonne toujours, mais je n'oublie jamais », avouait François Mauriac.

➤ *Les amis*

« Des amis en toute saison, sans lesquels je ne peux pas vivre », écrit Guillaume Apollinaire dans un de ses recueils de poésies *(Le Bestiaire)*. Plus prosaïques, les chercheurs montrent par de belles courbes (voir ci-dessous) que les relations amicales sont la principale source quotidienne d'émotions positives, avant même la vie de famille.

Les mécanismes d'action de l'amitié sur le bonheur sont multiples, mais tiennent essentiellement au fait que l'on rencontre en général ses amis pour pratiquer avec eux des activités agréables, sans contraintes de cohabitation durable ou de concessions excessives aux ego des uns et des autres.

J'avais un jour participé à une émission radiophonique grand public sur le thème des vacances, quelque chose comme « Partir avec la famille ou les amis ? ». Les appels et témoignages des auditeurs permettaient clairement de comprendre pourquoi les vacances avec des amis sont souvent plus agréables et heureuses que celles avec la famille : on accepte de faire des concessions et des efforts, on considère que rien n'est dû ni acquis, il n'y a pas de cadavres dans le placard ni de rapports de dominance larvés, de non-dits qui traînent depuis des années…

Des différences, presque caricaturales, existent entre hommes et femmes quant à ce qui leur procure du bonheur dans l'amitié[34] : pour les hommes, il s'agit de faire du sport ou de boire de l'alcool, et il est agréable d'avoir une bande de copains ; pour les femmes, il importe surtout d'avoir quelques amies très proches avec qui parler, parler, parler…

Les bonheurs de l'amitié tiennent souvent à des petits détails. Un de mes amis étrangers m'avait un jour invité à venir donner des cours dans son université, mais nous avions beaucoup de mal à trouver des dates qui convenaient à tout le monde. Au bout d'un moment, embarrassé de refuser toutes ses propositions, je m'excusai en lui envoyant un e-mail où je lui disais mon embarras de lui

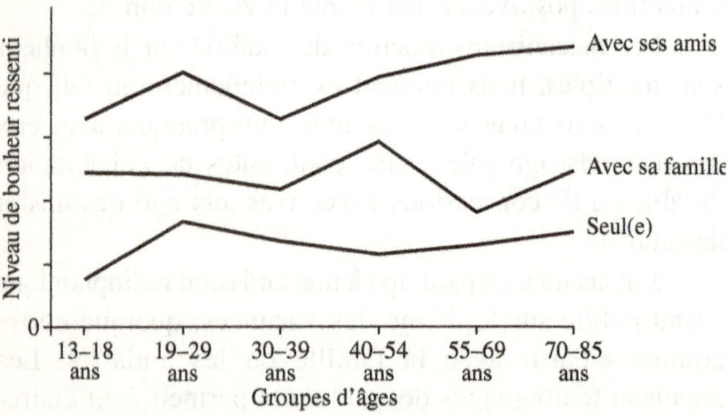

Les amis sont bénéfiques au bonheur (d'après R. W. Larson[35]).

compliquer la vie. Il me répondit instantanément, en me donnant cette amicale absolution : « Ce n'est pas toi, cher ami, qui me complique la vie. C'est la vie qui est compliquée. » Et le cours eut finalement lieu…

Le bonheur est dans l'action

« L'activité est indispensable au bonheur. »
Arthur SCHOPENHAUER

Le bonheur inquiète parfois les hyperactifs, car ils le perçoivent comme un état statique et ennuyeux, à l'image d'un sourire creux et figé. Jules Renard rapportait dans son *Journal* l'anecdote suivante : on disait à Alfred Capus (écrivain français largement oublié) : « Les Untels sont heureux. — Non, rectifia-t-il, ils ne sont pas heureux, ils sont immobiles. »

Quid donc des rapports entre bonheur et mouvement ?

➤ *Le travail*

Étienne

« Enfant, j'aimais beaucoup l'histoire, et surtout les individus qui la faisaient. Je me souviens qu'un personnage m'impressionnait particulièrement : Colbert, le ministre de Louis XIV. Bien sûr, comme tous les autres petits garçons de mon âge, j'adorais Du Guesclin, Bayard, Bonaparte et tout un tas de héros guerriers. Mais Colbert me fascinait à cause d'un détail : le maître d'école nous avait raconté qu'il adorait le travail, et qu'il se frottait les mains de plaisir en rentrant dans son bureau tous les matins… J'étais déjà un peu comme ça, moi-même.

Nous avions eu un jour à rédiger une rédaction française sur le thème “Votre pièce préférée dans la maison”. Les uns avaient parlé de la cuisine, où toute leur famille se réunissait pour les repas, les autres de leur chambre, qui représentait leur cocon. Le cancre de la classe avait célébré les WC où il lisait ses BD… Et moi, j'avais parlé du bureau de mon père : j'adorais y traîner en son absence, m'imprégner de l'ambiance studieuse qui y régnait, meubles à casiers, bibliothèque, machine à écrire… Je n'ai eu aucun mérite à réussir ma scolarité, j'aimais travailler, je me sentais heureux dans l'étude.

À l'âge adulte, toutefois, les choses se sont lentement gâtées, je suis devenu ce qu'on appelle un "travaillomane", un *workoholic* comme disent les Américains. Le travail était toujours une priorité sur tout le reste. Et comme j'avais des postes à responsabilité, il n'y avait jamais de fin… Ce qui m'a sauvé, c'est de me marier et d'avoir des enfants : cela m'a appris — non sans mal — d'autres façons de me sentir heureux. Entre les reproches de ma femme ("Tu n'es jamais là !"), les petites phrases de mes enfants ("Tu pars encore, papa ?") et ma culpabilité galopante, j'ai dû changer. Et je m'en trouve cent fois mieux. Il ne faut jamais rester sur un seul bonheur, la monoculture, ce n'est pas bon pour la santé… »

Il existe un rapport assez net entre le niveau de satisfaction au travail et la satisfaction globale de son existence*. Mais c'est le second élément qui influence en fait le premier : être globalement satisfait de sa vie pousse à se sentir bien dans son travail[36]. Les sources de satisfaction liées au travail sont multiples : salaire, possibilités d'évolution de carrière, nature du travail, qualité de l'encadrement, etc. L'intérêt porté à son travail et le sentiment que ce dernier contribue à notre épanouissement sont également essentiels[37].

---

* Vous trouverez page 288 un questionnaire pour vous aider à réfléchir sur bonheur, bien-être, et vie professionnelle.

Mais le facteur qui pèse du poids le plus lourd dans toutes les études concerne les bonnes relations avec les collègues : toutes choses égales par ailleurs, c'est la bonne ambiance relationnelle qui permet de s'épanouir dans un travail donné[38].

➤ *Les loisirs*

Il existe un lien entre bonheur et loisirs, mais pas dans le cas d'un temps libre non souhaité ou non organisé : chez les chômeurs, les retraités, les personnes sans profession, le fait de disposer de beaucoup de temps n'est évidemment pas une source automatique de mieux-être (comme tendraient à le croire les personnes surmenées qui aspirent à souffler).

Parmi les nombreuses études disponibles, citons simplement celles qui ont cherché à étudier l'impact de la télé — en passe de devenir la forme de loisir la plus répandue — sur le bien-être global de ses spectateurs. Globalement, le lien est négatif entre *TV-watching* et bonheur[39]. Il semble, entre autres méfaits, que la télévision empiète très clairement sur le temps consacré aux rencontres amicales[40] !

Pourquoi toutes les sociétés, traditionnelles ou modernes, ont-elles préservé, à côté du temps consacré au travail, de nombreux temps dédiés aux loisirs ? Sûrement pour préserver les liens sociaux dont nous avons parlé. Mais aussi parce qu'il paraît plus facile d'élever les affects positifs en agissant qu'en pensant[41] ! D'où les vertus « antidépressives » (relatives) du sport, du travail, du bricolage… L'effet, réel mais limité, de l'argent sur le bonheur provient sans doute plus des activités qu'il permet d'entreprendre (voyager, offrir un cadeau), ou de la sécurité qu'il offre (être protégé des malheurs liés au manque), que de la satisfaction liée à sa possession pure et simple (quel peut être le bonheur lié à la possession d'un gros compte en banque ?).

➤ *Action et bonheur : un peu de théorie*

Connaissez-vous Mihaly Csikszentmihaly ? (Et si oui, savez-vous prononcer son nom ?) Ce professeur de psychologie de l'Université de Chicago s'est rendu célèbre auprès de ses pairs avec sa théorie du *flow*[42].

Le *flow* (en français : « flux », « courant ») est cet état de concentration et de maîtrise jubilatoire d'une activité qui nous passionne, dans laquelle on est profondément absorbé jusqu'à oublier le temps qui passe, et qui nous nourrit et nous satisfait totalement[43]. Il peut se retrouver chez l'athlète s'adonnant à son sport, chez l'enfant absorbé dans son jeu, chez le chercheur plongé dans ses travaux… Mais aussi plus simplement dans toute activité agréable que l'on maîtrise et dans laquelle on s'immerge avec bonheur : le bricoleur dans sa tâche, le cuisinier dans sa recette.

Car pour parler de *flow*, ce bonheur de l'action, deux facteurs doivent être réunis : une activité riche, absorbante, gratifiante, et un degré élevé de maîtrise de cette activité. L'absence de l'un des deux modifie nettement le tableau : une activité nécessitant des exigences élevées, mais sur laquelle on n'a qu'une maîtrise limitée va engendrer davantage de stress que de plaisir (par exemple, un sport complexe pratiqué par un débutant). Une maîtrise élevée dans une activité trop facile suscite de l'ennui (c'est le cas des élèves surdoués). Peu de maîtrise dans une activité peu stimulante (un travail qui vous déplaît et auquel vous ne comprenez rien) va vite entraîner apathie et passivité, ainsi qu'un désinvestissement complet.

Les liens entre bonheur et action, et l'état de *flow*

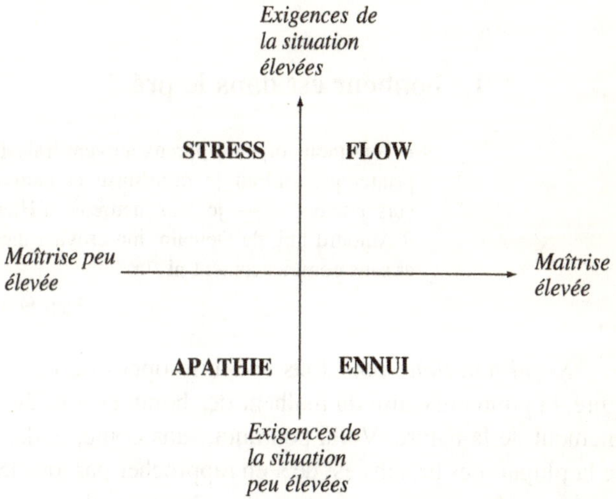

➤ *Et le repos ?*

Rassurons les allergiques à l'hyperactivité : le bonheur a été parfois défini comme un « repos joyeux[44] ». Ouf !

Dans ses *Rêveries du promeneur solitaire*, Jean-Jacques Rousseau en fut l'un des apôtres les plus sincères : « Quel était donc ce bonheur et en quoi consistait sa jouissance ? Le précieux *far niente* fut la première et la principale de ces jouissances que je voulus savourer dans toute sa douceur… »

J'ai souvent observé en tant que psychiatre combien l'hyperactivité était une entrave au bonheur, qu'elle soit liée à l'anxiété (peur du manque ou du vide), au perfectionnisme (ne s'arrêter que quand tout est parfait, c'est-à-dire jamais), à l'hypercontrôle ou à la recherche de sensations fortes. Il semble que l'alternance entre action et repos soit l'idéal, et cela est somme toute bien logique.

Le bonheur est dans le pré

> « Tout mon corps est poreux au vent frais du printemps. Partout je m'infinise et partout suis content… — je suis heureux d'Hier, d'Aujourd'hui, de Demain, me croyant dieu et sans commencement ni fin. »
>
> Paul FORT

Sequi naturam : pour tous les philosophes de l'Antiquité, la première cause du malheur des hommes est l'éloignement de la nature. Voilà pourquoi, sans doute, le désir de la plupart des urbains est de s'en rapprocher par tous les moyens, même modestement par la culture de plantes sur leur rebord de fenêtre ou la possession d'un animal domestique, même péniblement, en affrontant les bouchons de départ ou de retour pour un week-end à la campagne…

Dans toutes les mythologies, les lieux paradisiaques sont représentés ou décrits comme un jardin merveilleux (l'Éden de la Bible), une campagne idyllique (l'Arcadie de la Grèce antique) ou des contrées sereines (les îles Fortunées du Moyen Âge). Sans doute est-ce lié à une certaine conscience animale de notre part : notre place et nos origines sont dans la nature, donc notre bonheur (pour les mouvements écologistes, c'est d'ailleurs plus que notre bonheur qui est en jeu, c'est notre survie).

Tout être humain a fait dans sa vie l'expérience de cette forme de plénitude et d'évidence, que l'on ne ressent en général que face à la nature. Elle est décrite par Cioran — pourtant grand pessimiste — dans plusieurs passages de son œuvre :

« Comme je me promenais à une heure tardive dans cette allée bordée d'arbres, une châtaigne tomba à mes pieds. Le bruit qu'elle fit en éclatant, l'écho qu'il suscita en moi, et un saisissement hors de proportion avec cet incident infime, me plongèrent dans le miracle, dans l'ébriété du définitif, comme s'il n'y avait plus de questions, rien que des réponses. J'étais ivre de mille évidences inattendues, dont je ne savais que faire… C'est ainsi que je faillis toucher au suprême. Mais je crus préférable de continuer ma promenade[45]. »

Ou encore : « Marcher dans une forêt entre deux haies de fougères transfigurées par l'automne, c'est cela un *triomphe*. Que sont à côté suffrages et ovations ? »

Rousseau, quant à lui, montre comment la nature permet le double mouvement de l'oubli et de la conscience de soi, nécessaire au bonheur : « Et pendant qu'on était encore à table, je m'esquivais et j'allais me jeter dans un bateau que je conduisais au milieu du lac quand l'eau était calme, et là, m'étendant de tout mon long dans le bateau les yeux tournés vers le ciel, je me laissais aller et dériver lentement au gré de l'eau, quelquefois pendant plusieurs heures, plongé dans mille rêveries confuses mais délicieuses[46]… »

Voilà pourquoi, comme le suggère le poème de Paul Fort, « le bonheur est dans le pré ». Mais il peut aussi se trouver auprès des jardiniers… Dans son roman *Portrait d'un homme heureux*, Erik Orsenna raconte l'existence d'André Le Nôtre, jardinier de Louis XIV et architecte des somptueux jardins du château de Versailles[47]. Dans l'entourage du Roi-Soleil, il fut l'un des seuls à ne jamais tomber en disgrâce (à la différence par exemple du dramaturge Jean Racine). Louis XIV aimait plus que tout ses jardins, et s'entretenait amicalement avec Le Nôtre de façon quasi quotidienne, lui accordant des faveurs exceptionnelles. « Vous êtes un homme heureux, Le Nôtre », lui aurait même dit un jour le souverain…

Le bonheur est dans les bois…

« Lorsque j'écrivis les pages qui suivent, du moins la plus grande partie, je vivais seul au milieu des bois, sans un voisin dans un rayon d'un mille, dans une maison que je m'étais bâtie moi-même sur la rive de l'étang de Walden à Concord, dans l'état de Massachusetts, gagnant de quoi subsister par le seul travail de mes mains. J'ai vécu là deux ans et deux mois. Aujourd'hui, je suis revenu à la vie civilisée[48]. »

Ainsi débute *Walden, ou la vie dans les bois*, publié aux États-Unis en 1854. Son auteur est connu pour avoir écrit notamment un *Essai sur la désobéissance civile* qui fut l'un des livres de chevet de Gandhi et des révolutionnaires russes. *Walden* est un ouvrage capital dans l'imaginaire collectif américain. Mais sa portée est universelle, et il fut célébré en son temps par Proust et Gide notamment. Il s'agit d'un récit autobiographique, au rythme très lent, décrivant les activités d'un homme retourné vivre au plus près de la nature. Né dans une famille puritaine de la Nouvelle-Angleterre, Thoreau aimait la rêverie mais pas la paresse. Au travers de toutes les journées passées à Walden, à bâtir, semer, récolter, marcher, observer, écouter…, se profile l'idée de la recherche d'un bonheur simple et naturel.

Les choses de la vie…

Un paradoxe de plus pour le bonheur : bien que sentiment immatériel, il n'existe pas de manière désincarnée, et ne peut s'atteindre qu'au travers de « quelque chose ». Quelque chose qui n'en est que le marchepied, la promesse, et que le bonheur dépasse ensuite de tous côtés. Pourtant, sans toutes ces « choses de la vie », pas de bonheur possible…

CHAPITRE 5

Que sait-on sur le bonheur ?

« On n'a que le bonheur qu'on peut comprendre. »

Maurice MAETERLINCK

« Le bonheur : ne pas trop se poser de questions, ne pas se prendre la tête », me déclaraient, amusés, quelques-uns des jeunes cousins, que j'avais interrogés sur ce thème. L'insouciance serait-elle une des clés du bonheur ? Et pour être heureux, faudrait-il ne pas trop réfléchir ? La tradition est ancienne, puisque dans la Bible, l'Ecclésiaste insiste lourdement : « Qui augmente sa science, augmente sa douleur. » Il est vrai qu'un certain nombre de personnes n'ont pas besoin de théories pour être heureuses. Mais pour d'autres, comprendre comment « marche » le bonheur est un besoin profond.

Lorsque j'étais étudiant, un de mes professeurs, qui, comme beaucoup de psychiatres de l'époque, affectionnait les mots savants, nous avait un jour parlé de « pulsion épistémophilique », à propos du désir des êtres humains de comprendre « comment ça marche » (c'est la pulsion épistémophilique qui fait que votre petite nièce de quatre ans a démonté le lecteur de DVD acheté par ses parents). En philosophie, l'épistémologie désigne l'ensemble des théories de la connaissance humaine. Ne craignez rien, ce chapitre n'est pas consacré à l'épistémologie du bonheur (je serais bien incapable de l'écrire). Mais vous y découvrirez quelques convictions des scientifiques à son sujet. Vous y verrez à quel point le bonheur est indissociablement lié à notre vision du monde, nos valeurs, nos croyances. Et pourquoi il est un besoin fondamental de l'être humain.

Une science du bonheur ?

Dans les années 1970-1980, le psychanalyste américain Thomas Szasz était une des figures de proue de l'antipsychiatrie, ce mouvement qui considérait que les maladies mentales n'existaient pas, mais étaient le pur produit des problèmes de société. Szasz affirmait que le bonheur lui non plus n'existait pas, et qu'il était « un état imaginaire, que les vivants attribuaient jadis aux morts, et que généralement, de nos jours, les adultes attribuent aux enfants, et les enfants aux adultes[1] ». L'antipsychiatrie a depuis beaucoup perdu de son influence, tandis que psychiatres et psychologues parcouraient un chemin qui les a conduits à aborder le bonheur sous un angle moins passionnel, et plus scientifique…

➤ *La mesure du bonheur*

Du bonheur ? Combien ? Trois mètres ou deux kilos ?

Bien que l'on parle souvent de « petits » et de « grands » bonheurs, il n'existe à ce jour aucune unité de mesure du bonheur. Et l'on peut raisonnablement penser que la situation ne devrait guère changer… Un auteur américain malicieux[2] avait proposé une unité de mesure du bonheur : le HAP (abréviation de *Happiness*, « bonheur » en anglais) et suggérait d'évaluer ainsi chacune de nos activités et chacun de nos instants : combien de HAPs pour cette promenade en forêt, combien pour cette rigolade avec mes enfants, pour ce repas entre amis, ce travail terminé, etc. L'idée a le mérite de nous pousser à réfléchir à ce qu'est l'intensité du bonheur, mais n'est bien sûr pas viable scientifiquement. Une même activité va procurer beaucoup de HAPs à Pierre et presque aucun à Paul (c'est le même problème que le stress). Il en va du bonheur comme de la beauté de la lumière : est-ce que celle de midi est plus agréable que celle du crépuscule ou de l'aurore ? Il y a des bonheurs discrets comme des lumières tamisées, d'autres intenses comme un soleil d'été. Mais ce sont toujours des bonheurs.

En pratique, les scientifiques ont contourné le problème en renonçant (heureusement ?) à mesurer le bonheur, et en ne se consacrant qu'à l'étude de ses composantes et manifestations associées, dont nous allons parler.

► *Les enquêtes sur le bonheur*

Dans la plupart des enquêtes sur le bonheur, une assez large majorité de personnes se disent « globalement heureuses de leur existence » : aux États-Unis, elles sont ainsi 66 % à se déclarer heureuses ou très heureuses[3]. Beaucoup de psychologues restent cependant perplexes devant ces chiffres, qui leur paraissent singulièrement optimistes ! Plusieurs possibilités s'offrent pour les comprendre :

• Soit ces chiffres sont à considérer comme peu fiables, car soumis à ce que les sociologues appellent un « biais de désirabilité » : on donne plus volontiers la réponse qui paraît socialement souhaitable (ainsi, d'après les sondages, très peu de personnes fraudent en remplissant leur feuille d'impôts, ou trompent leur conjoint ; et pourtant…). Et se dire heureux est plus valorisant face à un enquêteur anonyme que s'avouer malheureux.

• Soit des influences culturelles perturbent les réponses. C'est ce qui expliquerait par exemple que dans les études internationales, les Américains soient en moyenne plus heureux que les Européens, et que les Européens du Nord le soient davantage que ceux du Sud. Des différences psychologiques entre les peuples expliquent peut-être ces phénomènes[4], mais il est aussi possible qu'il y ait des cultures où rouspéter et se plaindre est dévalorisant, d'autres où c'est presque une identité et un style de vie[5]. On dit que ce serait le cas des Français, qui se dépeignent volontiers eux-mêmes en Gaulois rouspéteurs, alors que leur qualité de vie est quasi universellement enviée. Une expression allemande le rappelle : « Heureux comme Dieu en France. » Allez comprendre…

• Soit ces chiffres traduisent davantage une vision psychologique globale de l'existence qu'une expérience émotionnelle au jour le jour. Au quotidien, on se plaint à ses proches, mais ponctuellement, en réfléchissant à ce qu'est sa vie, face à des inconnus qui nous posent la question du bonheur, on se dit que cela ne va pas si mal… Et de fait, ce que mesurent la plupart des grandes enquêtes et sondages d'opinion sur le bonheur, c'est davantage la satisfaction avec l'existence (dimension psychologique) que le bien-être au quotidien (expérience émotionnelle).

Finalement, que conclure ? Eh bien, que les gens sont sans doute un peu moins heureux que ce qu'ils déclarent lors des enquêtes. Mais qu'ils le sont probablement un peu plus que ce qu'ils déclarent à leurs proches (surtout les jours de mauvaise humeur)…

Bonheur au zoo…

À bien des points de vue, les chimpanzés, ces cousins très proches, nous ressemblent beaucoup (à moins que ce ne soit l'inverse) : ils sont, comme nous, dotés de capacités de langage, d'une conscience morale, et de ce que l'on appelle une « théorie de l'esprit », c'est-à-dire qu'ils sont capables de se représenter mentalement ce qu'une autre personne pense[6]. Pas étonnant, donc, que des chercheurs aient essayé d'évaluer leurs aptitudes au bien-être psychologique (je n'oserais pas parler de bonheur). Les scientifiques se sont en tout cas rapidement aperçus qu'il existait, comme chez les humains, d'importantes différences entre chimpanzés : certains semblent dotés d'une joie de vivre importante, d'autres sont des grognons. Comme les protocoles d'interview des chimpanzés ne sont pas encore au point, c'est aux employés des zoos et animaleries où ils résident, qu'on demande alors d'évaluer le bonheur de leurs pensionnaires.

Voici les quatre questions auxquelles ils doivent répondre, dans un des questionnaires parmi les plus utilisés par les chercheurs[7] :

« Durant une journée type,

— Combien de temps l'animal vous paraît-il heureux, content, joyeux ou dans une humeur positive ?

— À combien d'échanges et d'interactions agréables se livre-t-il ?

— Combien de fois arrive-t-il à obtenir ce qu'il veut (emplacement, nourriture, objets, communication avec les autres, etc.) ?

— Si vous deviez être un de vos chimpanzés, lequel préféreriez-vous être ? Notez pour chacun d'entre eux, de 1 à 7, le style de vie qui vous paraît le plus enviable. »

Comme quoi, la science n'exclut pas l'humour…

➤ *Deux dimensions mesurables du bonheur*

Revenons aux deux dimensions dont les études dévoilent l'existence. Chacune d'elles est utile à la perception subjective au jour le jour de notre bonheur[8]. Et c'est le mélange harmonieux des deux qui importe :
• l'une est purement *psychologique*, c'est le sentiment subjectif de satisfaction avec son existence* (« ma vie me convient ») ;
• l'autre est de nature *émotionnelle*, et dépend de la fréquence des humeurs positives (« je me sens souvent bien »).

Ces deux dimensions peuvent être spontanées et exister en dehors de toute démarche volontaire. Elles peuvent aussi s'avérer le fruit d'efforts conscients : on peut améliorer la dimension psychologique du bonheur en travaillant par exemple à prendre du recul envers des *pensées* d'insatisfaction, ou progresser sur le plan émotionnel en veillant à ne pas se laisser envahir par des *humeurs* négatives. Nous verrons dans les deux derniers chapitres de ce livre que construire son bonheur suppose à la fois une démarche psychologique concernant notre vision du monde, et aussi un ensemble de stratégies concernant la régulation de notre « moral ».

Bonheur d'en haut ou bonheur d'en bas ?

1980, je suis interne en psychiatrie et j'effectue mes premières gardes aux urgences. Je vais vite découvrir que la plupart des admissions y sont des tentatives de suicide,

---

* Vous trouverez page 290 un questionnaire évaluant cette satisfaction globale avec l'existence.

des « TS », comme nous les appelons dans le jargon de la profession. Et que la scène se présente presque toujours de la même façon, comme un scénario écrit d'avance : peu après la personne suicidante, arrivent la famille et les proches. Et chaque fois la même interrogation : pourquoi ? Puis le même constat surréaliste : « Il (elle) avait tout pour être heureux(se). » Il ou elle avait tout, au moins aux yeux de l'entourage. Mais pourtant le bonheur n'était pas au rendez-vous.

Nous avons vu que la satisfaction de nos besoins n'était pas forcément le bonheur. Nous avons vu également que tout ce qui peut faciliter le bonheur et le bien-être, peut aussi faciliter le stress : argent, couple, enfants, travail… C'est que toutes ces « sources » de bonheur s'avèrent en fait n'être que des *conditions* préalables au bonheur, souvent nécessaires mais jamais suffisantes. Elles sont des *propositions*, peuvent faciliter l'accès au bonheur, en poser certaines bases, mais ne le créent ni ne le garantissent. Que manque-t-il alors ?

➤ *L'ascenseur du bonheur*

Deux regards peuvent être portés sur les rapports du bonheur et de ses conditions extérieures[9].

• Le premier, dit *bottom-up* (de la base au sommet, de bas en haut), suggère que le bonheur « part du bas », et découle de l'accumulation des conditions facilitant sa survenue : argent, santé, amis, etc. augmentent ainsi les chances de se sentir heureux. Sans ces bases concrètes, pas de bonheur possible*…

* Vous trouverez page 292 un questionnaire consacré aux conditions matérielles quotidiennes pouvant faciliter le bonheur.

• Le second, dit *top-down* (de haut en bas) suppose que le bonheur « démarre d'en haut », et n'existe que si nos dispositions mentales nous permettent d'apprécier ce qui nous arrive, ou ce que nous avons. Sans ces dispositions psychologiques, pas de bonheur possible…

Nous avons largement traité, dans le chapitre précédent, des conditions extérieures du bonheur, de ces « choses de la vie » qui en représentent le marchepied. Nous avons aussi évoqué leurs limites : bien que l'argent donne un petit coup de pouce au bonheur, 37 % des Américains les plus riches figurent en dessous de la moyenne nationale en matière de bien-être psychologique[10]. Bien que la vie en couple puisse augmenter le bonheur, près d'un mariage sur deux finit par un divorce dans la plupart des pays occidentaux. Et nous pourrions continuer longtemps ainsi…

Nous allons maintenant parler plus longuement des conditions psychologiques, donc subjectives, du bonheur : le modèle *top-down.*

➤ *Quelques conditions psychologiques au bonheur*

Stendhal écrivait : « J'appelle caractère d'un homme sa manière habituelle d'aller à la chasse du bonheur[11]. » Des centaines de travaux ont bien sûr été consacrés aux dimensions psychologiques pratiques du bonheur. Vous en retrouverez les principaux enseignements dans les deux derniers chapitres de ce livre. Mais d'un point de vue théorique, que peut-on en retenir ?

Principalement que l'on peut décomposer le bonheur[12] en une série d'aptitudes psychologiques et comportementales :

L'acceptation et l'estime de soi

« Nul ne peut être heureux s'il ne jouit de sa propre estime », écrivait Rousseau. Certaines personnes vivent en guerre avec elles-mêmes, et ne cessent de se critiquer, de se dévaloriser, souvent sous le prétexte de s'améliorer et de ne pas être *médiocres*. Sans un minimum d'estime de soi, difficile pourtant de prétendre au bonheur[13]. Mais, un de nos ouvrages précédents le rappelait[14], une bonne estime de soi n'a rien à voir avec la devise : « zéro défaut ». Elle repose sur la conscience de ses qualités, certes, mais aussi sur l'acceptation de ses limites et de ses défauts (ce qui ne veut pas dire leur approbation et ce qui n'exclut pas l'envie de les faire évoluer). Le programme pour une bonne estime de soi est simple, en apparence : il s'agit de vivre en paix avec soi-même, c'est-à-dire d'accepter d'être imparfait, d'entreprendre pour apprendre (car renoncer n'apporte guère), de ne pas se punir pour ses erreurs, mais d'en tirer simplement les leçons, de se donner le droit à l'échec…

Une bonne estime de soi suppose de faire taire le « critique intérieur », cette voix toxique que nous pouvons porter en nous-mêmes. Que dites-vous à un ami qui a échoué ou qui rencontre des difficultés ? Qu'il est nul, qu'il n'y arrivera jamais, qu'il ferait mieux d'abandonner, de ne plus jamais essayer ? Non, bien évidemment : car cela serait injuste et inefficace. Pourtant, c'est souvent ainsi que beaucoup de personnes en difficulté se parlent à elles-mêmes.

Pour ressentir souvent du bonheur, il faut travailler à *vivre en amitié avec soi-même*. Plus encore que s'aimer, il faut arriver à devenir son meilleur ami : se respecter et s'encourager, faire preuve à son propre égard de tolérance et d'exigence à la fois.

Des relations positives aux autres

Nous avons déjà beaucoup parlé, notamment dans le précédent chapitre, de l'importance du « soutien social » dans le bonheur et le bien-être. Rappelons simplement ici l'importance de construire et d'entretenir le réseau des liens, familiaux et amicaux, qui alimentent ce soutien social. Beaucoup de personnes se contentent d'attendre (voire d'exiger) que l'on vienne vers elles, sont aux aguets de preuves de sympathie ou d'intérêt, comptabilisent les détails qui leur semblent témoigner de l'affection ou de la désaffection d'autrui… Rien de plus inefficace pour le bonheur relationnel.

Il paraît également important d'accepter la diversité de toute forme de soutien social : inutile de survaloriser la « véritable » amitié et de négliger les autres formes de liens sociaux. Tous nous sont nécessaires, des plus superficiels : parler de la pluie et du beau temps avec des voisins ou des commerçants, aux plus profonds : refaire le monde avec notre meilleur(e) ami(e). Tous ces échanges sont à même d'apporter (et d'offrir) des bonheurs, petits et grands. Inutile de vouloir hiérarchiser les bien-être quotidiens issus du lien social…

L'autonomie

Le bonheur s'accommode mal de la dépendance. C'est peut-être pour cela que nous l'imaginons plus volontiers sous les traits d'un chat que d'un chien. Faire trop dépendre son bonheur d'autres personnes, d'un statut, de biens matériels, expose à la souffrance et à la déception. On a par exemple décrit le syndrome du « nid vide » (ou nostalgie maternelle pathologique) chez les mères de famille qui ont construit toute leur existence autour de leurs enfants et qui dépriment parfois sévèrement lorsque ces derniers quittent la maison[15]. Ou encore les difficultés psychologiques des hyperactifs au moment des vacances, ou lorsque sonne l'heure de la retraite. Ils peuvent éventuellement remplacer leurs activités professionnelles par des hobbies intensivement pratiqués. Mais ces derniers ne compenseront jamais la perte de statut, si c'est du pouvoir et non de l'activité qu'ils étaient dépendants...

Cultiver son autonomie, tout en restant profondément sociable, est donc utile au bonheur. Nous verrons d'ailleurs qu'il faut aussi travailler à ne pas être trop dépendant... du bonheur lui-même !

Un sentiment de contrôle sur son environnement

Nous avons vu que l'action maîtrisée (le *flow*) était une forme de bonheur. Plus largement, il existe tout un ensemble de travaux portant sur la psychologie du contrôle[16], c'est-à-dire le sentiment, très variable d'une personne à l'autre, de maîtriser ou non le déroulement de son existence, des détails quotidiens aux grands choix existentiels. Plus le sentiment de contrôle est élevé (plus la personne pense que ce qui lui arrive dépend d'elle et de ses actes), plus la résistance au stress est forte, plus la stabilité émotionnelle est importante, et plus on peut ressentir de bien-être[17].

Des études de psychologie appliquée ont permis de vérifier concrètement ces hypothèses. Ainsi, en augmentant par diverses petites mesures le sentiment de contrôle au quotidien de personnes âgées ou invalides (choix de menus, d'horaires, facilitations des déplacements, etc.), on augmente considérablement leur bien-être[18].

Ce phénomène peut aussi être lié à des conditions sociales plus larges, par exemple au fait de vivre sous un régime politique oppressant : il y a plusieurs années, une recherche avait été conduite sur le « langage du corps » d'ouvriers allemands, au temps où Berlin était une ville coupée en deux, entre une partie Ouest, bénéficiant de la démocratie, et une partie Est, subissant un régime communiste parmi les plus stricts. Elle montrait que les ouvriers de Berlin-Est souriaient beaucoup moins souvent, se tenaient fréquemment voûtés, etc., ce qui faisait légitimement suspecter chez eux une moindre qualité de bien-être par rapport à leurs collègues de l'Ouest[19]. À ma connaissance, l'étude n'a pas été reproduite depuis la réunification de l'Allemagne…

Cependant, le trop est l'ennemi du bien : ce sentiment de contrôle peut être altéré par la multiplicité des choix et des options possibles. En effet, de récents travaux ont montré que, pour certains individus, le bien-être est diminué lorsque trop de possibilités de décision se présentent à eux[20]. Les personnes qui recherchent face à toute option le « meilleur choix possible » souffrent en effet davantage que celles dont l'objectif est un « choix acceptable » : hésitations, comparaisons, stress de la prise de décision et regrets après coup sont en effet leur lot. Le philosophe Kierkegaard assurait que « l'angoisse est le vertige de la liberté[21] ». Une observation triviale de notre quotidien permet de confirmer cette conception…

Esther

« Je ne vais plus faire les courses avec mon mari, nous avons des comportements totalement, opposés, du coup, nous nous énervons mutuellement. Il est totalement angoissé par l'idée de devoir faire un choix, et surtout par le risque de ne pas faire le bon. Du coup, il est capable de passer des heures à observer, soupeser, comparer, hésiter, choisir, revenir reposer le produit et prendre autre chose. Longtemps après, il continue à se demander si ce qu'il a acheté était le meilleur choix possible. Toute forme de shopping l'angoisse, il dit qu'il est "shoppingophobe". Moi, je suis à l'opposé : je choisis à l'instinct, à l'intuition, parce que je pense que tout se vaut à peu près, qu'il suffit juste d'éviter ce qui est totalement inadapté ou de mauvaise qualité. Et j'ai l'impression de ne pas me tromper plus souvent que lui... »

La pléthore des produits offerts par notre société de consommation serait-elle préjudiciable au bonheur de certains d'entre nous ? On connaît la parabole de l'âne de Buridan, philosophe du Moyen Âge : placé à égale distance d'un seau d'eau et d'une botte de foin, l'âne finit par mourir de faim (et peut-être de stress) ne sachant décider par quel côté commencer... Encore une bonne raison pour se méfier de la pléthore des bonheurs marchands ?

Des buts dans l'existence

Nous parlerons un peu plus loin dans ce chapitre du rôle des objectifs et idéaux de vie (matériels, spirituels, psychologiques) que chacun de nous se fixe, et de leur impact démontré sur notre sentiment de bonheur[22].

Les idéaux peuvent être des moteurs ou des boulets : des travaux se sont penchés sur la notion de perfectionnisme appliquée aux objectifs existentiels[23], pour confirmer que des exigences trop élevées en matière de buts poursuivis s'avéraient systématiquement délétères sur le bien-être des personnes concernées (et impliquées dans des pathologies psychiques telles qu'anorexie et boulimie).

La plupart des travaux montrent également qu'il existe des façons plus ou moins efficaces de gérer ces projets de vie : une étude prospective récente, conduite auprès de plusieurs centaines d'étudiants allemands et américains, a évalué quels bénéfices pouvaient avoir des attentes et des pensées positives mais concrètes (nous les appellerons « pensées optimistes »), par rapport à des images et rêveries de succès (nous les appellerons « rêveries »), dans la réussite aux examens des deux années à venir. Les étudiants qui avaient surtout recours à des pensées optimistes réussissaient beaucoup plus souvent que ceux qui s'adonnaient à des fantasmes, même positifs, et qui subissaient un taux d'échec significativement plus important[24]. Pour virtuels qu'ils soient, les projets ont intérêt à être réalistes et tournés vers l'action. Rêver le succès ne le facilite en rien, et semble même de nature à en diminuer les chances de survenue. Il est fort probable qu'il en soit de même du bonheur : inutile d'en rêver si l'on ne fait rien de concret pour faciliter sa survenue…

Le développement personnel

Notre bonheur est enfin lié au sentiment que nous pouvons éprouver de nous enrichir psychologiquement et émotionnellement au fur et à mesure de nos expériences de vie. Le temps qui passe peut nous apporter la conviction que nous sommes peu à peu humainement plus riches, et non pas nous rendre plus amers, plus désabusés. C'est cela, le développement personnel : « Toujours apprendre de la vie », disait l'une de mes patientes.

Après l'aspiration au bien-être physique (rendu possible par les progrès de la médecine et de l'hygiène), nous aspirons désormais à un niveau comparable de bien-être psychique (dont témoigne la multiplication des articles et émissions de psychologie dans les médias). Les stratégies de développement personnel connaissent donc une vogue très importante dans notre culture occidentale[25]. On désigne par cette appellation l'ensemble des démarches destinées, d'une part à accroître les capacités psychologiques et comportementales d'une personne (*empowerment* des Anglo-Saxons, littéralement : « accroissement de pouvoir »), d'autre part à élargir son regard et ses capacités de compréhension et d'acceptation, tant sur soi que sur le monde (*mindfullness*, « pleine conscience »).

Les démarches de développement personnel ont longtemps été considérées comme des parents pauvres des psychothérapies. Elles ne partagent pas cependant les mêmes objectifs.

Les thérapies appartiennent au champ de la santé mentale, et sont des outils de soin de la personne qui souffre. Les démarches de développement personnel concernent la personne « normale » (ou se percevant comme telle), mais qui vise à enrichir ou à approfondir différents aspects de sa personnalité. La frontière est surtout théorique : en pratique, des stratégies de développement personnel peuvent aider à la prévention des rechutes chez les ex-patients déprimés, tout comme des techniques issues de la thérapie — telles que l'affirmation de soi — peuvent être utilisées dans le développement personnel.

Quelques différences entre thérapie et développement personnel

Thérapie	Développement personnel
Vise à *rétablir* un équilibre personnel	Vise à *accroître* un équilibre personnel
Répare ce qui « marche mal »	Apprend de nouvelles façons de faire
Plutôt centrée sur des symptômes précis	Plutôt tournée vers la personne globale

Les principaux inconvénients qui touchent actuellement les stratégies de développement personnel sont le manque de recherches scientifiques validées quant à leur efficacité, et leur utilisation récente par les sectes pour attirer à elles de nouveaux adeptes.

Cependant, des travaux de plus en plus nombreux sont consacrés à ce champ prometteur[26]. Il semble souhaitable d'intégrer à la définition du bien-être la notion de développement personnel (meilleure utilisation de ses ressources psychologiques, et acceptation de soi). Passer d'un bien-être statique (confort) à un bien-être dynamique (croissance) permet d'accroître le sentiment de bonheur perçu[27].

Les conditions du bonheur

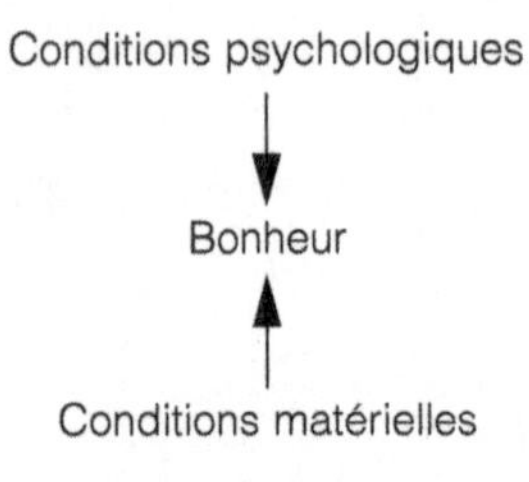

➤ *Alors,* top-down *ou* bottom-up *?*

Finalement, laquelle de ces deux conceptions, matérielle ou psychologique, prendre le plus au sérieux ?

La réponse politiquement correcte est que le bonheur ne doit pas dépendre des conditions matérielles. La conviction scientifique est qu'il en dépend tout de même partiellement, sauf talents exceptionnels de la personne pour ignorer sa condition matérielle, physique et sociale. Et la conclusion logique est donc que les deux modèles sont le plus souvent en jeu dans la poursuite et l'atteinte du bonheur : son socle est matériel, mais ce socle est inutile sans réceptivité psychologique.

Pour construire la fameuse « maison du bonheur », chère aux chanteurs, romanciers ou poètes en mal d'imagination, il faut des briques solides (les trois petits cochons l'ont démontré dans une expérience célèbre) et des ouvertures généreuses (pour éviter un bonheur confiné).

Attention cependant à un point de vue exclusivement psychologisant sur le sujet du bonheur : la plupart des études et des observations sur lesquelles nous nous appuyons concernent des pays privilégiés sur le plan matériel (les démocraties d'Europe et d'Amérique). C'est peut-être l'une des raisons pour lesquelles les facteurs psychologiques apparaissent aussi importants aux Occidentaux en matière de bonheur : nous avons la chance énorme d'avoir, pour une majorité d'entre nous, résolu la question de notre survie, et pouvons donc nous poser celle de notre qualité de vie. Les facteurs psychologiques et subjectifs du bonheur pèsent sans doute d'un poids moins lourd dans les pays très pauvres, où règnent souvent de surcroît dictature et oppression.

Quatre chemins vers le bonheur

Mathilde

« Mes trois enfants ont un rapport au bonheur très différent. Mon fils aîné est un extraverti, d'apparence plutôt joyeuse, mais les choses sont plus compliquées qu'elles ne le paraissent. C'est un leader matérialiste : il souhaite être le premier à avoir accès aux bonnes choses, et ne se contente pas de paroles ou de sentiments, mais veut des preuves de tout. Il ne veut pas être *aimé*, il veut être *préféré*. Il aime posséder, gagner, montrer et faire partager son bonheur. Il est devenu directeur du marketing dans une grande multinationale. Son bonheur, c'est d'avoir, de posséder, de construire…

Mon deuxième fils est plus réservé, plus stable émotionnellement, sans doute plus fort psychologiquement, mais il est aussi plus secret, c'est celui qui se révèle le moins. Enfant, ses frères l'appelaient le « bricoleur fou » : il passait des heures dans ses jeux de construction, ses maquettes, ses appareils électroniques. Il a dû démonter à peu près tous les appareils ménagers de la maison. Aujourd'hui, il est ingénieur. Son bonheur, c'est de faire.

Mon troisième fils est le plus compliqué. Il a eu beaucoup de mal à devenir lui-même, peut-être parce qu'il est homosexuel, et que, du coup, la construction de sa vie affective s'est avérée un peu plus compliquée. Mais aussi parce qu'il met la barre très haut. C'est l'intellectuel de la famille. Lorsque ses frères le chambrent sur ses « prises de tête », il leur répète souvent : « J'ai besoin d'essence et de sens. » Évidemment, il fait des études de psychologie. Son bonheur, c'est de se construire, d'être.

Avoir, faire et être : chacun suit son chemin… »

➤ *Pas de bonheur « taille unique »*

Il existe bien évidemment des styles différents de bonheur : plus facilement ressenti dans l'action ou dans le recul, lié à des événements extérieurs ou des états intérieurs, éprouvé dans un lien ou dans la solitude, etc. D'ailleurs, que racontent les gens lorsqu'on leur pose la question du bonheur ? Certains vont décrire de grandes joies, d'autres vont parler d'un sentiment d'accomplissement et de satisfaction, d'autres encore de l'oubli de soi dans la pratique de certaines activités, d'autres enfin de recul, de détachement…

Quatre styles de bonheur peuvent ainsi être décrits[28] : d'action, de satisfaction, de maîtrise, de sérénité*.

➤ *Les quatre visages du bonheur*

	Bonheur plutôt lié à des causes externes, bonheur du lien au monde	**Bonheur plutôt lié à des causes internes, bonheur de l'intériorisation**
Bonheur plutôt ressenti dans le mouvement	Bonheur d'action	Bonheur de maîtrise
Bonheur plutôt ressenti dans le recul	Bonheur de satisfaction	Bonheur de sérénité

---

* Vous trouverez page 298 un questionnaire qui vous permettra de vous situer par rapport à ces quatre profils de bonheur.

Le bonheur d'action

Lionel

« Un de mes grands souvenirs de bonheur, c'est lorsque j'étais étudiant, et que nous faisions les vendanges avec plusieurs copains de faculté ; ce mélange de travail dur dans la journée, de fraternité autour des repas pris en commun, les rigolades le soir à la veillée, ça avait quelque chose du bonheur parfait. »

Ce premier type de bonheur est lié à la plénitude ressentie en participant à des événements extérieurs. C'est celui que l'on peut éprouver lors d'une fête, en la préparant ou en s'y amusant, ou lors de tâches accomplies en commun, comme restaurer une vieille maison achetée par un ami, ou l'aider ensuite à déménager. C'est un bonheur d'action, mais aussi de lien et de partage. C'est aussi un bonheur d'appartenance, ressenti le plus souvent lors d'une action commune. Lorsque l'on questionne à tout venant sur les moments de bonheur, comme je l'ai fait en préparant ce livre, une des réponses qui revient le plus souvent est « un bon moment passé entre amis », que ce moment soit oisif ou laborieux.

Le bonheur de satisfaction et d'aboutissement

Sylvie

« Le bonheur ? C'est finir ce que j'ai commencé. Et bien le finir. Et plus largement, voir aboutir ce que j'ai entrepris. Un travail, des études, l'éducation de mes enfants… Je ne suis heureuse que lorsque j'ai terminé, achevé… À ce moment, je me permets de savourer, de prendre du recul. Et parfois, je me sens alors heureuse. »

Ce deuxième type de bonheur est lié au recul et à la satisfaction ressentie grâce à l'atteinte de certains objectifs, liés par exemple à la possession (biens matériels) ou au statut (professionnel, social). C'est celui que l'on peut éprouver en faisant le bilan d'une année bien remplie, de certains succès. Ce n'est pas qu'un bonheur matérialiste, il peut aussi provenir du sentiment que l'on a d'avoir aidé autrui à être heureux : c'est par exemple le bonheur que l'on ressent en regardant ses enfants s'amuser, ou en observant des amis prendre plaisir à une soirée que l'on a organisée. C'est un bonheur de lien au monde, comme le précédent, mais plus mentalisé, ressenti dans le recul et non dans l'action.

Le bonheur de maîtrise

Loïc

« Pour moi, le bonheur, c'est de naviguer sur un voilier. C'est quelque chose d'indescriptible. Bien sûr, il y a le spectacle de la mer, le bruit du vent, la beauté des côtes ou de l'horizon. Mais c'est surtout ce sentiment de faire corps avec le bateau, d'avoir procédé à l'exact réglage des voiles, et d'être au plus près de la trajectoire idéale. Alors, j'écoute le ronflement du vent qui emplit les voiles, les bruits sourds de l'étrave qui frappe les vagues, j'ai l'impression de ne pas pouvoir aller plus haut dans le bien-être. C'est le bonheur. »

Ce troisième type de bonheur n'est autre que l'état de *flow*, dont nous avons parlé dans le chapitre précédent. C'est un bonheur d'action, mais surtout d'intériorisation, un bonheur centré sur lui-même et ses propres sensations : lire, jouer de la musique, pratiquer un sport, bricoler, et même travailler… toutes les activités où l'on excelle peuvent permettre d'accéder à ce bonheur palpable.

Le bonheur de sérénité

Dominique

« Je ressens le plus facilement du bonheur lorsque je ne fais rien, qu'on ne me demande rien, que rien ne se passe. Alors parfois, tout à coup, je me sens heureuse. Cela peut être en regardant un coucher de soleil, ou une aurore, alors que tout le monde dort encore. Cela peut être en écoutant de la musique, pas forcément de la grande musique, même une petite chansonnette de rien du tout peut me faire basculer dans un état d'apesanteur… C'est une question de réceptivité, de repos, de distance avec la marche du monde. Je me sens alors heureuse d'être là, à côté du monde, mais pas absorbée par lui. »

Ce quatrième type de bonheur est lié au recul et à une certaine distance prise avec le monde qui nous entoure. Il suppose un relatif détachement de l'environnement, qui n'est pas de l'indifférence. Un patient me le décrivait un jour en me disant : « C'est le bonheur du type qui se sent vivant, qui est content de l'être, mais qui n'a pas peur de la mort… » Là encore, il s'agit d'un bonheur d'intériorisation plus que de lien, dans l'instant où il est ressenti du moins.

Dérapages et dérives

Il ne faut jamais abuser des bonnes choses ni faire de la monoculture… Poussés au-delà de certaines limites, et surtout pratiqués intensivement et isolément, ces quatre profils de bonheur contiennent en eux-mêmes leurs dérives possibles.

• Un bonheur reposant principalement sur l'action conduirait sans doute à une certaine superficialité, à une dépendance marquée aux plaisirs et stimulations de l'extraversion, à une dépendance à autrui pour se sentir exister.

• Le bonheur de satisfaction, basé sur l'atteinte d'objectifs investis, peut induire matérialisme (s'ils sont atteints) ou insatisfaction (s'ils ne le sont pas).

• Le bonheur de maîtrise, centré sur les bénéfices personnels d'une activité intense, peut aboutir au mieux à de l'activisme, à une dépendance au travail ou à l'action et, dans le pire des cas, à de l'égoïsme.

• Enfin, le bonheur de sérénité peut induire une certaine forme de passivité, de fatalisme, de désengagement envers les combats nécessaires de la vie…

Quatre bonheurs sinon rien...

Tout au long de notre existence, nos sentiments de bonheur seront d'autant plus profonds qu'ils seront composés du mélange ou de l'alternance de ces quatre types de bonheurs. Savoir les identifier, les pratiquer et les savourer permet de renforcer nos capacités à nous sentir heureux.

Montesquieu, qui pensait que le bonheur résidait dans une relative instabilité et un mouvement constant, écrivait ainsi : « Nous nous succédons continuellement à nous-mêmes. » Faire alterner et se succéder les différentes voies d'accès au bonheur en augmente probablement la fréquence. Comme pour l'alimentation, variété et dosage sont donc nécessaires en matière de bonheur.

Bonheur et sens de la vie

Lors d'une vaste enquête sur le bonheur, des psychosociologues américains s'aperçurent qu'il était très difficile de faire parler les gens sur le bonheur : si on les interrogeait en groupe sur ce sujet, ils avaient tendance à plaisanter, à énoncer des platitudes ou à banaliser leurs émotions. S'ils étaient questionnés en tête à tête, ils se montraient alors plus sérieux, mais toujours aussi peu productifs. Dépités par leurs maigres résultats, les chercheurs en conclurent qu'il aurait été beaucoup plus facile d'interviewer les gens sur leur sexualité[29]…

Cette difficulté à faire parler du bonheur tient au fait qu'il s'agit d'un sujet beaucoup plus intime qu'il n'y paraît de prime abord. Le bonheur est toujours lié à une histoire personnelle, et en parler, c'est se révéler, prendre le risque du jugement critique ou même du ridicule. Le bonheur est également lié à un système de valeurs très personnel et complexe, et implique une réflexion sur des questions aussi importantes que le sens de l'existence, l'atteinte ou non de ses idéaux, ses compétences et aptitudes intimes, etc. Voilà peut-être pourquoi le sujet du bonheur met tant de personnes mal à l'aise…

➤ *Biologie, psychologie et société : trois bases pour le bonheur*

La tendance actuelle en psychiatrie est de beaucoup utiliser ce que l'on nomme le « modèle bio-psycho-social », pour étudier les manifestations de la psyché humaine : ainsi, pour expliquer la survenue d'un trouble psychologique comme la dépression, on fera appel à des données biologiques (des prédispositions héréditaires et des perturbations des neurotransmetteurs), à des données psychologiques (trajectoire personnelle du sujet déprimé), et à des données sociologiques (pressions sociales de la culture et de l'époque dans laquelle il vit).

Le bonheur a lui aussi été passé à la moulinette universelle du « bio-psycho-social », et on a ainsi proposé de le conceptualiser comme un ensemble complexe et hiérarchisé, reposant sur trois dimensions[30].

• *La dimension de base est biologique* et s'appuie sur la satisfaction des désirs fondamentaux. Le bonheur repose avant tout sur la satisfaction de besoins plus ou moins indispensables (nourriture, chaleur, attachement, sécurité, sexualité…). Une fois ces besoins fondamentaux satisfaits, un sujet qui continuerait de ne rechercher le bonheur qu'au travers de cette dimension pourrait être qualifié d'*hédoniste*.

• *La deuxième dimension est psychologique* et obéit au besoin d'accomplissement de soi. Difficile de se sentir heureux sans un minimum d'estime de soi, les psychothérapeutes sont bien placés pour attester que cette dimension de la personnalité est capitale dans l'accès au bonheur[31]. Cependant, un sujet ne quêtant le bonheur qu'au travers de cette dimension serait à juste titre qualifié d'*individualiste*.

• *La troisième dimension est sociale*, et correspond — en gros — au souci d'autrui et à la pratique des vertus. Dans son *Discours sur le bonheur*[32], Madame du Châtelet, maîtresse de Voltaire, définissait ainsi la vertu : « Ce qui contribue au bonheur de la société. » Nous verrons que les rapports entre le bonheur et l'altruisme ont été l'objet de nombreuses prises de position. Le sujet principalement marqué par cette dimension pourrait être qualifié de *citoyen*, ses modèles étant le saint ou le patriote.

La plénitude du bonheur nécessite l'activation de ces trois dimensions, et si possible à leur niveau maximum : satisfaction biologique, psychologique, sociologique. La prééminence d'une seule de ces dimensions au détriment des autres va pouvoir procurer de la jouissance (l'hédoniste qui satisfait ses désirs), de la réussite (l'individualiste qui atteint ses objectifs), de la grandeur (le citoyen qui agit selon ses convictions), mais pas toujours du bonheur.

À trop pousser l'une de ces dimensions, on porte ombrage aux deux autres. Le cas de la grandeur est le plus intéressant pour les théoriciens du bonheur, car il pose le redoutable problème d'une incompatibilité entre certains idéaux de vie et la recherche du bonheur. Madame de Staël, détestée et exilée par Napoléon, écrivait que « la gloire est le deuil éclatant du bonheur ». Sans chercher la gloire, beaucoup de militants politiques, de personnes engagées dans une grande cause, de patriotes en lutte contre une oppression ont fait le choix de donner un sens à leur vie, en empruntant un chemin qui ne croise pas forcément celui du bonheur, et qui peut même les en éloigner… D'où la formule de Saint-Exupéry : « L'homme cherche sa propre densité, et non pas son bonheur » (il aurait pu aussi écrire « sa propre vérité »…).

Donner un sens à sa vie ne suffit pas pour atteindre le bonheur, mais ne pas lui en donner empêche, à l'inverse, d'y prétendre. La priorité donnée à une « bonne vie », plutôt qu'à une vie heureuse, par les Grecs de l'Antiquité témoignait de leur souci que le bien privé soit compatible avec le bien public. C'est pourquoi on ne pouvait se considérer heureux de son vivant, ce jugement étant réservé à la postérité : « Nul ne peut être qualifié d'heureux avant sa mort », assurait Solon, que les Athéniens de l'Antiquité considéraient comme leur plus grand sage. La dimension sociale du bonheur était alors considérée comme prédominante.

Sens de la vie et vie réussie

« Pour vivre pleinement, il faut… »	**Pourcentage de réponses (deux réponses étaient possibles)**
Donner du bonheur à d'autres	44 %
Se satisfaire de ce que la vie vous offre	38 %
Avoir un idéal et y rester fidèle	23 %
Être en harmonie avec la nature	18 %
Apprendre à se connaître	18 %
Donner moins d'importance aux biens matériels	15 %
Croire à son destin	11 %
Avoir surmonté la peur de mourir	7 %

(D'après un sondage réalisé en 2002 par la Sofres pour le magazine *Psychologies*, auprès de 1 000 individus représentatifs[33]).

➤ *Sisyphe et le bonheur*

Et si le sens que nous nous acharnons à chercher à la vie s'avérait une illusion ? Si la vie n'avait pas de sens et n'était qu'absurde ? Faudrait-il alors renoncer à l'idée même de bonheur ? Pas forcément. C'est notamment la position d'Albert Camus. Dans son ouvrage *Le Mythe de Sisyphe*[34], celui qui reçut le prix Nobel de littérature en 1957 propose une réflexion sur l'absurde et l'espoir. Sisyphe a été condamné par les dieux à pousser éternellement une énorme pierre jusqu'en haut d'une montagne, d'où elle redescend sans cesse, entraînée par son poids. « Sisyphe regarde alors la pierre dévaler en quelques instants vers ce monde inférieur d'où il faudra la remonter vers les sommets. Il redescend dans la plaine. »

C'est pendant ce retour, cette pause, que Sisyphe nous intéresse… Pour Camus, l'horreur apparente du destin de Sisyphe peut être contournée. « Je vois cet homme redescendre d'un pas lourd mais égal vers le tourment dont il ne connaîtra pas la fin. Cette heure qui est comme une respiration et qui revient aussi sûrement que son malheur, cette heure est celle de sa conscience. »

Car si ce mythe est tragique, c'est que son héros est conscient, mais cette conscience est aussi ce qui peut changer le sens du mythe, et celui de la vie de peine de Sisyphe. « Lui aussi juge que tout est bien. Cet univers désormais sans maître ne lui paraît ni stérile ni futile… La lutte elle-même vers les sommets suffit à remplir un cœur d'homme. Il faut imaginer Sisyphe heureux. »

Aux yeux de Camus, l'homme absurde, celui qui a pris conscience du non-sens de tout, est peut-être mieux placé qu'un autre pour vivre intensément et pour connaître le bonheur[35] : « Le bonheur et l'absurde sont deux fils de la même terre. Ils sont inséparables. L'erreur serait de dire que le bonheur naît forcément de la découverte absurde. Il arrive aussi bien que le sentiment de l'absurde naisse du bonheur… » Un peu d'aspirine ?

➤ *Une vision montagnarde du bonheur*

Le penseur catholique Teilhard de Chardin n'appréciait guère le consensus mou qui caractérise notre époque vis-à-vis du bonheur et qui consiste à dire qu'il est vain de rechercher le bonheur, soit que la question soit insoluble (point de vrai bonheur dans ce monde), soit qu'elle ait une infinité de solutions particulières (chacun son truc).

Teilhard de Chardin identifiait trois formes de bonheur : de tranquillité, de plaisir, de développement[36]. Dans une métaphore célèbre, il comparait les humains à des personnes partant en randonnée à la montagne, et découvrant après quelques heures que, pour arriver en haut, ça grimpe et c'est fatigant. Les uns vont alors préférer rentrer au refuge et y rester se reposer ou faire bonne chère (bonheur de tranquillité). Les autres vont estimer qu'ils sont montés assez haut, que la vue est suffisamment belle, et qu'ils seront bien mieux allongés dans l'herbe au soleil (bonheur de plaisir). Les derniers enfin, à qui va visiblement toute la sympathie de l'auteur, vont continuer de suer sang et eau pour atteindre le sommet, persuadés que leur place se trouve là-haut (bonheur de développement).

Pour Teilhard de Chardin, ce bonheur de développement et de croissance intérieure est celui auquel nous devons aspirer le plus souvent. Il obéit à son tour à trois étapes, trois mouvements : d'abord, savoir se respecter et se trouver : unification et « centration ». Puis savoir sortir de soi et s'ouvrir aux autres : union et « décentration ». Enfin savoir subordonner notre vie à une force plus grande que la nôtre : subordination et « surcentration ».

Bien que nous paraissant aujourd'hui moralement très acceptables, les conceptions de Teilhard de Chardin étaient peu appréciées par les autorités ecclésiastiques de son temps, qui lancèrent en 1962 un appel pour inciter les enseignants catholiques à détourner les jeunes de son œuvre… Elles n'en restent pas moins profondément marquées par ce que l'auteur appelait lui-même un « humanisme chrétien ». C'est que les chemins du bonheur croisent souvent ceux de la foi…

Foi et bonheur

« Aimer quelque chose et croire que cela existe[37]. » Cette définition de la foi s'avère très pertinente pour notre propos. Une amie à qui j'avais un jour posé la question m'avait répondu : « Le bonheur ? Je n'y crois pas du tout… » Pour elle et bien d'autres, le bonheur ne serait donc qu'une affaire de croyance, et mieux vaudrait finalement parler de bien-être, qui en serait la version laïque.

➤ *Pour trouver le bonheur, il faut y croire…*

En y réfléchissant bien, le mystère du bonheur est finalement assez proche de celui de la foi. Tenez, prenez les « petits bonheurs », dont nous reparlerons plus longuement dans le dernier chapitre : ces instants où le bonheur semble surprendre la personne ne relèvent-ils pas parfois de ce que les chrétiens nomment la grâce, ce « don sans raison, sans condition, sans mérite[38] », qui surprend parfois le croyant ?

Autre parallèle : si « la foi est plus belle que Dieu », comme l'assure Claude Nougaro dans sa chanson *Plume d'ange*, l'attente, la préparation, la poursuite du bonheur ne peuvent-elles, de même, procurer aussi du bonheur ? Et donc en faciliter l'apparition ? Beaucoup en sont convaincus…

➤ *Religion et bonheur*

Mais qu'en est-il de la « vraie » foi dans ses rapports au bonheur ? Les liens entre religion et bonheur ont été assez largement étudiés : la foi semble augmenter le degré de bonheur éprouvé par les croyants. Cet effet favorable dépend d'ailleurs de circonstances sociales : il semble plus fort aux États-Unis qu'en Europe, plus marqué chez les personnes âgées, les femmes, les protestants[39]…

Trois mécanismes ont été évoqués pour expliquer ce lien : le soutien social, la relation à Dieu, les croyances et convictions.

• *Le soutien social* désigne l'ensemble des bénéfices liés à l'appartenance à un groupe ou un réseau de personnes bienveillantes : famille, amis, connaissances, collègues de travail, voisins, etc. Le fait d'appartenir à une communauté religieuse représente, le plus souvent, un fort support social : on pourra retrouver auprès de ses membres un soutien émotionnel (affection, sympathie, connivence), matériel (dons, prêts, coups de main), informatif (conseils, explications)… C'est sans doute pourquoi, parmi les personnes croyantes, celles qui assistent aux offices religieux, occasions de rencontre avec leurs compagnons de foi, se disent encore plus heureuses et satisfaites que les autres[40].

• *La relation directe à Dieu* est une autre des explications. Elle est à la base de la plupart des prières :

> « À mes paroles prête l'oreille, Seigneur,
> Sois sensible à mon gémissement.
> Écoute ma voix et mes cris,
> Ô mon roi et mon Dieu. » (Psaume V)

La conviction que Dieu est attentif à notre existence, la certitude d'une présence vigilante, puissante et bienveillante, même si elle n'est pas toujours prévisible, semblent représenter un important mécanisme dans le bonheur des croyants. Et là encore, l'action apporte un plus, par rapport à la seule croyance : la fréquence des prières est corrélée au sentiment de bien-être[41]. Nous ne disposons pas de travaux permettant de savoir si certains types de prières sont plus bénéfiques que d'autres. Ou de pouvoir répondre à la question : est-ce le croyant heureux qui prie davantage, ou la prière qui rend le croyant heureux ? Cioran avait quant à lui son avis, sceptique, comme toujours : « La prière de l'homme triste n'a pas la force de monter jusqu'à Dieu. » Autrement dit : seules les prières des gens heureux seraient entendues. Il est vrai, nous rappellent les religions, que prier, ce n'est pas seulement demander, mais aussi remercier…

• Enfin, *les croyances inhérentes à la foi religieuse* sont impliquées dans le sentiment de bonheur[42]. La religion offre quelques certitudes existentielles. Elle permet notamment aux croyants de penser que la vie a un sens, même au travers des souffrances et des épreuves qu'elle peut imposer. Une étude auprès de 406 patients souffrant de difficultés psychologiques avait souligné les bénéfices de la prière et de l'activité religieuse sur leur bien-être[43]. Les personnes croyantes semblent disposer d'un sentiment de contrôle accru sur leur quotidien, d'un plus grand optimisme (on dit bien en langage parlé « avoir la foi » pour désigner quelqu'un de confiant), d'une plus grande confiance en elles[44]…

Notons également que la foi peut représenter une aide efficace pour lutter contre la peur de la mort, notamment dans la conviction qu'un au-delà existe, et qu'il obéit à des règles d'amour et de justice : « Les âmes des justes sont dans la main de Dieu et nul tourment ne les atteint » (Le livre de la Sagesse, III, 1).

➤ *Foi et bonheur : ne pas dépasser la dose prescrite ?*

Attention, tout n'est pas rose non plus dans les rapports entre foi et bonheur. L'histoire nous montre largement que la religion n'est pas une panacée, et peut conduire à des souffrances collectives (intégrisme, intolérance et guerres de religion) ou individuelles (culpabilité, rigidité, crédulité, violence et haine).

Il existe probablement une question de dose optimale dans le recours à la religion. Une étude sur les risques dépressifs, conduite auprès de personnes âgées aux Pays-Bas, montrait par exemple que le rapport entre foi et bien-être psychologique semble s'inscrire dans une courbe en cloche[45] : les trop croyants n'ont pas plus de bénéfices que les non-croyants, le bien-être optimal s'observant pour les « modérément croyants ».

Terminons ce petit tour d'horizon dans le monde de la religion par deux remarques. D'abord, on ne croit pas en Dieu comme on procède à un acte d'hygiène, dans le but d'augmenter son bonheur : la foi ne peut être une recette de bien-être. Ensuite, avoir la foi ne signifie pas tout attendre ou exiger de Dieu : de même, croire au bonheur ne doit pas inciter à ne plus voir le monde qu'au travers de sa quête.

Mais il nous reste encore une question — fondamentale — à aborder : pourquoi le bonheur existe-t-il ?

À quoi sert le bonheur ?

Dans *Le Temps retrouvé*, Marcel Proust raconte comment, ayant buté dans la rue sur deux pavés de hauteurs inégales, il se sentit profondément troublé, comme dans l'épisode célèbre de la madeleine : « De nouveau la vision éblouissante et indistincte me frôlait, comme si elle m'avait dit : Saisis-moi au passage si tu en as la force, et tâche à résoudre l'énigme de bonheur que je te propose. »

Proust comprend alors que l'irrégularité du sol lui rappelle, comme resurgi du passé, un souvenir, les dalles inégales du baptistère de Saint-Marc, à Venise : « De même que le goût de la petite madeleine m'avait rappelé Combray. Mais pourquoi les images de Combray et de Venise m'avaient-elles à l'un et à l'autre moment donné *une joie pareille à une certitude et suffisante sans autres preuves à me rendre la mort indifférente* ? »

➤ *« Me rendre la mort indifférente… »*

L'homme est le seul animal à savoir qu'il va mourir un jour. D'où une vertigineuse et constante angoisse pour certains d'entre nous : dès l'instant de notre naissance, et même de notre conception, chaque seconde qui passe nous rapproche de la mort. Notre vie n'est qu'un vaste compte à rebours… Pour évoquer l'irréversible écoulement des heures, les Romains de l'Antiquité, familiers avec la mort, avaient l'habitude de graver sur leurs cadrans solaires *Vulnerant omnes, ultima necat*, « Toutes blessent, la dernière tue »… Dans un style différent, Woody Allen notait quant à lui : « Depuis que l'homme sait qu'il est mortel, il a du mal à être totalement décontracté… »

Voilà pourquoi nous avons *besoin* du bonheur : parce que le malheur et la mort existent. Parce que, surtout, nous en avons tous conscience, par la connaissance réfléchie ou l'expérience vécue. Le seul bien-être ne pèse alors plus très lourd face à ces monstres menaçants. Mais notre conscience, qui nous impose l'angoisse de nous savoir mortels, nous offre aussi la possibilité de transformer notre bien-être en bonheur.

Le bonheur, comme nous le démontre Proust, est tout simplement le moyen — la contrepartie ? — qui nous a été offert pour oublier la mort, ou supporter de vivre en sachant qu'elle viendra. D'où, sans doute, la phrase de Paul Claudel : « Le bonheur n'est pas le but, mais le moyen de la vie. »

Cécile

« Les moments de bonheur sont toujours dans ma vie des moments de surprise, de *divines surprises*, comme on dit. Toujours des événements, des situations, des réussites que je n'ai pas prévus, ou dont je n'ai pas imaginé que cela me rendrait si heureuse. Ces moments me laissent à la fois comblée — c'est ma *dose de bonheur* —, pleine d'espoir et de motivation, mais aussi perplexe. La survenue du bonheur, c'est le mystère joyeux de l'existence, c'est ce qui fait que je me dis toujours, lorsque j'ai des idées suicidaires : sois curieuse, vis encore, quelque chose d'heureux peut toujours arriver, tu le sais, tu dois y croire… »

Vivre heureux malgré la mort ?

« J'ay vécu sans nul pensement,
Me laissant aller doucement
À la bonne loy naturelle,
Et si m'étonne fort pourquoy
La mort daigna songer à moy,
Qui n'ay daigné penser à elle. »

Mathurin Régnier

« La mort, c'est tellement obligatoire que c'est presque une formalité. »

Marcel Pagnol

« Le côté positif de la mort est qu'on peut l'être en restant couché. »

Woody Allen

➤ *« Vivons heureux en attendant la mort »*

Cette formule célèbre de l'humoriste Pierre Desproges[46] n'est pas qu'une boutade (il semble d'ailleurs que son auteur se savait atteint de cancer lorsqu'il écrivit l'ouvrage qui porte ce titre). La seule grande question qui mérite de nous préoccuper, c'est bien celle-ci : comment être heureux, alors qu'on va mourir un jour ?

Si le bonheur est un thème universel de réflexion, la mort en est clairement un autre… La mort est bien sûr l'obsédante affaire de tous les êtres humains, et la peur de la mort la principale difficulté à affronter, pour profiter de l'existence. On peut observer autour de soi différentes stratégies psychologiques.

Certains choisissent d'y penser le moins possible et d'évacuer tout ce qui les fait penser à la mort : c'est ce que l'on nomme le *déni*… Nos sociétés modernes vont d'ailleurs dans ce sens : la mort ne doit plus faire partie de la vie, et on meurt désormais presque toujours à l'hôpital. Par ailleurs, tout le monde se débrouille pour « rester jeune », comme si avancer en âge était une insulte à autrui ou à soi-même, et représentait une insupportable menace. C'est ce qu'on appelle le « jeunisme » et qui fait que sur les photos de magazines consacrés aux retraités, ces derniers paraissent à peine la quarantaine.

D'autres y pensent tout le temps : ainsi font les grands anxieux et les hypocondriaques, obsédés par la mort et persuadés que ne pas quitter l'ennemi des yeux ni ne le lâcher d'une semelle, permettra de le faire reculer. Ces patients consacrent donc une énergie importante à sonder leurs entrailles, et à consulter régulièrement des médecins. Et ces derniers savent que les hypocondriaques ne cherchent pas tant à guérir (cela les éloignerait trop des médecins, et ils se sentiraient en danger) qu'à rester sous surveillance constante.

D'autres enfin réfléchissent au problème et s'en servent pour se motiver à mieux profiter de la vie : inutile de gâcher notre bref passage sur terre. Pour les plus sages d'entre nous, la possibilité est même offerte de ressentir ses bonheurs d'autant plus fortement qu'on sait que la mort et le malheur existent.

Cette dernière voie est celle des philosophes. Mais leurs voix sont parfois discordantes, en apparence du moins. Montaigne écrit : « Philosopher, c'est apprendre à mourir », là où Spinoza professe : « La sagesse est une méditation non de la mort mais de la vie. » Pourtant, à y bien réfléchir, les deux visions ne sont pas si éloignées l'une de l'autre.

« Il n'est jamais ni trop tôt ni trop tard pour philosopher, puisqu'il n'est jamais ni trop tôt ni trop tard pour être heureux », affirmait le philosophe Épicure. Alors, faut-il de la sagesse pour être heureux ? Probablement, car la sagesse est peut-être le seul moyen pour l'adulte de trouver le bonheur, après qu'il a perdu la spontanéité de celui de l'enfance. Gide parlait de l'idéal de « l'homme qui se dit heureux et qui pense ». Les deux ne sont pas incompatibles, au contraire : n'a-t-on pas défini la sagesse comme le « maximum de bonheur dans le maximum de lucidité »[47] ?

➤ *Il faut toujours relire Proust…*

Au début de ce paragraphe, nous avons laissé Marcel Proust, immobilisé dans la rue affairée et indifférente, cherchant opiniâtrement à solidifier ses bribes de souvenirs. Retrouvons-le :

« Un azur profond enivrait mes yeux, des impressions de fraîcheur, d'éblouissante lumière tournoyaient près de moi, et, dans mon désir de les saisir, sans oser plus bouger que quand je goûtais la saveur de la madeleine en tâchant de faire parvenir jusqu'à moi ce qu'elle me rappelait, je restais, quitte à faire rire la foule innombrable des wattmen, à tituber comme je l'avais fait tout à l'heure, un pied sur le pavé plus élevé, l'autre pied sur le pavé plus bas. »

Proust *n'attend pas* le bonheur. Il le recherche, il se bat pour qu'il émerge en lui. Peu lui importe d'apparaître ridicule ou étrange aux yeux des passants : il ne renoncera à sa quête sous aucun prétexte, aucune excuse.

Défendre son droit au bonheur, ne pas se laisser détourner de sa recherche, savoir le construire : nous allons parler de tout cela maintenant…

CHAPITRE 6

Le bonheur, un sujet qui fâche

> « Contrairement à tous les autres biens que l'on recherche en vue d'autre chose, le bonheur est recherché pour lui-même : il est le souverain bien. C'est sur la nature et la définition de ce en quoi il consiste qu'il n'y a pas accord. »
>
> ARISTOTE

Depuis qu'Aristote a lancé le débat, il y a près de deux mille cinq cents ans, le discours sur le bonheur va bon train.

Sans que rien n'ait été tranché, évidemment. Les avis restent partagés entre ceux qui, comme le poète Paul Éluard, considèrent qu'il est une réalité — voire une nécessité — et qu'il est accessible : « Il ne faut pas de tout pour faire un monde, il faut du bonheur et rien d'autre. » Et ceux qui ne sont pas convaincus, comme le philosophe Emmanuel Kant, pour qui le bonheur serait « un idéal, non pas de la raison, mais de l'imagination ».

Sur aucun autre sujet, sauf peut-être l'amour, les livres ne sont aussi nombreux. Et, bien plus que l'amour, le bonheur déclenche polémiques vigoureuses et avis tranchés…

Une brève histoire du bonheur en Occident

Le bonheur fut sans doute le premier objet de la philosophie[1]. Et pour la plupart des philosophes de la Grèce et de la Rome antiques, le bonheur était bel et bien le *summum bonum*, le « bien suprême ». Il existait même un mot, aujourd'hui tombé en désuétude, pour nommer la philosophie du bonheur : l'eudémonisme. Pourtant, cette très longue tradition philosophique, forte de plusieurs siècles, va rentrer dans l'ombre…

➤ *Bonheur et christianisme*

En l'année 386 de notre ère, le futur saint Augustin, qui vient de se convertir, rédige un de ses premiers ouvrages, *De beata vita* (*La Vie heureuse*[2]). En 391, le christianisme devient la religion d'État de l'Empire romain…

Pour le christianisme des origines, le bonheur ne pouvait provenir que de Dieu seul. Et les humains ne devaient pas chercher à se rendre heureux, mais seulement mériter de l'être au-delà : « Conquérir non le bonheur mais le droit au bonheur, tel est le sens de la vie.[3] » Le christianisme voulait substituer la notion de salut à celle de bonheur. Le seul paradis imaginable ne pouvait donc se situer durant l'existence humaine : il était forcément (règle des « 3 A ») avant, après, ou ailleurs…

Avant : c'est le mythe de l'âge d'or et du Jardin d'Éden, habilement repris par saint Augustin dans plusieurs de ses réflexions sur le bonheur : « D'où tenons-nous cette notion de bonheur ? Si elle réside dans notre mémoire, c'est que nous avons été heureux autrefois. »

Après : c'est la promesse du Paradis, du moins pour ceux qui auront su le gagner par leur conduite et leurs prières. On peut remarquer que les utopistes et les philosophes positivistes du XIXe siècle (« L'âge d'or est devant nous », affirmait alors Saint-Simon), puis Karl Marx lui-même, ne firent que reprendre ces bases des lendemains qui chantent : « L'ancienne société bourgeoise fera place à une association où le libre épanouissement de chacun sera la condition du libre épanouissement de tous[4]. »

Ailleurs : dans sa monumentale et passionnante *Histoire du paradis*, Jean Delumeau[5] montre comment le Moyen Âge fut longtemps persuadé que le paradis terrestre n'avait pas disparu, mais existait toujours, quelque part en Orient. La chrétienté crut jusqu'au XVIe siècle en l'existence du légendaire « Royaume du Prêtre Jean », situé vers l'Inde ou la Chine. De nombreux écrits attestaient alors l'existence de cette terre de merveilles, et du bonheur qui y régnait : « Notre mansuétude accueille tous les hôtes et pèlerins étrangers. Il n'y a pas de pauvres parmi nous. Nous ne connaissons ni le vol, ni l'adulation, ni la cupidité, ni les divisions… Aucun vice ne règne chez nous[6]. » Mais, peu à peu, à la suite des progrès dus aux Grandes Découvertes, il fallut déchanter et se résigner : le paradis n'était pas quelque part sur cette terre. Ou en tout cas, il n'était pas indispensable de voyager pour le trouver…

On commença alors à redécouvrir que le bonheur restait une quête individuelle. Plus ou moins vaine selon la vision du monde et de l'homme que l'on propose.

Sombre chez Pascal : « Nous souhaitons la vérité et nous ne trouvons en nous qu'incertitude. Nous recherchons le bonheur et ne trouvons que misère et mort. Nous sommes incapables de ne pas souhaiter la vérité et le bonheur et sommes incapables ni de certitude ni de bonheur[7]. »

Heureuse, chez Montaigne : « Moi qui n'ai autre fin que vivre et me réjouir. »

En tout cas, jusqu'au XVIe siècle, s'il existait un problème du bonheur, il apparaissait, aux yeux des moralistes, inférieur en dignité à bien d'autres, comme ceux de la recherche de la gloire ou du salut de l'âme[8].

➤ *La révolution du bonheur*

Le XVIIIe siècle fut pour le bonheur une période d'extraordinaire effervescence. Dans son remarquable ouvrage de référence sur ce thème, *L'Idée de bonheur dans la littérature et la pensée françaises au XVIIIe siècle*, Robert Mauzi, qui fut l'ami de Michel Foucault et Roland Barthes, montre bien comment, « dans l'échelle des valeurs morales, le bonheur prit la place de la *grandeur* comme ultime justification » et comment il devint alors une « valeur quasi obsessionnelle ».

Plusieurs explications ont été avancées à cette montée en puissance du bonheur : affaiblissement des contraintes morales et religieuses, grande vitalité économique, mais aussi rôle de la Réforme[9] qui valorisa le libre arbitre et les responsabilités individuelles de chacun.

Surtout, ce siècle fut aussi celui des grandes révolutions, à portée universelle, l'américaine et la française, et nous verrons qu'elles se sont toutes deux intéressées au bonheur.

Enfin, le XVIIIe fut le siècle des Lumières, traversé par une incroyable activité philosophique et intellectuelle, dont une partie fut mise au service de la réflexion sur le bonheur. Tous les grands esprits de l'époque y allèrent de leur point de vue, comme Voltaire (« La grande affaire et la seule qu'on doive avoir, c'est vivre heureux »), Rousseau (« La nature a fait l'homme heureux et bon, mais la société le déprave et le rend misérable »), Diderot (« Il n'y a qu'un devoir, c'est d'être heureux »)... Les auteurs célèbres furent accompagnés par une foule de penseurs moins connus, et les traités sur le bonheur fleurirent alors comme jamais.

« Le paradis terrestre est où je suis », écrit Voltaire, au dernier vers de son long poème *Le Mondain* en 1736. L'œuvre n'est plus guère lue, mais la citation a fait le tour du monde.

La révolution américaine saura s'en souvenir, puisqu'elle inscrira dans sa Déclaration d'indépendance : « *All men are created equal. They are endowed by their creator with certain inalienable rights. That among there are life, liberty and the* pursuit of happiness » (« Tous les hommes naissent égaux. Ils sont dotés par leur créateur de droits inaliénables. Parmi ceux-ci figurent la vie, la liberté et la *poursuite du bonheur* »).

En France, c'est la célèbre parole de conclusion de Saint-Just dans son rapport à la Convention en 1794 : « Le bonheur est une idée neuve en Europe. » La vision révolutionnaire du droit de tous au bonheur est claire : « Que l'Europe apprenne que vous ne voulez plus un malheureux ni un oppresseur sur le territoire français ; que cet exemple fructifie sur la terre ; qu'il y propage l'amour des vertus et le bonheur[10]. » Ces belles idées prirent fin dans l'accélération folle du rythme de la guillotine et le fracas des guerres napoléoniennes...

➤ *Romantisme de malheur...*

« Qu'est-ce qu'on attend pour être heureux ? Réponse : on attend que le bonheur soit aussi intéressant que le malheur[11]. »

Au XIXe siècle, le romantisme imposa le chic du malheur. « Le malheur cesse alors d'être un état d'âme pour devenir une histoire[12] », et ainsi se constitue une mythologie du malheur, dont les effets vont se prolonger jusqu'à nos jours. Le spleen et la tristesse sont alors peu à peu considérés comme des preuves de grandeur d'âme et de noblesse morale. D'ailleurs, une des raisons pour lesquelles les Américains nous irritent parfois par leur culture de l'optimisme et du « positif » tient peut-être à cette différence d'héritage : les États-Unis n'ont pas connu la vague romantique avec la même intensité que le vieux continent.

D'un côté donc, le bonheur superficiel et vide, de l'autre le malheur, plein et profond...

Rien de plus faux pourtant, comme le rappelle Philippe Delerm, pour qui le bonheur est simplement *léger*, ce qui est « le contraire de lourd, non celui de profond ». C'est également au XIXe siècle que la haine du bonheur fit son apparition, et nul mieux que Nietzsche ne l'incarna ; c'est lui qui en fit « un but mesquin d'homme faible ». À sa décharge, le très grand philosophe que fut Nietzsche fut aussi un homme profondément tourmenté et malheureux.

Malgré tout, la greffe du bonheur avait pris. On a vu que les grands courants révolutionnaires s'en étaient emparés, même s'ils considéraient avec Marx que l'homme ne pourrait goûter au bonheur qu'après une libération politique, donc la révolution.

Le bonheur ne devait plus quitter le haut de l'affiche jusqu'à aujourd'hui. Mais au prix de sacrés coups de griffe...

Débats sur le bonheur : quand j'entends le mot « bonheur », je sors mon revolver…

« Tu es heureux, tu es en faute. »

Philippe DELERM

« Le bonheur : tonner contre. » L'entrée aurait pu figurer dans le *Dictionnaire des idées reçues* de Flaubert, d'autant que, nous le verrons, ce dernier avait en effet quelques comptes à régler avec le bonheur…

Le thème du bonheur provoque beaucoup de réactions passionnées ou péremptoires. J'avoue être passé à deux doigts de la brouille avec certains amis, lorsque je leur ai annoncé que j'écrivais un livre sur le bonheur. D'autres ont été tentés de m'excommunier pour vouloir me commettre sur un tel sujet, si vulgaire et prétentieux à la fois.

Objet de passion plus que de raison, le bonheur, même et surtout chez ceux qui s'en méfient. Car les griefs ne manquent pas, et je me suis même amusé à en dresser l'inventaire : voici donc les sept péchés capitaux du bonheur…

➤ *Péché n° 1 : le bonheur rend mou et médiocre*

Dans une lettre adressée à un certain Jules Janin, Baudelaire s'énerve : « Vous êtes *heureux*. Je vous plains, Monsieur, d'être si facilement heureux. Faut-il qu'un homme soit tombé bas pour se croire heureux !… Je vous plains, et j'estime ma mauvaise humeur plus distinguée que votre béatitude[13]. »

Flaubert de son côté n'était pas en reste dans ses charges : « Il y a des satisfactions bourgeoises qui dégoûtent, et de ces bonheurs ordinaires dont la vulgarité me répugne. »

L'angoisse obsédante de la médiocrité semble être un des principaux moteurs de cette famille de critiques faites au bonheur. On peut se demander si cette attitude ne trahit pas, chez certains, le double mouvement de l'impuissance (« je n'arrive pas à me sentir heureux ») et de l'orgueil (« je suis supérieur aux autres »), conduisant à un tel jugement de valeur (« donc les gens qui se disent heureux le sont pour des raisons médiocres »).

Mais, plus sérieusement, cette critique soulève en fait trois problèmes distincts : les liens du bonheur avec l'autosatisfaction, la tiédeur, et la créativité.

Le bonheur doit-il conduire à l'autosatisfaction ? Pourquoi pas, certes, mais aussi pourquoi donc ? La souffrance et le spleen auraient-ils à ce propos une quelconque supériorité sur le bien-être et le bonheur ? Mesquinerie et autosatisfaction se retrouvent aussi chez les grincheux…

« Il y a un lien, me semble-t-il, entre le bonheur et la tiédeur », écrit l'essayiste Pascal Bruckner dans son ouvrage critique *L'Euphorie perpétuelle*[14]. Le bonheur est effectivement une question de juste mesure, entre préoccupation et obsession, entre concentration et ouverture… Mais tout dépend de la conception que l'on se fait du juste milieu, relâchement médiocre ou équilibre subtil : « Le juste milieu est un extrême, lui aussi, mais vers le haut : c'est un sommet, c'est une perfection, comme une ligne de crête entre deux abîmes, ou entre deux marais[15]. » L'art du bonheur est bien celui de la mesure, pas de la médiocrité.

Enfin, la question du bonheur et de la créativité. Pour Marcel Proust, le bonheur est « salutaire pour le corps, mais c'est le chagrin qui développe les forces de l'esprit ». L'image est devenue classique, de la souffrance créatrice et du bien-être qui pousse à la stérilité ou à la somnolence : « Je ne vois partout que des sujets de contentement, et je ne suis pas contente… Je suis trop heureuse ; et le bonheur m'ennuie », fait dire Jean-Jacques Rousseau à son héroïne Julie, dans *La Nouvelle Héloïse*.

Mais j'ai vu, en tant que psychiatre, trop de personnes souffrir sans que cela ajoute une once à leur créativité (qui au contraire revenait une fois la souffrance surmontée), pour accepter ce point de vue sans le nuancer. Il me semble qu'il vient d'une confusion entre la paix (ne pas souffrir de manque) et la satiété (ne plus avoir d'envie ni de motivation). La paix n'apporte pas la démotivation, mais plutôt le discernement. Et il existe chez l'être humain d'autres motivations à l'action que le manque et la souffrance.

► *Péché n° 2 : le bonheur rend égoïste*

« Il était donc heureux et sans souci de rien au monde. » Ainsi Gustave Flaubert décrit-il Charles Bovary, homme médiocre, mais sincèrement amoureux de son épouse, la malheureuse et insatisfaite Emma.

Parce qu'il nécessite un certain degré de conscience de soi, et parce qu'il apporte un sentiment de paix, voilà donc le bonheur accusé d'égoïsme. C'est vrai, comme le disait Rousseau, que « le bonheur rapproche de soi ». Mais ce rapprochement de soi n'a rien d'un égoïsme.

La plupart des travaux scientifiques conduits sur ce thème retrouvent exactement l'inverse[16] : l'humeur positive entraîne une attention accrue à l'environnement (état de « focus externe ») alors que l'humeur négative provoque l'inverse, une attention accrue à soi-même (« focus interne »).

On a ainsi montré que, le plus souvent, le bien-être augmente les comportements altruistes dans des domaines très variés : des sujets volontaires dont on accroît le sentiment de bien-être, en leur demandant de penser à des bons souvenirs ou en les faisant gagner à un jeu, vont ensuite offrir plus volontiers leur sang lors d'une collecte[17], ou faire des dons plus importants à des associations caritatives[18]. Il est intéressant de noter que ces comportements altruistes liés au bien-être ne sont pas « sacrificiels », et motivés par une quelconque culpabilité. Ils augmentent parallèlement au soin de soi : plus on se sent heureux, plus on a envie d'aider les autres, mais plus on s'accorde également d'attention et de respect[19].

Malgré ces données, une tradition assez forte persiste à l'encontre du bonheur : comment peut-on être heureux avec tout le malheur qui existe dans le monde ? C'est ce qu'exprimait une héroïne du théâtre de Jean Anouilh : « J'aurais beau tricher et fermer les yeux de toutes mes forces, il y aura toujours un chien perdu quelque part qui m'empêchera d'être heureuse[20]. » Ce type de critiques soulève plusieurs questions : cette difficulté à accéder au bonheur est-elle si clairement et uniquement liée à une conscience hyperaltruiste ? Ou ne s'agit-il, parfois, que d'une justification à une inaptitude au bonheur, dont les sources sont plus personnelles qu'universelles ?

Mais il y a aussi une autre interrogation fondamentale : faut-il des justifications au bonheur ? Il s'agit ici d'une question rappelant celle posée par l'existence de Dieu : si Dieu existe, comment expliquer qu'il tolère le malheur et la souffrance, l'horreur et l'injustice ? La tradition chrétienne a bien sûr beaucoup débattu de ce point, et a même recours à un mot spécifique, créé par le philosophe Leibniz, la « théodicée » : ensemble des arguments destinés à justifier de l'existence et de la bonté de Dieu, face au mal dans le monde. Faut-il alors inventer un autre mot, comme « eudémonodicée » (du grec *eudémonia*, « bonheur », et *diké*, « justice ») pour justifier de la réalité et des bénéfices du bonheur ?

➤ *Péché n° 3 : le bonheur rend anxieux et malheureux*

Nous serions passés, pour les tenants de cette critique, du bonheur comme *droit* au bonheur comme *devoir*. Et ce qui était souhaitable, en devenant subtilement obligatoire, est maintenant devenu une nouvelle contrainte et une dictature de plus. « L'assignation à l'euphorie[21] » se serait ajoutée à celles de l'apparence et de la performance.

Flaubert, toujours lui, confirme : « Bonheur : as-tu réfléchi combien cet horrible mot a fait couler de larmes ? Sans ce mot-là, on dormirait plus tranquille et l'on vivrait à l'aise. » Plus sobrement, Maurice Maeterlinck note : « Être heureux, c'est avoir surmonté l'inquiétude du bonheur. »

Et il est vrai qu'accepter que le bonheur ne se manifeste que par intermittences, et en faire non pas le centre mais le cœur de notre vie, est l'une des conditions d'une existence heureuse. Le bonheur est un but, et ne doit pas être une obsession. À cette condition, il épanouit plus qu'il n'asservit, et il devient un indiscutable besoin. Même un pessimiste aussi invétéré que Cioran en arrivait avec perplexité à la conclusion suivante : « Le bonheur et le malheur me rendent également malheureux. Pourquoi alors m'arrive-t-il de préférer le premier ? » Tant qu'à choisir entre deux maux…

➤ *Péché n° 4 : l'idée de bonheur est vaine, illusoire, trompeuse et mensongère*

« N'ayez pas peur du bonheur ; il n'existe pas » : toute l'œuvre d'un écrivain comme Michel Houellebecq s'efforce de convaincre de l'impossibilité des êtres humains à pouvoir atteindre le bonheur[22]. Ce dernier ne peut être approché que par l'amour, mais l'amour finit toujours mal, et même de manière tragique dans chacun de ses romans. Écrivain du bonheur empêché, Houellebecq met en scène dans son roman *Plateforme* la discussion suivante :

« Le bonheur est une chose délicate, prononça-t-il d'une voix sentencieuse ; il est difficile de le trouver en nous, et impossible de le trouver ailleurs. Au bout de quelques secondes, il ajouta d'une voix sévère : Chamfort. Lionel le regardait avec admiration, il semblait complètement sous le charme. La phrase me paraissait discutable : en intervertissant "difficile" et "impossible", on se serait peut-être davantage rapproché de la réalité ; mais je ne souhaitais pas poursuivre le dialogue, il me paraissait impératif de revenir à une situation touristique normale[23]. »

Persuadé de deux choses à propos du bonheur — 1) il est impossible à atteindre, et 2) on ne peut s'en approcher que par l'amour —, Houellebecq pense aussi que certaines de nos aspirations à l'intelligence et à l'autonomie s'avèrent difficilement compatibles avec le bonheur, notamment chez les femmes de la génération postmouvements féministes :

« Bien entendu, elles se coupaient ainsi de toute possibilité de bonheur — celui-ci étant indissociable d'états fusionnels et régressifs incompatibles avec l'usage pratique de la raison —, mais elles espéraient ainsi échapper aux souffrances sentimentales et morales qui avaient torturé leurs devancières[24]. »

La quête du bonheur ne déboucherait que sur la souffrance ou le vide. Comme le notait François Mauriac : « Il est des êtres sur qui le bonheur s'acharne comme s'il était le malheur et il l'est en effet. » Mais, plus qu'une prétendue *impossibilité*, ces points de vue nous rappellent surtout l'extrême *difficulté* à atteindre ou savourer le bonheur, ressentie par nombre de personnes, parfois tentées d'attribuer à leur propre trajectoire une valeur universelle.

➤ *Péché n° 5 : le bonheur est devenu un objet marketing obligatoire*

C'est peut-être le côté le plus irritant des usages actuels que notre société fait du bonheur : sa récupération par l'industrie du marketing. L'écrivain américain Henry Miller, en 1954, parlait carrément de « cauchemar climatisé » pour décrire la très lisse et matérialiste *american way of life* des années d'après-guerre (qui est d'ailleurs, en grande partie, devenue la nôtre aujourd'hui). On peut se demander si la climatisation y est pour quelque chose, et s'il n'existe pas non plus des cauchemars non climatisés tout aussi pénibles à vivre.

Pour autant, les promesses de bonheur, et les mensonges sur les moyens de l'atteindre, pilonnés par la publicité, ont effectivement quelque chose de déplaisant et de certainement toxique.

Mais ne jetons pas le bébé avec l'eau du bain : mieux vaut lutter contre ses dérives et ses dévoiements (nous avons parlé des bonheurs marchands et publicitaires) que de renoncer à parler, agir ou réfléchir à propos du bonheur.

➤ *Péché n° 6 : le bonheur, c'est le nouvel opium du peuple*

Le bonheur est-il politiquement dangereux ?

Premier danger possible : « Pauvres et opprimés, le bonheur, c'est dans la tête. Acceptez votre condition et modifiez vos attentes plutôt que vouloir le changement. » Si le bonheur ne dépend pas de la richesse ou du rang social, inutile de vouloir prendre la place des puissants, ou de chercher à leur arracher quelques privilèges. Le bonheur serait-il le nouvel « opium du peuple » ? Est-ce qu'être heureux dissoudrait tout esprit de révolte et de rébellion, tout sens critique ? La manipulation du bonheur permettrait alors un meilleur contrôle social, par son idéologie sous-jacente : « Satisfaisons-nous de notre sort. » Imre Kertész, prix Nobel 2002 de littérature, utilisait l'expression « piégé par le bonheur » pour décrire les risques de démotivation associés selon lui à l'abandon au bonheur[25]. Rimbaud disait aussi : « Le bonheur est un désastre. » Cependant, ce qui est parfois vrai pour la créativité artistique ne s'applique pas forcément aux revendications politiques. On ne peut mentir longtemps sur le bonheur : si un peuple malheureux ne se révolte pas, c'est le plus souvent parce qu'il a peur, et non parce qu'il se croit heureux.

Second danger : « Il faut donner le bonheur au peuple même s'il n'a rien demandé. » La plupart des régimes dictatoriaux se sont donné comme objectif d'offrir le bonheur à leurs citoyens à plus ou moins long terme : « Puisque nous leur promettons le bonheur, ils pourront bien accepter les quelques inconvénients plus ou moins pénibles ou sanglants de ce grand bond en avant… » On connaît aujourd'hui les résultats. De nombreuses fictions littéraires ont aussi décrit des futurs pas si lointains où le bonheur des hommes était assuré de manière méthodique, notamment par le recours à diverses substances chimiques, comme *Le Meilleur des mondes*, de Aldous Huxley, ou *Un bonheur insoutenable*, d'Ira Lewin (auteur du célèbre *Rosemary's Baby*). Les démocraties, quant à elles, se contentent de chercher à assurer le bien-être de leurs concitoyens, ceux-ci devant se charger ensuite par eux-mêmes de leur bonheur. Le programme est plus sage…

► *Péché n° 7 : le bonheur est vulgaire*

Les six critiques précédentes reposent toutes sur des prémisses tout à fait honorables et recevables. Elles mettent utilement en garde contre des dérives possibles et pour la plupart existantes. Pourtant, derrière nombre de reproches faits au bonheur, il semble exister une autre motivation : le bonheur, et le chercher, ce n'est pas *chic*. C'est même carrément vulgaire. Juste bon pour le peuple et les petits-bourgeois…

Comment en est-on arrivé là ?

Bonheur et lutte des classes

« Jamais nous ne sommes plus heureux que quand nos plaisanteries font rire la bonne. »

Jules RENARD

Le lecteur attentif l'aura repéré depuis le début de ce chapitre : Flaubert avait une dent contre le bonheur. Son ami Maxime Du Camp lui en fit d'ailleurs le reproche : « Tu as auprès de toi, sous ta main, tous les éléments désirés du bonheur, et tu n'es pas heureux. » Ce que Flaubert reconnaissait volontiers : « C'est étrange comme je suis né avec peu de foi au bonheur. » On retrouve dans les errements de Madame Bovary cette difficulté de l'auteur (qui avouait volontiers : « Madame Bovary, c'est moi ») : « Le bonheur qui aurait dû résulter de cet amour n'étant pas venu, il fallait qu'elle se fût trompée, songeait-elle. Et Emma cherchait à savoir ce que l'on entendait au juste dans la vie par les mots de *félicité*, de *passion* et d'*ivresse*, qui lui avaient paru si beaux dans les livres. » Le bonheur bourgeois (le seul d'ailleurs qu'il pouvait véritablement observer de l'intérieur) fut donc l'une des cibles de Flaubert,

Mais les bonheurs des classes populaires ont eux aussi été analysés et décrits. Dans son ouvrage *Les Gens de peu*[26], l'anthropologue Pierre Sansot les réhabilite et souligne la « noblesse » des aspirations au bonheur du « petit peuple » : bals du 14 Juillet, passage du Tour de France, repas dominical, vacances au camping, bricolage… « Sans doute vaut-il mieux manifester de la grandeur dans le peu que demeurer indécis, épais, risible, incapable d'un beau geste dans l'aisance », rappelle-t-il.

Existerait-il des bonheurs différents selon les classes sociales ? Et ces différences pourraient-elles expliquer en partie l'évolution des idées et des modes à propos du bonheur ? Reprenons donc les brefs repères historiques que nous venons d'évoquer plus haut, mais cette fois-ci sous l'angle de la lutte des classes…

➤ *Trois étapes de l'histoire du bonheur*

Étape une : de l'Antiquité à la Renaissance, le bonheur est chic, il est affaire de sages, de philosophes, de lettrés et d'aristocrates, tandis que le plaisir est vulgaire (le peuple se contente de pain et de jeux, *panem et circenses*).

Étape deux : les révolutions française et américaine, préparées par les évolutions sociales du XVIIIe siècle, revendiquent le bonheur comme un droit et proposent ce droit au bonheur pour tous. Le bonheur doit être partagé.

Étape trois : à partir du XIXe siècle, le bonheur devient vulgaire et le plaisir chic, du moins aux yeux de certains. L'aspiration généralisée au bonheur et au développement personnel a pris une ampleur sans doute sans précédent dans l'histoire de l'humanité, mais cela a suscité une méfiance croissante des élites intellectuelles. Nietzsche : « Nous avons inventé le bonheur, disent les derniers hommes, et ils clignent de l'œil. » Oscar Wilde, dandy surdoué : « Je n'ai jamais cherché le bonheur, qui désire le bonheur ? J'ai cherché le plaisir. » André Gide avait bien repéré le phénomène : « La joie paraissait vulgaire, signe d'une trop bonne et bête santé… La tristesse se réservait le privilège de la spiritualité et, partant, de la profondeur. »

➤ *Bonheur et distinction sociale*

Le rejet du bonheur viendrait-il du fait qu'il est devenu populaire ? Ce serait bien ennuyeux… Mais quelques exemples récents semblent aller dans ce sens. Nous avons pu observer ces dernières années en France une violence disproportionnée des médias dits « intellectuels » contre Philippe Delerm et ses livres (comme *La Première Gorgée de bière*) consacrés aux petits bonheurs quotidiens accessibles à tous, sans nécessité de richesses financières ou culturelles préalables.

Des attaques encore plus violentes et folles[27] ont également eu lieu contre le film *Le Fabuleux Destin d'Amélie Poulain*, de Jeunet (2001), racontant sur un mode onirique l'histoire d'une jeune fille ayant le simple désir de rendre heureux les gens autour d'elle.

Toute cette agressivité était-elle dirigée contre les idées véhiculées par ce livre et ce film, ou contre leur immense succès populaire (car le succès des uns ne fait pas toujours le bonheur des autres) ? Elle a révélé, en tout cas, que le bonheur et ses visions étaient — paradoxalement — un des plus merveilleux sujets de polémique qui soit…

Le fond du problème, c'est sans doute que le bonheur paraît gommer les singularités entre les individus. C'est ce qui expliquerait qu'il y a peu de romans réussis sur le bonheur[28], car, pour exister, les romans ont besoin d'individus fortement singularisés. Les hommes se différencieraient donc davantage par leurs souffrances que par leurs jouissances… C'est en tout cas ce que pensent nombre de clercs dont le souci principal est de ne pas se fondre dans la masse.

Certes, chaque être humain aspire à la reconnaissance. Mais, pour certains, il suffira d'une reconnaissance de conformité (être semblable aux autres). Tandis que pour d'autres, une reconnaissance de distinction (ne pas être comme les autres) sera indispensable[29].

Or dans une société où la recherche du bonheur est survalorisée et proposée au plus grand nombre, pas d'autre choix pour qui cherche une reconnaissance de distinction, que de le critiquer et de le rejeter…

Les idées reçues sur le bonheur ne sont pas toujours où l'on croit…

> « Chercher le bonheur dans cette vie, c'est là le véritable esprit de rébellion. »
>
> Henrik IBSEN

« Certes, chacun est libre de mépriser son propre bonheur, mais en méprisant — parfois activement — le bonheur des autres, on fait preuve de plus de bêtise que de méchanceté. Et la bêtise nuit au bonheur[30]. » Comme à la cantine, faut-il clamer à propos du bonheur : « Si vous n'aimez pas ça, n'en dégoûtez pas les autres » ?

Diderot disait que les théories du bonheur ne racontent jamais que l'histoire de ceux qui les font. Mais l'argument ne peut-il être retourné, avec plus de pertinence encore, vers ceux qui critiquent le bonheur ? De la part des clercs « eudémonophobes » (eudémonisme : éthique faisant du bonheur le souverain bien), la réticence publiquement affichée envers l'idée de bonheur ne serait-elle que prudence ou peur intimes ? Pourrait-il y avoir, pour certains, plus de malheur à échouer dans la quête du bonheur qu'à y renoncer par avance ? Voire une jalousie inavouée ? Jusqu'où croire alors ces « hommes qui n'ont jamais su être heureux et qui ne peuvent supporter ceux qui essaient de l'être[31] » ? Ainsi, notre bon Flaubert, après avoir pourfendu toute sa vie durant l'idée de bonheur, regrettait sur ses vieux jours : « J'ai été lâche dans ma jeunesse. J'ai eu peur de la vie. Tout se paye… »

Les chantres du contre-bonheur se battent-ils, comme ils voudraient le faire croire, contre une réelle dictature, ou cèdent-ils simplement à un effet de mode ? La rage anti-bonheur est aussi sotte que l'est la dévotion confite de certains traités sur le bonheur. Mais à mon avis, elle est encore moins utile. Quels messages apportent finalement des ouvrages consacrés à l'art de ne pas chercher le bonheur, même s'ils sont réussis et amusants, comme le récent *Comment rater complètement sa vie en onze leçons*[32] ? Comme le notait avec justesse le philosophe Roger-Pol Droit[33], « la question est évidemment de savoir si ces plaisanteries pour nantis peuvent arracher le moindre sourire à ceux qu'aucun bonheur ne menace, parce que les pesanteurs de l'histoire ne leur offrent qu'une vie ratée d'avance »… De même, le discours mou et consensuel du type « il ne faut pas chercher le bonheur » n'est-il pas en train de devenir une nouvelle tarte à la crème de notre époque, et un « prêt-à-penser » aussi stéréotypé que stérile ?

Je me souviens d'avoir assisté un soir à une conférence donnée sur le bonheur[34]. Y étaient invités un philosophe, un psychanalyste et un théologien. On critiqua bien sûr l'idée de quête du bonheur, sans mauvaise humeur excessive, mais avec la tranquille assurance des gens qui savent. Cependant, au moment de recueillir les questions du public sur de petits papiers transmis aux orateurs, embarras du président de séance…

Beaucoup de ces questions témoignaient d'un agacement certain, et disaient en substance : « Avez-vous des comptes personnels à régler avec le bonheur, pour critiquer ainsi sa recherche ? » Les conférenciers durent alors faire machine arrière, et expliquer qu'ils n'avaient rien contre le bonheur mais simplement contre le devoir de bonheur…

Finalement, les « vrais gens », comme on dit à la télévision (pour désigner ceux qui ne sont ni des stars ni des journalistes), sans statut ni image, aiment tout simplement le bonheur et l'idée du bonheur.

Alors, comment se situer envers cette aspiration authentique ? Sans doute pas sur le mode du rejet, mais plutôt du discernement. Plutôt que de s'acharner inutilement sur le bonheur, qui n'en demande pas tant, posons les vraies questions, notamment quant aux modèles de bonheur. Débattons et informons sur vrais et faux bonheurs et, surtout, sur les moyens de les atteindre…

TROISIÈME PARTIE

Construire le bonheur

Nous ne sommes pas égaux devant le bonheur.
Comme pour toutes les formes de richesse (et vivre heureux en est une), il existe, dans le bonheur, des pauvres et des nantis, des surdoués et des élèves à la peine, des vies qui offrent tout et d'autres qui offrent peu...
Voilà pourquoi il faut que nous parlions maintenant des possibilités de chercher et de trouver le bonheur. Il n'existe pas de dogmes ou de certitudes en la matière. Mais des directions, dont chacun peut s'inspirer, s'il le souhaite.
Tout commence par deux questions fondamentales : Comment ne pas accroître son malheur ?
Comment développer peu à peu son aptitude au bonheur ?

CHAPITRE 7

Comment ne pas se rendre malheureux

« On n'est pas heureux : notre bonheur, c'est le silence du malheur. »

Jules RENARD

Dans la langue française, le mot « malheur » désigne à la fois la situation — extérieure — qui nous frappe, et le sentiment — intérieur — qui en découle. Il est parfois des épreuves si graves (deuil, maladie, ruine, violences, etc.) que la part du subjectif y est réduite à néant. Le malheur ressenti est alors immense et pose la question de la résilience : comment survivre et surtout recommencer à vivre ensuite ? Nous ne parlerons pas ici de ces grands malheurs, déjà évoqués dans le deuxième chapitre, mais plutôt de ceux qui relèvent davantage de notre subjectivité, ceux que nous fabriquons ou amplifions en partie, et des moyens pour y faire face.

Nous aspirons certes à être heureux, mais il y a des jours où le premier problème est d'abord d'échapper au *spleen*, ce sentiment de tristesse ou de morosité sans cause décisive. Pour la plupart des privilégiés que sont les Occidentaux du XXIe siècle, le principal empêchement au bonheur n'est pas le « vrai malheur », mais les blessures multiples de la vie quotidienne : défaillances de l'humeur, tracas et soucis, colères et ressentiments…

Comment lutter et s'organiser contre ces sources constantes, qui peuvent alimenter un sentiment de malheur bénin mais tenace ? Et comment ne pas provoquer ou faire durer ce sentiment plus que nécessaire ? Car nous sommes parfois les acteurs de notre propre malheur…

La tentation du malheur

« La vie est un restaurant petit, mauvais et cher. Et en plus, c'est trop court. »

Woody ALLEN

Amélie

« Je ne vis pas, je survis. Je ne profite pas de l'existence, je suis toujours patraque dans ma tête, bancale dans mon rapport au bonheur. Toujours un truc qui ne va pas, un chagrin à ruminer. Toujours un malheur à gratter. Le pire, c'est que j'ai le sentiment que cela vient de moi. J'arrive à me convaincre que je suis malheureuse, à céder sans résistance à la morosité, je me mets sans peine dans la peau d'une victime de la vie. Parfois, je me sens triste sans raisons précises. D'autres fois, il y a un point de départ, de vrais soucis, mais qui prennent une place démesurée. Dans tous les cas, j'ai le sentiment qu'il m'est très difficile de ne pas céder à l'appel du spleen. Comme si j'avais une petite usine à me fabriquer du malheur, là, dans un coin de ma tête… »

La propension de l'être humain au malheur a souvent été décrite et moquée. Le psychothérapeute Paul Watzlawick, figure historique de l'école de Palo Alto, avait écrit dans les années 1980 un savoureux *Faites vous-mêmes votre malheur*[1]. Il y a donc bien des choses à dire à ce propos, et les cabinets de psychothérapie résonnent des difficultés des êtres humains à s'arracher à leur malheur.

De quoi est composée cette « tentation du malheur » ? Deux phénomènes principaux peuvent être décrits :

• L'un est d'ordre *émotionnel*, c'est la tendance à s'abandonner à la morosité (ce que les psychiatres nomment « humeur triste ») ;

• l'autre est *psychologique*, c'est l'amplification des soucis et adversités du quotidien.

Le premier mécanisme est lié à l'humeur, cette tonalité émotionnelle de base présente constamment à notre esprit, positive (être de « bonne humeur ») ou négative (être de « mauvais poil »). De récents travaux ont confirmé que la plupart d'entre nous doivent lutter pour ne pas se laisser aller aux humeurs négatives[2]. Et cette lutte n'est pas toujours facile : on a beau savoir qu'il ne « faudrait pas », on ne fait pas toujours l'effort de s'arracher à la morosité lorsqu'elle nous envahit.

Le second mécanisme impliqué dans la tentation du malheur est psychologique : transformer un obstacle en impossibilité, un échec en déroute, un incident en catastrophe… Cette amplification subjective des soucis quotidiens, beaucoup d'études l'ont analysée chez les patients anxieux et dépressifs, mais ont aussi montré son existence chez les sujets « normaux », comme son influence majeure sur le bien-être ressenti et le niveau de stress perçu.

➤ *Pourquoi sommes-nous plutôt doués pour le malheur ?*

Le philosophe Alain avait coutume de dire : « Le pessimisme est d'humeur, l'optimisme est de volonté. » Il est toujours plus facile, moins coûteux en énergie psychologique, de se laisser aller au sentiment de malheur que de lutter contre lui. À l'inverse, hélas, faire *durer* le bien-être nécessite le plus souvent des efforts.

Pour expliquer cela, il y a tout d'abord des raisons personnelles : il existe des différences nettes entre les individus quant à leurs capacités à se sentir bien sur le plan émotionnel. Certaines sont d'origine biologique (ce qu'on appelle le tempérament), la plupart ont des causes psychologiques (styles affectifs et éducatifs prédominants dans notre famille, événements de vie).

Mais il existe aussi des facteurs propres au genre humain : l'évolution semble avoir favorisé chez nous l'existence d'émotions négatives en grand nombre, dont la fonction est d'augmenter les chances de survie de l'espèce[3]. Ainsi, l'anxiété rend plus vigilant aux problèmes, la peur favorise la fuite ou le combat, la colère intimide les adversaires ou rivaux, la tristesse attire la compassion et solidarise le groupe, etc.

Cependant, la nature, si elle a eu le souci de notre survie, n'a guère eu celui de notre qualité de vie. Le spectre des émotions et humeurs positives est beaucoup plus restreint, plus labile, d'accès plus coûteux. Se sentir bien est en quelque sorte un luxe que l'évolution, qui ne se soucie que de la survie des espèces et non du confort des individus, n'avait pas prévu pour nous.

C'est pourquoi il faut souvent « travailler » à être heureux…

➤ *Pourquoi lutter contre la tentation du malheur ?*

Mais après tout, pourquoi faire des efforts ? Pourquoi ne pas laisser faire la nature, être soi-même ?

Pourquoi pas, en effet… Il existe bien un plaisir de la mélancolie, et même un certain chic du malheur, depuis que les romantiques ont lancé la mode au XIXe siècle. Il existe aussi, parfois, une certaine créativité liée à la douleur morale. Encore qu'il ne faille rien exagérer, l'anxiété et le malheur paralysent plus souvent qu'ils ne stimulent[4]. Tout est évidemment question de dose. Si les émotions négatives et le sentiment de malheur s'avèrent occasionnels, peu durables, et ne perturbent pas trop notre quotidien, on peut effectivement attendre qu'ils disparaissent d'eux-mêmes. Mais le flirt avec le malheur comporte certains dangers, que la psychologie commence à mieux étudier.

Premier inconvénient : ne pas lutter prolonge la durée du sentiment de malheur

Laisser libre cours au sentiment de malheur risque d'en prolonger la durée, contrairement à ce que l'on pensait. On croyait auparavant à un certain effet cathartique des émotions : se défouler pouvait débarrasser de son agressivité, se plaindre permettait d'alléger sa souffrance, etc. Il semble que cela puisse être souvent l'inverse : la plainte répétée et sans réponse (comme dans certaines existences, ou même certaines psychothérapies) peut transformer la personne en victime de la vie. La pratique ou l'observation de jeux ou sports agressifs peut augmenter encore le risque de comportements agressifs ultérieurs. Et le malheur se nourrit de lui-même : plus je m'y laisse aller, plus j'en prolonge la durée.

Deuxième inconvénient : ne pas lutter amplifie le sentiment de malheur

S'abandonner au sentiment de malheur va me faire passer de l'émotion (« je me sens malheureux ») à la vision (« j'ai une vie malheureuse »). C'est ce que les cognitivistes nomment le « raisonnement émotionnel » : si je me *sens* triste, même sans raison précise ou valable, alors je vais penser que ma vie, ou même la vie en général *est* triste.

Un travail récent sur les interactions mère-enfant[5] vient de confirmer l'importance de l'humeur sur le regard porté sur le monde. Quatre-vingt-dix-neuf mères sont invitées à venir participer à une expérience au laboratoire de psychologie : on leur demande de passer deux fois quinze minutes dans une pièce, en compagnie de leur enfant, âgé de deux à cinq ans. Mais deux programmes différents leur sont proposés durant ces quinze minutes : tantôt les mamans ne reçoivent aucune consigne autre que de jouer avec leur enfant ; tantôt on leur demande de résoudre une tâche mathématique, tout en leur expliquant qu'il ne faut pas que leur enfant touche aux jouets placés dans un coin de la pièce. Inutile de dire que la seconde condition d'expérience élève nettement le niveau de stress des mamans... Après chacune de ces deux séquences, elles évaluent leur état émotionnel, et surtout la qualité globale de la relation avec leur enfant.

En fait, l'appréciation que vont faire les mères du lien avec leur enfant dépend autant de leur humeur du moment que de leurs traits de personnalité ou du comportement réel qu'a eu l'enfant pendant l'expérience : plus la maman est stressée, plus elle perçoit son rejeton comme irritant et pénible. L'état émotionnel ressenti pèse autant que le comportement de l'enfant. D'autres travaux avaient déjà identifié ce phénomène : les mères dysphoriques (ressentant des émotions négatives) perçoivent leur enfant de manière plus négative[6].

Si les états d'âme ponctuels peuvent peser sur le regard d'une mère à l'égard de son enfant, alors, ils peuvent tout influencer…

Troisième inconvénient : ne pas lutter facilite le retour du sentiment de malheur

Enfin, dernier inconvénient, la tristesse à laquelle on aura lâché la bride prépare son propre retour : le phénomène est bien connu dans la dépression (qui a une très forte tendance à la récidive), et il a été montré pour l'humeur triste quotidienne. Plus une émotion a envahi la personne intensément et durablement, plus elle va pouvoir se reproduire dans des circonstances semblables, et même pour des déclencheurs de plus en plus minimes.

C'est ce que les thérapeutes cognitivistes appellent le *cognitive shift* (ou « embrayage cognitif ») : la personne va craquer nerveusement pour des événements de vie de plus en plus bénins[7]. Laisser le champ libre au sentiment de malheur, c'est préparer son retour par la grande porte, et risquer d'en faire un « style émotionnel » prédominant.

Voilà comment on en arrive à être le « bourreau de soi-même » (en grec : *heautontimoroumenos*), selon le mot du poète latin Térence[8]. Un conseil capital, donc : chaque fois que possible, ne pas laisser trop d'espace aux sentiments de malheur et aux humeurs moroses, par la passivité, la rumination ou la plainte.

Morosité, spleen et humeur maussade : brouillards sur le bonheur…

Jeanne

« Il y a des jours comme ça où dès que je me réveille, je sais que ça va être moche. Je n'ai que des pensées tristes ou préoccupantes en tête, je me sens d'une réceptivité immense à la tristesse : dans le métro, par exemple, je vais avoir l'impression que tous les gens sont malheureux, qu'ils ont tous une vie glauque — comme moi —, tous les mendiants vont me déchirer le cœur… Si je ne fais aucun effort, la journée sera épouvantable, et je vais continuer sur ma lancée, à moins d'une très bonne nouvelle. Autrefois, je me laissais aller à ces mélancolies flottantes. Aujourd'hui, je n'ai plus envie de savourer mes états de cafard, de m'y vautrer : j'ai déjà donné… À ces moments, le but de ma journée, c'est de lutter contre mon spleen, de ne pas l'accepter, de ne pas lui obéir, de le malmener : pourquoi est-il là ? Ai-je de si bonnes raisons de broyer du noir ? Etc. »

Comment définir exactement la tristesse ? Les dictionnaires parlent d'un « état pénible et calme », d'un « malaise dont on ne démêle pas la cause, et qui empêche de se réjouir du reste[9] ». Les mots sont innombrables, dans toutes les langues et les cultures, pour désigner les humeurs tristes : cafard, morosité, en français, *blues*, *spleen*, en anglais, *saudade*, en portugais, etc.

Ces états sont en général un mélange de contrariétés réelles et de vagues à l'âme flous. De nombreux travaux scientifiques[10] ont étudié la *mood-regulation*, les mécanismes de régulation de nos humeurs. C'est que celles-ci

Faut-il faire l'éloge de la dépression ?

On considérait autrefois que la souffrance physique devait être supportée, qu'elle était le destin de l'être humain, et même qu'elle le grandissait. Les médecins laissaient plus volontiers qu'aujourd'hui leurs patients souffrir, et pas seulement par manque de moyens thérapeutiques. Ils étaient par exemple réticents à délivrer de la morphine pour soulager la douleur des cancéreux en phase terminale.

On a fini par admettre que la souffrance ne grandissait pas, et que les antalgiques (médicaments contre la douleur) permettaient, au contraire, de lui faire face avec plus d'efficacité et de dignité.

Le même chemin n'a pas encore été parcouru pour la souffrance morale. On a sous-estimé pendant longtemps les douleurs de la dépression, comme on sous-évalue encore souvent celles des maladies anxieuses. Aujourd'hui, le retard se comble, mais on entend parfois célébrer les vertus de la souffrance psychique, on entend même des déclarations de thérapeutes sur les *bienfaits* de la dépression[11]. Que faut-il en penser ?

Certes, le malheur, ou le sentiment de malheur, peut nous rendre quelquefois des services : en nous incitant à la réflexion, en nous rappelant que le bonheur ne va pas de soi, en nous poussant, par contraste, à réaliser que l'absence de douleurs, quel qu'en soit le type, est une forme ou un début de bonheur... Mais cela n'est vrai que des premiers instants : si elle dure et se répète, la souffrance n'apporte plus guère à l'intelligence, sauf ressources psychologiques exceptionnelles de la personne. Ce n'est guère qu'après coup (si on est le patient) que l'on peut faire l'éloge de la dépression. Ou d'un point de vue extérieur (si on est le thérapeute).

C'est La Rochefoucauld qui notait, à propos de cette tendance éternelle à sous-estimer une souffrance qui n'est pas la nôtre : « On a toujours assez de force pour supporter les maux d'autrui... »

jouent un rôle fondamental dans notre bonheur. Nous avons parlé des humeurs positives au chapitre 3, mais il nous faut maintenant aborder la question des humeurs négatives, qui présentent le désavantage d'être les plus nombreuses et les plus variées…

Ce qui caractérise l'humeur (l'arrière-fond émotionnel de notre conscience), c'est la tendance à se faire oublier. Toujours le fameux « raisonnement émotionnel » : si je me sens triste, je vais avoir le sentiment que c'est le monde qui est triste. Une des questions le plus souvent posée aux thérapeutes est celle du tempérament (tendance à ressentir plus facilement telle ou telle humeur) : « Si j'ai un tempérament mélancolique, alors il n'y a pas grand-chose à faire. » Effectivement, nous en avons parlé, il existe une certaine stabilité de l'humeur chez une personne donnée (le *set point*) : après les oscillations vers le haut ou vers le bas, dues aux événements de vie favorables ou défavorables, s'effectue en général un retour à la moyenne[12]. Et en l'absence d'efforts personnels, ce phénomène tendra à être stable sur des années.

Cependant, il est toujours possible de le modifier sur le long terme : efforts, développement personnel, psychothérapies… L'objectif de ce travail sur soi n'est bien sûr pas de *supprimer* les problèmes de « mauvais moral », mais de savoir y faire face.

➤ *Que faire face à la morosité ?*

Se montrer attentif à ses humeurs et les prendre au sérieux

Les prendre avec juste ce qu'il faut de sérieux : ni trop (sinon, nous penserions qu'elles sont le reflet de la réalité, ce qui n'est pas toujours le cas) ni trop peu (sinon, nous en

La dysthymie

Outre les épisodes dépressifs caractérisés, il existe un trouble de l'humeur que les psychiatres nomment « dysthymie » (du grec *dys* : « de travers » et *thymie* : « humeur »). Les patients qui souffrent de dysthymie sont affectés par des symptômes dépressifs d'intensité moindre que dans la dépression, mais d'allure chronique : « Jamais très mal, mais jamais vraiment bien non plus. » La dysthymie repose sans doute en partie sur des bases biologiques, car elle répond assez favorablement à certains traitements antidépresseurs[13], mais elle est aussi sensible aux interventions psychothérapiques[14], et aux combinaisons de ces deux formes de traitement[15]. Parmi nos patients qui ont « du mal avec le bonheur », un certain nombre souffrent de dysthymie. Mais attention : le traitement médicamenteux ou psychothérapique de la dysthymie n'est pas une promesse de bonheur ultérieur. Il en rendra seulement la construction possible.

serions le jouet permanent). Comme toujours, il est plus facile d'agir dès le départ du phénomène, en s'interrogeant sur notre humeur triste au lieu de lui obéir. Soit notre mélancolie est une conséquence de causes extérieures : y a-t-il alors quelque chose à faire ? Soit elle est elle-même le problème : comment, dans ce cas, en limiter l'extension ? Autrement dit, cherchons toujours à comprendre nos humeurs : existe-t-il des raisons à nos états d'âme négatifs ? Si oui, comment leur faire face ? Sinon, comment les dissiper ?

Être réaliste

On ne peut pas empêcher l'existence et l'installation des humeurs négatives. Mais on peut lutter pour ne pas transformer l'émotion de malheur en névrose de destinée. Cela consiste notamment à réagir contre la tendance à la généralisation : « Ça recommence », « Toujours la même chose ». Et ce pour deux raisons : penser ainsi est souvent faux, et toujours inutile. Cela ne fait qu'aggraver l'humeur triste, car de la généralisation ne découle aucune autre solution que la plainte ou la rumination. Si une répétition des mêmes difficultés existe réellement, elle sera plus efficacement abordée à froid, à distance de l'épisode de fléchissement de l'humeur[16].

Agir

Même si cela n'est pas flatteur pour notre ego, tous les travaux montrent qu'il est plus facile d'améliorer notre humeur en agissant qu'en réfléchissant[17]. Il faut donc agir pour prendre soin de soi lorsqu'on ne va pas bien. Encore une évidence ? Mille fois contredite par l'observation. La plupart des anxieux et des déprimés font exactement l'inverse : plus ils vont mal, plus ils se maltraitent, en cessant d'agir, en ne voyant plus leurs amis, en ne pratiquant plus leurs hobbies et leurs loisirs préférés… Et plus ils se maltraitent, plus ils vont mal, le cercle vicieux est alors enclenché.

Faire des choses agréables lorsqu'on ne va pas bien ne relève pas de l'évidence, car on n'en a pas *envie*. Or tous les travaux disponibles montrent qu'il faut réamorcer cette envie par des efforts initiaux (comme une remise en marche d'un moteur qui a calé). Et qu'il ne faut pas se tromper d'objectif : lorsqu'on va mal, le but des activités agréables n'est pas de nous rendre heureux, mais d'empêcher le mal-être de s'aggraver ou de s'installer durablement.

Dans cette optique, les thérapeutes cognitivistes demandent souvent à leurs patients : « Que conseilleriez-vous à votre meilleur ami de faire pour se remonter le moral ? », ce qui amène assez souvent à des réflexions très intéressantes et pertinentes. Et ils posent ensuite la question : « Pourquoi ne le feriez-vous pas pour vous-même ? », ce qui nécessite alors une réflexion personnelle approfondie. Car, pour la plupart d'entre nous, nous ne sommes pas assez habitués à nous traiter amicalement…

Les méthodes expérimentales pour induire une humeur positive

Les chercheurs des laboratoires de psychologie ont recours à de nombreuses techniques pour induire des humeurs positives ou négatives chez les volontaires se prêtant à leurs études (du genre : l'humeur joue-t-elle les aptitudes mathématiques ? Ou : l'humeur joue-t-elle sur la manière dont on parle de soi à des inconnus ?). Ces techniques ont elles-mêmes été l'objet d'analyses destinées à évaluer leur efficacité[18]. Voici le hit-parade de ce qui peut faire monter ou descendre le moral en laboratoire, pour au moins 10 à 15 minutes. Y retrouvez-vous certaines de vos stratégies ?

(Les chiffres désignent la « taille d'effet », c'est-à-dire le poids de chaque item à partir de l'ensemble des études analysées : plus on est proche de 1, plus l'effet est important.)

Voir un film comique	0,73
Recevoir un cadeau	0,38
Penser dans le détail à des choses agréables*	0,36
Être félicité pour une réussite	0,33
Écouter de la musique que l'on aime	0,32
Avoir une discussion agréable avec quelqu'un	0,27
Avoir face à soi un visage exprimant une émotion positive	0,19

* *L'effet favorable sur l'humeur est augmenté si on parle de ces choses agréables à quelqu'un, et plus encore si c'est avec un ami.*

Soucis, tracas et inquiétudes : quand vivre est un souci…

« Nous sommes tous des farceurs : nous survivons à nos problèmes. »

Emil CIORAN

Annette

« Je n'ai jamais vu mes parents heureux. Ils se faisaient trop de soucis pour cela ! Je crois sincèrement que la question du bonheur ne se posait même pas à leurs yeux, ils avaient le sentiment qu'il fallait mettre tant d'énergie pour éviter les malheurs de la vie, que leurs seules émotions positives c'étaient le soulagement (« ouf, on a échappé à la catastrophe ») ou le repos (« bon, on va pouvoir souffler un peu »).

Quand j'allais chez mes copines, il m'arrivait de voir des parents hédonistes *prendre leur temps*, ou *remettre à plus tard* un travail domestique pénible pour s'accorder un bon moment… C'étaient des choses impensables dans ma famille. J'étais d'ailleurs fascinée par leur chance — car il me semblait que c'en était une, qu'ils étaient des veinards, bénis des dieux, alors que nous autres étions des humains ordinaires, et donc malheureux…

La phrase que ma mère prononçait le plus souvent — je l'entends encore —, c'était : « Avec tous les soucis que j'ai… »

Évidemment, devenue adulte, j'avais intégré leur façon de voir les choses. C'est à l'université que mes voisines de chambre à la cité-U, ou mes premiers petits amis, ont commencé à me chambrer sur mon appétit illimité pour les soucis.

Une de mes copines m'a même traitée un jour de *boulimique de l'angoisse* : j'avais des crises, comme ça, où j'avalais d'un coup tout ce qui pouvait être inquiétant, jusqu'au malaise. Mes vomissements ensuite, c'étaient les larmes… »

Comment se sentir heureux si l'on est confronté à des ennuis incessants ? Ou plutôt, si l'on se *sent* confronté à ces ennuis ?

Car le même événement sera considéré comme contretemps bénin par l'un et comme catastrophe épouvantable par l'autre. Pour certains, l'adversité reste ce qu'elle est : un moment de vie, désagréable mais inévitable, une parenthèse au bonheur (malheur-situation, malheur-émotion). Pour beaucoup d'autres, elle est par contre prétexte à des ruminations involontaires, mais finalement complaisantes, sur son propre malheur (malheur-construction). Pour certains enfin, elle est la preuve que le bonheur est impossible ou illusoire (malheur-vision). Finalement, l'anxiété et l'inquiétude peuvent s'avérer l'un des plus grands obstacles au bonheur. Et entretenir l'incapacité à *vivre léger.*

➤ *Les souris de l'anxiété rongent le gâteau du bonheur*

La pensée anxieuse est usante et compromet donc l'accès aux instants de bonheur. Elle engendre un état de qui-vive peu compatible avec le relâchement et l'apaisement associés au bien-être. Elle pousse à sacrifier le réel (la possibilité d'être heureux, au moins un moment) au virtuel (la vigilance constante envers les problèmes éventuels).

L'anxiété est une vision et une lecture du monde : on perçoit le quotidien comme plein de menaces, et on consacre la plus grande part de son attention et de son énergie à les surveiller, à les anticiper et à tenter de prévenir les risques. À petites doses, l'anxiété est utile : on fait attention aux problèmes et l'on s'emploie à y faire face. Mais tout comme il existe une hypertension artérielle, alors que la tension artérielle est un phénomène normal et même vital, il existe une hyperanxiété, présente chez de nombreuses personnes, de façon chronique ou épisodique. De nombreux mécanismes psychologiques y sont en jeu :

• En l'absence de problèmes, une *hypervigilance au danger*, qui se traduit par une surveillance constante de l'environnement et une anticipation incessante (l'anxieux pense aux dangers avant qu'ils surviennent et sollicite son imagination jusqu'au bout, en fabriquant d'incessants et affolants scénarios catastrophe). Cette anticipation constante entraîne une réelle incapacité à profiter de l'instant présent.

> Un de mes amis me parlait ainsi d'une de ses filles, âgée de huit ans, au tempérament anxieux : « C'était dimanche matin, je revenais du marché avec Bérénice. Tout allait bien, nous bavardions de tout et de rien, quand tout à coup, elle se mit à me demander si nous risquions un jour de devenir très pauvres. Puis, si un jour il y aurait la guerre dans notre pays. Comme je lui demandais pourquoi elle pensait à tout cela, elle m'expliqua qu'elle avait vu un monsieur mal habillé, qui lui avait fait penser à la pauvreté, et qu'elle avait entendu passer un avion, qui lui avait fait penser aux bombes et à la guerre... Bérénice est comme ça : même lorsque tout va bien, des angoisses vont l'assaillir. Comme si elle n'était jamais totalement engagée dans les petits bonheurs quotidiens... Elle passe beaucoup de son temps à anticiper.
>
> Quand elle était plus jeune, on ne pouvait rien lui promettre, sinon elle y pensait tout le temps et nous harcelait. Si nous lui annoncions deux semaines à l'avance — au moment où nous recevions l'invitation — qu'elle était attendue à l'anniversaire d'une copine d'école, elle nous demandait dix fois par jour si la date était proche. Elle a tendance à être dispersée, à papillonner d'une activité à l'autre : à peine une activité commencée,

elle pense à la suivante. Dès qu'elle s'ennuie, elle demande par exemple si ce n'est pas l'heure du repas ou du goûter, sans avoir faim, mais simplement parce qu'elle a envie que le temps s'accélère. Il faut l'aider à se poser, à savourer, sinon elle ne fait plus rien, elle ne profite de rien. »

• En présence de problèmes, l'hyperanxiété se caractérise par une *amplification* (un contretemps devient une catastrophe) et une *focalisation sans recul* (on ne voit plus que les problèmes, au risque de se noyer dedans). La pensée anxieuse est par essence une pensée généralisatrice : on se fabrique un destin malheureux à partir d'un événement adverse. Loin d'immuniser peu à peu la personne, l'adversité lui confirme chaque fois à quel point elle est malchanceuse et malheureuse. C'est le besoin de contrôle éperdu des anxieux qui explique leur vision perfectionniste de l'existence : à leurs yeux, les ennuis et les contretemps devraient pouvoir être évités. S'ils surviennent, c'est que la personne n'a pas fait ce qu'il fallait ou que le destin est particulièrement cruel. Dans les deux cas, il faut redoubler de vigilance pour la fois prochaine, et surtout ne pas baisser la garde…

Voici ce que me racontait de sa mère l'un de mes patients, lui-même anxieux (au moins, il savait pourquoi…) : « Tout était compliqué avec elle. Dès qu'un projet était imaginé, par exemple un pique-nique pour le dimanche, son anxiété se mettait en marche. Il fallait prévoir les vivres dès le lundi, en quantités excessives à chaque fois — au cas où. Mon père devait lui décrire exactement le lieu où nous irions. Pas question de partir à l'aventure, le cahier des charges était très précis : il ne fallait pas trop d'ombre — les enfants pourraient attraper froid —, mais pas trop de soleil non plus — gare aux insolations (nous avions de toute façon des couvre-chefs en toute saison). Il fallait que cela ne soit pas trop près d'une route (le bruit et le risque d'accident), mais pas trop loin non plus (pour pouvoir revenir vite à la voiture si l'un de nous se blessait gravement). Dès le milieu de la semaine, elle commençait à perdre le sommeil en pensant aux risques énormes qui nous menaçaient : et s'il pleuvait des cordes ? Et si nous étions assis près d'un nid de frelons ? ou de vipères ? Et si des embouteillages gigantesques nous gâchaient totalement le retour ? C'était sans fin. Nous finissions par ne plus rien lui dire à l'avance, mais elle n'aimait pas ça non plus… »

➤ *Que faire face à l'anxiété ?*

Réfléchir au lieu de ruminer

Réfléchir ?… Mais les anxieux pensent tout le temps à leurs problèmes, me direz-vous. Certes… Pour autant, la solution pour eux n'est pas de « ne plus y penser » comme tente souvent de leur conseiller leur entourage. D'abord, parce que cela ne marche pas, le souci revient toujours. Ensuite, parce que cela n'est pas efficace : le souci de l'anxieux repose toujours sur un minimum de fondements et de réalité, ce n'est pas un délire.

En thérapie, nous aidons nos patients à *mieux* réfléchir à leurs problèmes, car l'anxiété est en général une suite de ruminations improductives et esquissées : l'anxieux songe à un sujet d'inquiétude, s'en affole et soit passe à un autre, soit le rumine en boucle, se focalisant non sur la recherche de solutions mais sur l'horreur à venir et le malheur qui va s'ensuivre… Le bonheur est une construction, qui se nourrit d'actions et de décisions : les ruminations stériles de l'angoisse en sont aux antipodes.

Ne pas transformer des doutes en certitudes

La pensée anxieuse est une pensée rétrécie : face à une incertitude (pleuvra-t-il pour le pique-nique de demain ?) elle n'envisage comme probable que l'hypothèse la plus menaçante (oui, il pleuvra des cordes, les enfants seront trempés, tomberont malades, gravement, auront des complications, il faudra les hospitaliser, cela se passera peut-être mal s'ils ne rencontrent pas des médecins compétents…). Les autres hypothèses ne sont même pas envisagées. De ce fait, le doute anxieux (hypothèse négative : « va-t-il pleuvoir ? ») se trouve promu au rang de certitude (conviction négative : « il pleuvra sûrement »).

Un des exercices classiques de la psychothérapie des personnes anxieuses va consister à leur apprendre à envisager systématiquement plusieurs hypothèses face à toute incertitude : certes, il peut pleuvoir ; mais il peut aussi ne pas pleuvoir, ou pas longtemps, ou pas beaucoup ; on peut aussi, si la pluie est trop forte, annuler le pique-nique et passer tout de même un bon dimanche. Multiplier les hypothèses, donc, sans forcément choisir l'une d'entre elles, et rétablir finalement un fonctionnement « démocratique » de sa pensée (donner la parole à tous les points de vue). Le bonheur ne peut durablement émerger que d'une conscience pleine et lucide.

Ne pas voir une catastrophe derrière chaque incident

Si son supérieur a critiqué son travail, non seulement l'anxieux envisage plus volontiers l'hypothèse négative (« il doit être furieux contre moi, je l'ai profondément déçu »), mais il l'amplifie (« il va vouloir se débarrasser de moi »). C'est ce que l'on appelle un « scénario catastrophe ».

En général, ces scénarios catastrophe ne sont pas consciemment perçus, mais ils vont toujours jusqu'au bout, d'où des émotions anxieuses disproportionnées. La critique faite par le patron va ainsi être à l'origine d'une redoutable construction imaginaire obéissant à la logique du pire : « Il va me prendre en grippe, me pousser à la faute, et me licencier, je ne retrouverai jamais de travail, nous serons à la rue, et les enfants devront mendier dans le métro… »

Prendre conscience de ce fonctionnement, et commencer à le critiquer, est une phase capitale de la lutte contre l'anxiété. Non pas pour se convaincre que le pire n'existe pas, mais pour réaliser qu'il n'est pas aussi probable que l'inconscient des anxieux l'imagine. Le bonheur, ce n'est pas se dire que rien ne peut nous arriver, c'est comprendre que toujours se focaliser sur le pire a souvent pour conséquence de nous empêcher de bien y faire face s'il survient, et de nous avoir gaché la vie, s'il ne survient pas.

Apprendre la confiance

Les plus récents travaux sur l'anxiété montrent qu'elle repose en grande partie sur une allergie à l'incertitude[19] : dès qu'une situation n'est pas verrouillée et sécurisée, l'anxieux envisage le pire. Finalement, soigner un anxieux, cela revient à augmenter sa tolérance à l'incertitude, à lui apprendre à ne pas systématiquement voir le dangereux derrière l'incertain.

Une de mes patientes anxieuses avec qui j'avais travaillé résumait ainsi le résultat de sa thérapie : « Maintenant, j'essaie d'avoir confiance *a priori*. Tant que je n'ai pas de preuves du pire, je m'efforce de ne pas l'envisager précocement. Et contrairement à ce que je pensais, j'ai découvert que le contraire de l'anxiété, ce n'est pas la naïveté, mais le réalisme… » Nous verrons en parlant de l'optimisme, que la méfiance est souvent plus aveugle que ne l'est la confiance. Et que de surcroît cette dernière représente une bien meilleure voie d'accès au bonheur.

Le pessimisme : lucidité ou aveuglement ?

> « Être heureux, ce n'est pas bon signe, c'est que le malheur a manqué le coche ; il arrivera par le suivant. »
>
> Marcel AYMÉ

Jean-Jérôme

« Je suis un rabat-joie, un pisse-vinaigre… Lorsque j'étais étudiant, on m'appelait le schtroumpf grognon : de petite taille, j'avais toujours un bonnet sur le crâne, et je grommelais en permanence. Paradoxalement, on m'aimait bien, je mettais les gens de bonne humeur. Je servais sans doute de paratonnerre pour la morosité des autres. Enfin, en tout cas, c'est ce qui se passait dans les groupes. Parce que dans l'intimité, mes petites amies se lassaient vite…

Mes phrases favorites : ça ne marchera pas, ce n'est pas la peine, laisse tomber. Les gens joyeux m'agacent, ils me donnent l'impression de ne rien avoir compris à la vie, d'être au mieux immatures, au pire égoïstes. Je ne sais pas si je suis malheureux, je ne dirais pas cela, je dirais que je ne suis jamais content parce qu'il me semble qu'il n'y a pas beaucoup de raisons de l'être dans ce monde. Mon problème, c'est que je viens de tomber amoureux d'une fille joyeuse, qui ne me supporte pas comme ça. Elle me dit que je suis malade et que je dois me faire soigner. Que je suis un infirme du bonheur. Il y a quelque temps, j'aurais pris la fuite. Mais en la voyant vivre, je me demande si elle n'a pas raison... »

➤ *Qu'est-ce que le pessimisme ?*

Le pessimiste est celui qui, face à l'incertitude, préférera toujours une certitude négative. J'ai égaré mon portefeuille ? Je ne le retrouverai pas (et il a sûrement été volé). Mes amis sont en retard ? Ils ne viendront pas. Il vaut toujours mieux prévoir le pire, assurent les pessimistes*.

Finalement, le pessimisme n'est autre qu'une forme d'anxiété, d'apparence calme et résignée, et surtout érigée en système de pensée : on tente de l'imposer à l'entourage comme de la clairvoyance, on ricane gentiment des naïfs qui préfèrent supposer que le pire n'est jamais sûr. Pour le pessimiste, si le pire est possible, alors il aura lieu : ce raisonnement est peut-être utile si vous êtes un ingénieur en aéronautique à son poste de travail, recherchant le risque d'incident zéro et cherchant à le prévenir. Mais l'est-il autant dans la vie quotidienne ? Et sur quoi repose-t-il ?

Les motivations des pessimistes sont assez passionnantes et apparaissent à leurs yeux parfaitement logiques :

- Penser au pire est un bon moyen, selon eux, de ne pas être déçu, si le bonheur attendu n'arrive pas : *pessimisme de prévention.*
- Cela permet également d'être prêt à affronter le malheur, si celui-ci survient : *pessimisme de préparation.*

---

* Si vous souhaitez évaluer vos tendances au pessimisme ou à l'optimisme, vous trouverez un questionnaire à la fin de ce livre, page 304, à remplir avant de lire ce qui va suivre.

• Enfin, un certain nombre de pessimismes sont de *superstition* : attendre le pire, en espérant tout de même le meilleur, mais en ne le disant pas — et en disant même l'inverse — permet de ne pas porter malheur au bonheur.

C'est par exemple l'étudiant après un examen, qui préfère dire haut et fort qu'il a tout raté et qu'il n'est pas du tout confiant, alors qu'au fond de lui, il sait que cela n'a pas si mal marché et espère en secret. Mais tenir un discours pessimiste lui semble comporter de nombreux bénéfices : son entourage et lui ne seront pas trop déçus s'il est collé ; penser qu'il va devoir passer la session de septembre sera moins douloureux s'il commence à s'y préparer ; et, enfin, « sait-on jamais », se réjouir trop vite pourrait être mal vu des dieux…

Ce « pessimisme défensif », étudié par les scientifiques[20], repose sur des mécanismes aujourd'hui assez bien connus. Le psychologue américain Martin Seligman, pionnier de la recherche sur l'optimisme, a élaboré un modèle très utilisé par les psychothérapeutes : la théorie des attributions[21]. Nous attribuons à chaque événement de notre vie des caractéristiques variées et dépendant des circonstances. Nous pouvons par exemple juger :

• qu'un succès est dû à nos efforts (attribution interne) ou à la chance (attribution externe) ;
• qu'il témoigne de notre valeur en tant que personne (attribution globale) ou qu'il ne prouve rien de plus que notre capacité à réussir ce type de tâche (attribution spécifique) ;
• qu'il nous permet de penser que nous réussirons à nouveau dans l'avenir (attribution stable) ou qu'il ne signifie pas du tout que nous réussirons (attribution instable).

Dans le pessimisme, les attributions tendent à être systématiquement biaisées, dans un sens négatif, quels que soient les contextes. Ce qui maintient chez les pessimistes une vision du monde inconfortable et peu opérationnelle.

Les attributions psychologiques dans le pessimisme

Événements positifs (**« j'ai réussi quelque chose »**)	**Événements négatifs** (**« j'ai raté quelque chose »**)
« Cela ne vient pas de moi » (attributions externes)	« Cela vient de moi » (attributions internes)
« Cela ne durera pas ou ne se reproduira pas » (attributions instables)	« Cela durera, ou se reproduira » (attributions stables)
« Cela ne signifie rien » (attributions spécifiques)	« Cela signifie des tas de choses et en dit long sur mes problèmes » (attributions globales)

➤ *Comment le pessimisme entrave le bonheur*

Pessimisme et bonheur ne font pas bon ménage, pour de multiples raisons…

• *Le pessimisme gâche les bons moments de l'existence* : il fait qu'on n'en profite pas par avance (pas de bonheur d'anticipation), et qu'on ne se réjouit pas ou seulement au dernier moment, et encore, avec prudence et parcimonie. Logique : il pousse à vivre presque toujours dans le sillage de l'inquiétude précédente et l'anticipation de la suivante.

• *Le pessimisme ne prépare pas au malheur*, contrairement à l'argument des pessimistes (« je serai moins déçu si ça ne marche pas »). Car si le malheur arrive, ils s'y enfoncent avec une certaine délectation et une satisfaction triste : « J'en étais sûr(e). » Et ils en souffriront ensuite autant que les optimistes. De nombreux travaux ont montré le lien étroit entre pessimisme et risque dépressif[22].

• *Le pessimisme s'autovalide* : les pessimistes ne retiennent et ne rappellent à leur entourage que les moments où ils ont eu raison (il y en a tout de même...). Par contre, ils oublient ou taisent toutes leurs prédictions erronées (pourtant très majoritaires). C'est ce que font aussi, depuis la nuit des temps[23], les voyantes et les astrologues, pour convaincre de leurs compétences : chaque fois que des vérifications systématiques de *toutes* leurs prédictions sont effectuées, le bilan est accablant[24]. Nous verrons qu'il en est de même pour les prédictions des pessimistes...

• *Le pessimisme peut fatiguer l'entourage* et poser des problèmes relationnels. Voici ce que me racontait une mère de famille à propos des directeurs de l'école de ses enfants : « Notre ancien directeur était très compétent, mais épouvantablement négatif. Dès que nous allions le voir pour lui demander quelque chose — je suis représentante d'une association de parents d'élèves —, son visage devenait sombre et il disait d'entrée : "Ça ne va pas être possible." Même si ça l'était par la suite... Le nouveau, tout aussi compétent, est très différent. Face à une demande, il répond : "Je ne peux rien vous promettre, mais voyons un peu ce qu'on peut faire." Nous obtenons finalement les mêmes choses de l'un et de l'autre, mais dans une ambiance bien différente. Il est plus agréable de fréquenter le directeur actuel, qui donne l'impression de plus de compétence, simplement parce qu'il se montre plus constructif : il cherche d'abord à voir si des solutions existent, avant de dire tout de suite qu'il n'en existe sûrement pas... »

➤ *Que faire pour lutter contre le pessimisme ?*

• *Méfiez-vous de vous et cultivez un peu l'humilité.* La plupart des pessimistes se croient simplement lucides, pensent avoir toujours raison (c'est ce que sous-entend l'expression anglaise : *sader but wiser*, « plus triste mais plus sage »). Et considèrent l'optimisme comme une forme maladive de naïveté. Nous verrons au prochain chapitre à quel point les faits et la science psychologique leur donnent souvent tort.

• *Ne dites les choses négatives (« ça ne marchera pas ») qu'une fois* : inutile de ressasser. Demandez-vous d'ailleurs si c'est bien utile de les exprimer à chaque fois : votre entourage en a tellement l'habitude qu'il n'en tient sûrement plus compte. Réfléchir avant de maugréer… Vaste programme !

• *Vérifiez systématiquement vos prédictions* et tenez compte du résultat : si neuf fois sur dix vos prédictions sont erronées, pourquoi continuer ? Parce qu'une fois sur dix, il vous arrive d'avoir raison ?

• *Essayez de vous centrer sur la recherche de solutions, plutôt que sur les problèmes et leurs conséquences.* Les pessimistes ne manquent en général pas d'intelligence, mais ils peuvent commettre, sous l'effet de la tristesse qui est habituellement leur humeur de base, de nombreuses erreurs de jugement, ainsi que l'ont montré d'assez nombreuses recherches[25].

• *Demandez-vous s'il est plus intéressant d'être heureux ou d'avoir raison.* À la longue, les pessimistes n'ont plus guère qu'un motif (très occasionnel de surcroît) de satisfaction sur les optimistes (dont ils se rendent bien compte qu'ils sont plus heureux qu'eux) : avoir eu raison. Pouvoir, de temps en temps, dire : « Je te l'avais bien dit » reste finalement leur seul avantage. Est-ce suffisant pour persévérer ? Et le coût du pessimisme n'est-il pas trop élevé par rapport à ses maigres bénéfices (avoir parfois raison) ?

Pas le temps d'être heureux…

Marc

« Quand j'y pense… J'ai du mal aujourd'hui à me reconnaître dans la personne que j'étais : une sorte de toxicomane de l'action. Il fallait toujours que j'aie non seulement quelque chose à faire dans l'instant, mais aussi dans le futur. Lorsque je voyais qu'un week-end à venir n'était pas rempli par un projet de fête, de sortie culturelle ou sportive, j'avais un sentiment de mort psychique et sociale. C'était une vieille histoire. Mes parents me racontaient que lorsque j'étais gamin, dès le dimanche matin, je sautais sur leur lit en leur demandant ce qu'on allait faire aujourd'hui. Mon père était un peu comme ça, mais je l'ai surpassé. Je crois n'avoir jamais été allongé sur une plage ou une chaise longue lors de mes vacances de cette époque. Pour moi, le paradis, c'était le Club Med, avec des tas de sports et d'activités, et la possibilité de ne pas avoir un seul instant inoccupé…
Puis, j'ai eu un grave accident de moto, fracture du bassin, des mois allongé immobile. J'ai alors fait deux rencontres incroyables : ma future femme, infirmière dans le service où j'étais hospitalisé. Et le repos. Simplement bouquiner, regarder par la fenêtre les nuages passer dans le ciel, écouter de la musique… Après ma rééducation, j'avais changé. Vieilli aussi, sans doute, mais j'avais vraiment réfléchi à toute l'angoisse et l'insatisfaction qu'il y avait derrière mon activisme. Parce qu'en fait, tout ça, c'était aussi un peu pour m'empêcher de trop réfléchir. Au fait que je n'avais pas vraiment de but dans la vie par exemple, que j'étais affectivement seul. Et puis ma future femme m'a défi-

nitivement fait basculer. Elle m'a appris à ne rien faire, ou à ne faire qu'une chose à la fois : écouter un disque sans forcément lire ou téléphoner en même temps. Je la trouvais un peu baba cool au début de notre rencontre. Elle m'installait dans le parc de la clinique, en me disant : "Ne prenez pas de journal ni votre portable, regardez simplement les arbres, les écureuils, le ciel, ça vous fera davantage de bien..." Je n'avais jamais fait ça de ma vie, moi ! Du coup, j'ai commencé à me sentir dans un état bizarre : heureux. Et je me suis aperçu que c'était, là aussi, la première fois de ma vie. Avant, je pouvais être joyeux, excité, soulagé, content... Mais pas heureux. J'ai compris que le bonheur ne pouvait exister que dans un minimum de lenteur. Et comme la lenteur me faisait peur... J'avais l'impression qu'elle était l'antichambre du vide. C'était l'inverse : ce sont l'hyperactivité et la précipitation qui ne mènent à rien, finalement. »

➤ *« Le bonheur ? D'accord, quand j'aurai fini... »*

« Le bonheur, tout à l'heure... » semble être la devise d'un certain nombre de personnes très actives. Certes, il existe un bonheur de l'action... Mais l'action doit-elle servir à atteindre le bien-être et le bonheur, ou être sa propre fin ?

La plupart des sujets « très occupés » tirent un évident bonheur de l'action. Beaucoup sont des « chercheurs de sensations », toujours à la poursuite d'intensité et de stimulation, qui seules leur donnent le sentiment d'exister ; ils commettent fréquemment l'erreur de négliger les autres types de bonheur. D'autres sont des anxieux, qui sont victimes d'un désir inconscient, mais effréné, de contrôle sur leur environnement (dû à leur perfectionnisme). Quelques-uns, enfin, cumulent les deux profils psychologiques.

De bons Samaritains trop pressés...

Nous avons tous envie de croire que nous sommes maîtres de nos actes et de nos décisions. Pourtant, des facteurs aussi triviaux que la pression du temps (être ou se croire en retard) peuvent nous pousser à trahir nos idéaux…

Connaissez-vous la parabole du bon Samaritain ? Dans ce passage célèbre de la Bible (Luc 10, 30-37), Jésus célèbre la personne qui prend sur ses ressources pour aider un inconnu. Un jour, un homme qui allait de Jérusalem à Jéricho est attaqué, dépouillé et blessé par des brigands, qui le laissent à demi mort sur le bord de la route. Un prêtre et un lévite (tribu vouée au service du temple) passent, mais ne le secourent pas. Arrive alors un Samaritain (population méprisée par les Hébreux, car descendant de colons babyloniens) qui vient à son aide, le soigne et le conduit à ses frais dans une auberge…

Dans une étude très classique de la psychologie sociale[26], on proposait à des étudiants engagés dans un enseignement religieux de rédiger une homélie sur ce thème du bon Samaritain. Ils devaient ensuite se rendre dans un quartier voisin afin d'enregistrer leur homélie dans un studio.

À la moitié d'entre eux, tirée au hasard, on avait annoncé qu'ils avaient largement le temps pour s'y rendre. On avait incité au contraire l'autre moitié du groupe à se dépêcher, en leur signalant qu'ils étaient déjà en retard. Pendant que les séminaristes se rendaient à la prétendue session d'enregistrement, ils trouvaient sur leur chemin, allongé dans une porte cochère, un homme qui toussait et gémissait (c'était bien sûr un comparse des expérimentateurs). Comment les étudiants allaient-ils réagir ? Seulement 10 % de ceux sur qui l'on avait mis la pression du temps s'arrêtèrent pour aider l'inconnu (contre 41 % de ceux qui pensaient avoir le temps). C'étaient de mauvais séminaristes ? Non. Simplement, ils se croyaient en retard et étaient concentrés sur leur tâche : ces pièges du quotidien

s'étaient montrés plus puissants que leur vocation religieuse et leurs saines lectures…
Moralité : quels que soient nos idéaux (de bonté ou de bonheur), le tourbillon de la vie peut nous les faire oublier en route…

J'ai un jour soigné une jeune femme hyperactive pour un problème de maladie anxieuse très sévère. À la fin de sa thérapie, alors qu'elle allait nettement mieux, nous avions abordé pas mal de détails (un proverbe allemand dit fort justement : « Le Diable se cache dans les détails ») de sa vie quotidienne, notamment la manière dont elle vivait les visites d'amis à la maison. Ces visites ou invitations étaient pour elle des occasions de soucis et de stress plus que des plaisirs : il fallait que tout soit parfait, la maison, la nourriture, la conversation, l'entente entre convives… Nous nous sommes posé alors des questions très simples : lorsque des amis sont invités à dîner, quelle est la priorité ? S'épuiser à préparer jusqu'au dernier moment une réception parfaite ? Ou bien se détendre en les attendant pour être en forme lorsqu'ils seront là ?
Ce qui fut bien sûr l'objet d'un exercice thérapeutique…

➤ *Pourquoi les hyperactifs ont-ils du mal avec le bonheur ?*

La réponse est simple : parce que le bonheur ne *sert* à rien.

Et cela est difficile à supporter pour les hyperactifs. J'aime beaucoup cette anecdote que raconte le philosophe Albert Memmi, dans son petit traité *Bonheurs* : « Une dame de ma connaissance avait coutume de dire : je vais faire la cuisine, puis on va vite manger, comme ça, on pourra vite aller faire la sieste. À quoi son mari ajoutait : comme ça, on pourra vite mourir. »

Lorsqu'ils se posent, souvent sur le tard, la question cruciale : « À quoi doit servir la vie ? », nombre d'hyperactifs sont frappés du syndrome du « si j'avais su ». L'ex-Beatles John Lennon racontait ainsi lors d'une interview : « La vie, c'est ce qui s'écoule pendant que vous faites des projets. »

➤ *Que faire pour ne pas oublier le bonheur ?*

• *Simplement, prendre le temps de réfléchir.* Penser (ou repenser régulièrement) à ses priorités. L'hyperactivité a pour inconvénient (et avantage) principal, souvent inconscient, de nous éviter de penser et de réfléchir à ce que nous voulons faire de notre vie.

> **Luc**
> « J'ai fait une dépression liée au surmenage. Et je me suis aperçu à cette occasion que je vivais de façon absurde : comme un tas de fibres musculaires dotées d'un seul neurone. Stimulus-réponse, stimulus-réponse… On prend l'habitude de réagir comme un robot aux sollicitations de l'environnement. Puis on oublie pourquoi on vit comme cela, et après quoi l'on court. Si on travaille comme des fous, c'est finalement dans quel but ? »

• *Programmer des expériences de lâcher-prise.* En thérapie, nous recommandons à beaucoup de patients d'apprendre à ne rien faire, ou plutôt à ne pas toujours *faire* quelque chose : ne pas mettre l'autoradio dès qu'ils montent dans leur voiture, ou la musique (pire, la télévision) dès qu'ils rentrent chez eux ; ne pas toujours lire lors des moments de repos, mais regarder le plafond, ou le ciel et les nuages par la fenêtre. Ne pas remplir leurs week-ends ou leurs vacances d'une foule d'activités. Nous leur apprenons aussi à déléguer et laisser faire les autres, au travail ou en famille, même si ces autres font moins bien — à leur avis — qu'ils ne l'auraient fait eux-mêmes.

> Je me souviens d'avoir demandé un jour à une de mes patientes, en guise d'exercice thérapeutique, de laisser ses enfants préparer tout un repas dominical, ce qu'elle n'avait jamais fait « à cause de la casse et du gâchis ». À sa grande surprise, cela s'était finalement bien passé. Et, surtout, elle avait pris du plaisir à ne rien faire et à se faire servir : il avait fallu pour cela qu'elle accepte par avance un peu de vaisselle brisée et des saveurs approximatives. Mais le simple fait d'en avoir parlé en consultation avait suffi.
>
> Cette même patiente me racontait, après sa thérapie, comment elle contemplait désormais, alors qu'elle allait mieux, les mille et une scènes quotidiennes où remplissage et pression frénétiques sévissent : « Lorsque je conduis mes enfants au bac à sable, je repère maintenant ces parents surstimulants pour leurs enfants, qui les poussent à *profiter* davantage du manège (« vas-y, le pompon, attrape le pompon… »), de l'aire de jeu (« fais du toboggan, pourquoi tu ne fais pas du toboggan ? »), des copains (« pourquoi tu ne joues pas avec les autres, à la maison tu râles toujours parce que tu es tout seul… »). Je me dis que j'étais comme ça, moi aussi. Ça me fait drôle. Au bout d'un moment, on ne se rend pas compte qu'on aboutit au résultat opposé à celui que l'on recherche : on ne rend pas nos enfants heureux, on leur met la pression… »

Agacement, colère et autres émotions hostiles

Les émotions négatives sont bien connues des psychothérapeutes. Elles emplissent la conscience de certains individus, chez lesquels elles sont associées à une vision du monde particulièrement pesante. Il existe toute une gamme d'émotions hostiles : râler, ironiser, bouder, détester, agresser… Un négativisme global en est la résultante : on chipote sur la moindre proposition, on dit non avant même de réfléchir, on délivre des prédictions pessimistes à jet continu, on râle au moindre contretemps. On souffre d'un incoercible besoin de critiquer autrui…

> « Je ricane en observant le genre humain… L'autre jour, je regardais depuis la fenêtre de chez moi deux types qui faisaient une partie de tennis. Ils étaient sûrement persuadés de bien jouer, ils s'appliquaient, se prenaient au sérieux. Mais ils étaient ridicules, ces deux nuls, mauvais, raides, pathétiques dans leur application à faire ce qu'ils croyaient être de beaux gestes. Attention : les femmes ne cèdent en rien aux hommes sur le plan de la sottise, de l'autosatisfaction, de l'illusion stupide. Quand je vois toutes ces mochetés qui se croient belles, je ricane… Toutes ces bonnes femmes qui s'habillent comme le leur ordonne la mode, qui pensent ressembler à ce qu'elles voient dans leurs revues, et qui en fait ressemblent tout simplement à des boudins stupides et escroqués. Piégées par des photos qui montrent des filles avec vingt ans et vingt kilos de moins qu'elles.
>
> Les gens sont nuls. Tous… Hier matin, j'étais obligé d'aller à La Poste retirer un paquet. Je me dépêche d'y aller tôt avant de partir au boulot : il y avait déjà une file d'attente incroyable, et que des retraités, des hordes de papis et de mamies ! À huit

heures du matin ! Ils n'ont rien d'autre à foutre de la journée, mais ils viennent sur les seuls horaires possibles à ceux qui bossent. Et en plus, ils ne comprennent rien, ils bloquent un guichet pendant un quart d'heure à chaque fois. Sans parler de ceux qui essayent de resquiller et de passer devant tout le monde sous prétexte qu'ils sont vieux et qu'ils ont mal aux jambes. Je ne vous parle pas des préposés derrière leurs guichets, cette bande de bras cassés, chaque fois qu'ils vont chercher un truc dans leur arrière-boutique, il y en a pour un quart d'heure de plus. Ils prennent leur temps. Et c'est nous qui payons !

C'est pathétique le genre humain. La laideur, la bêtise, la mauvaise foi, la roublardise… Nous sommes cernés ! »

Ces propos, et d'autres encore, m'étaient livrés par Philippe, un de mes patients. Il était venu consulter pour une phobie sociale sévère, et m'avait sollicité ensuite, lorsqu'il allait beaucoup mieux, pour l'aider sur le plan de son inaptitude à profiter de l'existence. Éduqué par un père très négatif et systématiquement dévalorisant à son égard comme à l'égard du genre humain, il avait hélas hérité du même regard sur le monde : il était en permanence habité d'une amertume dont il était la première victime.

➤ *La tentation des émotions hostiles*

Cette « émotionnalité négative » peut être occasionnelle et frapper tout un chacun car elle évolue parallèlement au niveau de stress : plus nous sommes sous pression, plus nous risquons d'avoir un regard critique sur nos semblables. Mais lorsqu'elle est un style habituel, elle est le plus souvent liée à un malaise personnel profond, qui émane en général de personnes elles-mêmes malheureuses. Je me rappelle un de mes grands-pères, qui avait le réflexe, lorsque quelqu'un l'incommodait, de dire : « Il doit être bien malheureux pour se conduire comme ça. »

Ce malaise peut provenir de sources multiples : manque d'estime de soi, angoisse, insécurité, vulnérabilité, jalousie, envie... Bref, rien de très confortable ni agréable pour la personne qui en est atteinte. Jules Renard écrivait : « C'est l'homme que je suis qui me rend misanthrope. » Inutile de chercher bien loin les raisons de l'amertume des grincheux : elle réside dans leur insatisfaction en eux-mêmes.

Un style émotionnel hostile se caractérise également par la tendance, face à une difficulté, à chercher des coupables plutôt que des solutions. On a alors le réflexe du « À qui la faute ? », là où il vaudrait mieux dire « Comment fait-on maintenant ? ». Ce réflexe peut apparaître très tôt.

> Clélie, quatre ans, était ainsi bien connue dans sa famille pour s'en prendre à son entourage en cas de difficultés : si la fermeture Éclair de son manteau était coincée, c'était forcément de la faute de son frère qui l'avait énervée ou de sa mère qui la bousculait pour partir à l'école ; si elle avait perdu un jouet, c'est que sa sœur l'avait pris et ne l'avait pas remis à sa place...

➤ *Les émotions hostiles polluent le bien-être et abîment le lien social*

Les émotions négatives ont un inconvénient immédiat : la pollution très rapide du bien-être. Difficile de se sentir bien en ressentant du ressentiment ou de la colère...

Mais ces émotions hostiles représentent aussi une entrave à l'apparition ultérieure d'émotions positives : par leur permanence et leur sillage durable, elles prennent volontiers toute la place psychologique possible.

Elles présentent également des inconvénients à long terme : la culture — en partie involontaire — d'une vision du monde peu bienveillante est difficilement compatible avec un bonheur durable. Car ce dernier est lié en grande partie à la pratique d'un minimum de tolérance, ainsi que ne manquent pas de nous le rappeler les philosophes. D'autre part, le négativisme, sous la forme d'une intolérance à autrui, d'une allergie aux défauts des autres, conduit à la perte du lien social, si utile au bonheur. Et l'exclusion sociale va elle-même altérer les capacités à prendre du recul et à utiliser son intelligence[27]...

Caroline

« Une de mes amies, avec qui je suis aujourd'hui fâchée, passait son temps à dire du mal des gens. Elle était toujours négative. Ce qu'elle disait des autres était parfois juste, parfois drôle, mais il s'agissait toujours de critiques. Un jour où j'étais moi-même un peu fatiguée, elle m'a téléphoné et, au bout d'une demi-heure, j'ai réalisé qu'elle avait passé l'intégralité de son temps à dénigrer toutes les personnes dont nous avions parlé. Je le lui ai dit, peut-être un peu sèchement, mais elle l'a très mal pris, et s'est mise à m'insulter. Depuis, nous ne nous parlons plus. Je suppose qu'elle doit maintenant dire du mal de moi à d'autres personnes. En y réfléchissant, je pense qu'elle avait besoin des malheurs et des défauts des autres. Pas pour s'en réjouir, je ne crois pas que cela lui faisait plaisir, mais pour s'en nourrir. Cela devait la rassurer sur elle-même et ses propres imperfections... »

➤ *Que faire face aux émotions hostiles ?*

• *Renoncer au meilleur des mondes.* Les négativistes sont souvent au départ des idéalistes, qui attendraient de leurs semblables une perfection, ou au moins une cohérence, dans leurs comportements. Déçus, ils basculent souvent dans le ressentiment et le cynisme. Ils sont d'ailleurs souvent des déçus d'eux-mêmes.

• *Se surveiller en situation de stress.* Nous avons vu que le niveau d'émotionnalité négative était parallèle au niveau de stress. Le savoir permet de se poser prioritairement la question : « Que m'arrive-t-il aujourd'hui ? Pourquoi suis-je de si mauvais poil ? » avant de maugréer : « Mais qu'est-ce qu'ils ont tous ces imbéciles à conduire comme des manches ? » Un de mes patients s'était donné comme objectif de thérapie d'arriver à ne ressentir envers ses semblables que « bienveillance ou indifférence ». Il avait remarqué que, lorsqu'il allait émotionnellement bien, son regard sur le monde oscillait entre ces deux pôles. Et il en avait conclu, fort justement, que les émotions hostiles ne provenaient pas des autres, mais de son niveau de stress…

• *Repenser ses émotions hostiles en termes de finalité et se poser les bonnes questions* : que m'amènent mes ricanements, mes agacements, mes colères ? Me font-ils du bien ? Me servent-ils pour changer ce qui me dérange ? Que faire d'autre alors qui soit utile ? Cela ne signifie pas renoncer à agir ou à exprimer son mécontentement. Mais simplement considérer ce dernier comme un signal attirant l'attention sur un problème : j'y réfléchis, j'agis, puis je passe à autre chose… En bref, il s'agit de se demander si l'on préfère juger ou vivre.

• « *Ne pas railler, ne pas pleurer, ne pas détester, mais comprendre.* » Cette belle formule de Spinoza représente, à elle seule, tout un programme de travail. Dont la mise en pratique porte apparemment ses fruits, si l'on en juge par l'anecdote suivante, racontée par Cioran : « On demande un jour à Fontenelle, presque centenaire, comment il a réussi à n'avoir que des amis et aucun ennemi. — C'est en suivant deux axiomes : tout est possible, et tout le monde a raison[28]. » Renoncement ou tolérance ? En tout cas, bonne base de départ pour modifier son regard sur le monde…

Les trois écarts qui vous séparent du bonheur

Trois fossés[29] peuvent expliquer votre difficulté à vous sentir heureux :

• un écart trop grand entre votre bonheur passé et votre bonheur présent,
• un écart trop grand entre le bonheur des autres et le vôtre,
• un écart trop grand entre votre bonheur rêvé et votre bonheur réel.

➤ *Nostalgie et regrets : « L'homme exilé de son bonheur[30]… »*

Lise

« Je n'ai que des images de bonheur de mon enfance. Mais à partir de l'adolescence, il n'y en a plus. Juste des bons moments, des petits plaisirs. Je n'ai pas une vie désagréable, mais je ne peux pas dire qu'elle est heureuse. Je me sens souvent nostalgique en voyant des enfants jouer : il me semble qu'ils ont accès à ce que je n'aurai plus jamais… »

Henri

« Depuis le décès de mon épouse, il y a six ans, je n'arrive pas à me remettre à vivre. Je ne suis pas déprimé, mais je suis malheureux, tout simplement. Les images d'autrefois, quand ma femme était en vie m'assaillent et me font souffrir. Mon bonheur passé me rend profondément triste, car je sais qu'il est perdu à tout jamais… »

On peut regretter les bonheurs que l'on a ratés ou dont on n'a pas su profiter. On peut être nostalgique de ceux que l'on a connus. Pour certains d'entre nous, le passé ne serait-il donc qu'une source de souffrances ? Une patiente me disait un jour : « J'ai été heureuse et je ne le suis plus. Et il me semble que j'aurais préféré ne jamais l'être, car la souffrance de n'avoir jamais connu le bonheur est moindre que celle de l'avoir perdu. »

Toute expérience de vie peut être objet de nostalgie et de regrets, mais plus spécifiquement celles qui apportent, ou sont censées apporter, du bonheur : amour, amitié, parentalité. On a par exemple décrit le « syndrome du nid vide » ou « nostalgie maternelle pathologique » pour désigner un tableau psychologique particulier, fait de nostalgie parentale (et non de dépression vraie) après le départ des enfants du foyer familial : les patients, souvent des mères, soulignent alors la perte des instants de bonheur liés à la vie de famille. Ce qui paraissait banal (repas en commun, effervescence des dimanches familiaux) ou même agaçant (jouets ou vêtements qui traînent partout) apparaît rétrospectivement valorisé et merveilleux. Et surtout irrémédiablement perdu, et bien sûr irremplaçable. Si vous faites partie de ces parents qui ne prennent conscience du bonheur familial que lorsque leurs enfants sont absents, en allant traîner dans leur chambre, alors vous êtes peut-être candidat(e) à cette nostalgie parentale pathologique.

La nostalgie semble inhérente à la condition humaine. Une théorie intéressante à son propos a été développée par le psychanalyste anglais Michael Balint, avec sa théorie du « défaut fondamental[31] ». Nous garderions tous en nous le souvenir inconscient de nos premiers moments de vie sous la forme de « l'image primitive d'un monde où il existe une harmonie totale entre l'individu et son environnement, où l'individu ne se soucie pas et n'est pas en mesure de savoir où il prend fin et où le monde extérieur commence ». Et nous serions donc condamnés à vivre avec la tentation permanente de la nostalgie. D'où la phrase du poète Jules Laforgue : « Le bonheur n'a pas de présent, mais seulement un passé et un futur. » Le bonheur coincé entre rêve et nostalgie…

Mais souvent, la nostalgie n'est qu'une justification à l'incapacité d'être heureux au présent. Les nostalgiques ont rarement été des gens aussi heureux qu'ils veulent bien le faire croire (et le croire eux-mêmes). Comme le disait ironiquement l'épouse d'un retraité nostalgique : « Heureux, toi, autrefois ? Mais, arrête de rigoler ! Tu râlais tout le temps, tu te plaignais de tout, les enfants, le travail, les soucis ! » Le vrai problème de la nostalgie, c'est qu'elle est en réalité plus une attente (d'un bonheur à venir) qu'un regret (d'un bonheur passé). Mais, faute d'une réflexion approfondie, cette attente est passive, comme le note Saint-Exupéry : « La nostalgie, c'est le désir d'on ne sait quoi. » C'est pourquoi il y a plus de risques à souffrir de nostalgie pathologique si l'on n'a pas de projets de vie auxquels on adhère pleinement. Et peut-être aussi de projets de bonheur…

Pour que le souvenir du bonheur soit encore du bonheur, quelles solutions, sinon se recentrer sur la construction de nos bonheurs présents ?

Voici quelques phrases de patients à ce propos : « J'essaie de me dire que les bonheurs passés m'ont fait du bien. Que s'en souvenir, c'est encore du bonheur », « Je n'étais pas prêt pour ces bonheurs, inutile de les regretter », « J'essaie de tirer les leçons du passé : que puis-je en apprendre pour être plus heureux aujourd'hui ? Quelles erreurs ai-je commises qu'il vaut mieux éviter désormais ? », « Je me dis que les regrets et la nostalgie ne sont que des obstacles supplémentaires à ce bonheur, que j'ai déjà du mal à atteindre. »

➤ *Envie : l'écart entre soi et les autres*

« Si on ne voulait qu'être heureux, cela serait bientôt fait. Mais on veut être plus heureux que les autres, et cela est presque toujours difficile parce que nous croyons les autres plus heureux qu'ils ne sont. » Cette remarque de Montesquieu nous rappelle combien l'envie du bonheur supposé d'autrui peut être un obstacle au nôtre.

Anne-Marie

« Je suis une jalouse. J'ai toujours besoin de vérifier que les autres n'ont pas plus que moi. Même si ce que j'ai me convient, mon bonheur est gâché si quelqu'un de proche a davantage : si ma sœur me paraît plus heureuse que moi, etc. J'ai la comparaison maladive, ça me gâche la vie, ça pourrit tous mes bonheurs… Plutôt que de devoir supporter que j'aie Un et que quelqu'un ait Deux, je préfère qu'on ait Zéro tous les deux. Par exemple avec ma sœur, lorsque nous étions enfants, si nous nous disputions un objet, je préférais pleurer pour que mes parents interviennent et nous le confisquent, plutôt que de la voir s'en emparer… J'ai fini par comprendre que le bonheur des autres ne m'enlevait rien, que ce n'était pas comme les parts d'un gâteau. Mais il m'a fallu des années pour y arriver. Et je dois rester vigilante, car la morsure de l'envie se réveille régulièrement en moi... »

Le bonheur souffre en général des comparaisons. L'envie peut donc en être un des grands obstacles. Elle se définit par le désir de posséder ce que d'autres ont. En tant qu'émotion, l'envie n'est ni bonne ni mauvaise. Sa survenue est, de toute façon, à peu près incontrôlable. Tout va dépendre en fait des attitudes que nous allons adopter ensuite à son égard : envie hostile (« pourquoi ces idiots sont-ils plus heureux que moi ? »), envie dépressive (« pourquoi suis-je aussi incapable de bonheur ? ») ou envie émulative (« comment font les gens heureux et comment m'en inspirer ? »).

Tous les efforts des personnes victimes de l'envie, outre de chercher à comprendre pourquoi elles sont devenues telles, doivent tendre vers ce but : assumer l'envie (inutile d'en avoir honte), la comprendre, et chercher des solutions constructives (et non la ressasser ou vouloir nuire à l'autre). Pour apprendre à juguler une envie maladive, toujours se poser deux questions. L'une à court terme : que se passe-t-il avec cette situation ? L'autre à long terme : que faire dès aujourd'hui pour me rendre moins envieux(se) à l'avenir ?

➤ *Idéalopathie : l'écart entre rêve et réalité*

Inès

« Je suis toujours plus heureuse dans ma tête en pensant aux choses qu'en les vivant. Tout est toujours plus beau dans mes rêves. Est-ce mon problème, ou celui de tous les êtres humains ? »

Bonheur et comparaisons

« Bonheur : agréable sensation qui naît de la contemplation de la misère d'autrui. » Dans son *Dictionnaire du Diable*[32], l'Américain Ambrose Bierce livre cette définition pessimiste du bonheur. Il disait aussi du malheur : « Les malheurs sont de deux catégories : infortunes pour soi-même, coups de chance pour les autres », ce qui nous permet de voir que sa vision du monde était cohérente, bien que peu réjouissante.

Le bonheur peut souffrir de deux types de comparaisons : vers le haut et vers le bas. Lors de comparaisons vers le haut, on compare plus volontiers son bonheur avec celui de ses proches : on ne se compare pas à des inconnus, ni à des personnes inaccessibles. Encore que, lorsque les gens riches et célèbres dévoilent leur intimité (les pages *people* des magazines) le risque augmente : en se rapprochant de leurs admirateurs, en dévoilant qu'ils sont « des gens comme les autres », les stars prennent le risque de susciter davantage de jalousie et surtout d'insatisfaction. D'où le plaisir trouble des lecteurs des revues *people* qui vérifient que les idoles aussi ont des malheurs : maladies, divorces, suicides, alcoolisme… Leurs avantages en deviennent moins insolents.

Lors des comparaisons vers le bas, on compare son bonheur avec celui des proches, mais aussi volontiers avec celui des inconnus. Cela rassure, « On n'est pas les plus malheureux », sans rendre heureux pour autant…

Il est toujours plus facile d'imaginer son bonheur que de le construire, ou même que de le vivre. C'est le problème des rêveurs (du moins de ceux qui n'agissent pas ensuite), des insatisfaits (« ce bonheur est-il le maximum que je puisse espérer ? ») et des anxieux (« cela va-t-il durer ? »).

Les philosophes nous rappellent pourtant que le bonheur ne peut se limiter à la satisfaction de nos désirs. C'est peut-être même exactement le contraire. Nombreux sont ceux qui ont ainsi prôné le renoncement aux désirs ne dépendant pas de nous, et surtout à l'espoir de les réaliser : « L'espérance n'est qu'un charlatan qui nous trompe sans cesse ; et, pour moi, le bonheur n'a commencé que lorsque je l'ai eu perdue » (Chamfort). Faut-il alors renoncer à espérer pour être heureux, comme le propose André Comte-Sponville avec sa formule : « Le bonheur, désespérément » ? Pour certains même, il y a plus de bonheur à *attendre* le bonheur qu'à l'*atteindre*.

Quelles sont les solutions ? Parlant des bénéfices de la cure analytique, Lacan disait : « La guérison viendra en sus » pour exprimer que ce n'était pas là le premier souci des psychanalystes (du moins de certains d'entre eux). La phrase était contestable en ce qui concerne la guérison. Mais elle est transposable au bonheur. Un conseil donc aux idéalopathes (ces personnes malades de leur idéalisme) : vivez déjà, et le bonheur viendra en plus... Voici en tout cas quelques paroles de patients : « J'ai fini par comprendre — et accepter — que le bonheur est incontrôlable : seules ses conditions le sont, et encore... », « Se dire que le désir de bonheur ne doit pas se transformer en besoin ou même en obsession du bonheur », « Accepter les bonheurs imparfaits : se dire que ce n'est déjà pas si mal, que ce sera peut-être pour la prochaine fois... », « Il n'y a pas que le bonheur dans la vie ! ».

Idéaux, sourires et médailles olympiques

Lors des jeux Olympiques de 1992 à Barcelone, des chercheurs avaient enregistré les vidéos des podiums où les trois premiers de chaque épreuve venaient recevoir leurs médailles d'or, d'argent ou de bronze[33]. Puis, en cadrant seulement le visage de chaque athlète, ils les firent évaluer par des observateurs qui n'étaient pas au courant des résultats. Ils supposaient que les premiers auraient l'air plus heureux que les deuxièmes, qui le paraîtraient eux-mêmes plus que les troisièmes. Or il apparut clairement que la plupart des troisièmes avaient l'air nettement plus heureux de leur médaille de bronze que les deuxièmes ne l'étaient de leur médaille d'argent. En effet, plus qu'à leur performance dans l'absolu, les deuxièmes pensaient à la première place qui leur avait échappé et à leurs rêves évanouis (comparaison vers le haut). Tandis que les troisièmes se disaient qu'ils auraient pu finalement ne rien gagner du tout (comparaison vers le bas)…

Du bon usage de la plainte

« La douleur est toujours moins forte que la plainte. »

Jean de La Fontaine

Lola

« Le collègue avec qui je partage mon bureau est un râleur-gémisseur. Il rouspète et se plaint, du matin au soir. Il en a toujours "marre, marre, marre" de quelque chose… Un peu casse-pieds, mais pas méchant par ailleurs. Récemment, nous avons suivi une formation, sur je ne sais plus quel thème de ressources humaines. À un moment, l'animateur a dit une phrase du genre : "Les râleurs sont des loosers…".

J'ai regardé mon collègue en douce, et j'ai vu qu'il s'était mis à écouter attentivement. Il faisait une drôle de tête. À mon avis, ça lui a fichu un choc, surtout qu'il y avait à l'époque du dégraissage en série dans notre entreprise. Et il valait mieux ne pas être considéré comme un *looser*... Mon collègue m'a reparlé de cette formation à plusieurs reprises. Et je crois que depuis, il s'est mis à réfléchir sur ce qu'il faisait inconsciemment, en râlant du matin au soir.
Pour l'instant, c'est quasi miraculeux, il rouspète beaucoup moins, il ne se plaint plus à tout bout de champ...»

➤ *Toutes sortes de plaintes...*

Qu'est-ce qu'une plainte ? Une protestation contre le malheur perçu, en tant qu'il est ressenti comme une injustice, une anomalie du destin. La Bible abonde des plaintes de ceux qui ne comprennent pas, ni n'acceptent, que Dieu ait choisi de laisser une marge de manœuvre à l'homme, et donc de le confronter au malheur. On pense à Job, bien sûr, homme juste et pieux, que Dieu laisse Satan accabler et ruiner (d'où l'expression « pauvre comme Job ») pour éprouver sa foi. Mais il y a aussi le prophète Jérémie — qui a laissé son nom aux jérémiades —, à qui l'on attribuait autrefois le livre des Lamentations, pleurant la prise de Jérusalem et la destruction du Temple.

Maniée avec humour, la plainte a parfois de la saveur. Je me souviens d'un jésuite, connu au sein de sa communauté pour ses plaintes et récriminations permanentes, mais aussi pour sa drôlerie. Les jours de bonne humeur, il répondait à la question : « Comment allez-vous ? » par un malicieux : « Eh bien, je n'ai aucune raison de *ne pas* me plaindre... »

Destinée à attirer l'attention d'autrui sur nos difficultés dans le but d'obtenir une aide, émotionnelle ou matérielle, la plainte, de ponctuelle peut devenir habituelle, et traduire alors un style de relation au monde : elle montre que l'on se perçoit comme victime d'une injustice ou d'une malchance récurrente.

Les plaintes peuvent être externes (adressées à quelqu'un, qui écoute ou n'écoute pas), mais aussi internes. « Ce n'est pas parce que je ne dis rien que je ne me plains pas dans ma tête », me racontait un jour une patiente. Un monologue intérieur nourri de plaintes ne laisse bien sûr que peu de place aux sentiments de bonheur[34].

➤ *Je suis malheureux donc je me plains, ou je me plains donc je suis malheureux ?*

Deux grands inconvénients sont consécutifs à la plainte.

La plainte répétée induit une victimisation. Elle traduit une vision de l'existence où l'on se sent constamment une victime : des autres, de la société ou du destin. La plainte, comme style habituel de réaction aux difficultés, traduit une attente effrénée de prise en compte, d'écoute, de la part d'autrui. Dans les familles nombreuses, les pleurs des benjamins ont souvent pour objet de faire intervenir les parents pour qu'ils rétablissent l'ordre. Plus tard, les adultes attendent de la plainte qu'elle permette, sinon une punition des méchants ou une réparation des souffrances, du moins une reconnaissance des injustices perçues.

Un autre inconvénient de la plainte systématique est d'induire passivité et inaction face aux problèmes. Elle signifie souvent l'attente d'une intervention extérieure — ou la désolation que cette intervention soit impossible.

Plainte et psychothérapie

Les limites de la « psychothérapie molle » (ces *psys* qui se contentent d'écouter les plaintes de leurs patients, parfois pendant des années, en hochant la tête) sont aujourd'hui de mieux en mieux connues. Dans son ouvrage *La Fin de la plainte*, le psychanalyste iconoclaste François Roustang en dénonce les abus et souligne finement la nature de la plainte pathologique : « Elle ne respecte pas la juste douleur et la juste peine, elle les entoure d'un surcroît. […] Mais elle devient bientôt, parce qu'elle dure, une fixation répétitive qui alimente le chagrin au lieu de l'épuiser. »
Loin de moi l'idée qu'il ne faut pas se plaindre à un thérapeute : pour des personnes isolées ou qui ont du mal à parler d'elles-mêmes (par honte, culpabilité, ou tout simplement par manque d'habitude), la *talking cure* (« cure par la parole ») permet une authentique libération. Mais passé une première étape, se complaire dans la plainte peut conforter une vision du monde erronée, n'incite pas à modifier ses comportements mais à penser que l'on a raison, etc.

➤ *Que faire avec l'envie de se plaindre ?*

• *Considérer les difficultés qui nous arrivent comme des problèmes à résoudre, et non comme des injustices qui nous frappent.* Chaque fois que cela est possible, nous avons intérêt à nous positionner en acteurs de notre existence, et non en victimes des événements.

• *Se rappeler que la plainte doit initier la résolution du problème, et non pas s'y substituer.* L'envie de se plaindre, aux autres ou à soi-même, doit systématiquement être l'objet de quelques questions : « Est-ce que cela m'est utile ? », « Est-ce que cela me fait du bien ? », « Est-ce que cela pousse les autres à me réconforter ou à m'aider ? » Plus prosaïquement encore : « Dois-je commencer à me plaindre ou finalement ne pas m'y mettre ? », et aussi : « Quand dois-je m'arrêter ? »

Le but de ces efforts ? Simplement d'arriver à « ne plus supporter que la plainte excède la peine[35] ».

L'art de la plainte...

Plainte adaptée	**Plainte toxique**
Ponctuelle	Chronique, habituelle
Prépare à la recherche de solution	Se suffit à elle-même
Seulement lors des difficultés	Persiste longtemps après les difficultés
Soulage	Ne soulage pas, voire même aggrave
Tient compte de la disponibilité et des capacités d'écoute de l'interlocuteur	Ne tient pas compte de la disponibilité et des capacités d'écoute de l'interlocuteur
Limitée (plainte sur les faits)	Généralisée (plainte de destinée)

Préparer le retour du bonheur…

> « Malheur : un peu plus qu'un souci ordinaire, et qui nous rappelle avec force que les rouages de cette existence ne sont pas sous notre contrôle. »
>
> Ambrose BIERCE

« Le malheur ? On est bien obligé de faire avec… », me disent parfois certains patients résignés.

Faire avec… Parfois, nous n'avons pas le choix. Mais évitons de confondre le malheur *situation* (il faut effectivement faire avec) avec le malheur *vision* ou le malheur *construction*. Il est possible de ne pas se rendre plus malheureux que la vie ne nous l'impose.

L'objectif d'un tel programme n'est pas de se sentir heureux malgré tout et quoi qu'il arrive, mais, face à l'adversité, de ne pas se laisser enliser dans la morosité, de lutter contre le sentiment de malheur et ses métastases, de réduire peu à peu l'espace laissé à la tristesse…

Il s'agit en somme de préparer le retour du bonheur. Et le précepte d'Aristote : « Le sage n'aspire pas au plaisir, mais à l'absence de souffrance » ne représente qu'une première étape. Car limiter le malheur, ce n'est pas encore créer du bonheur…

CHAPITRE 8

Cultiver et protéger le bonheur

« Si l'on bâtissait la maison du bonheur, la plus grande pièce serait la salle d'attente. »

Jules RENARD

Vous souhaitez approcher le bonheur ?

La première question qui se posera alors à vous est celle-ci : existe-t-il des « recettes de bonheur » ? J'utilise volontairement le mot *recette*, si souvent dénigré en psychologie. Une recette est un ensemble de conseils destinés à nous permettre d'atteindre un objectif. Les dictionnaires nous précisent même : « Un procédé particulier pour réussir une opération domestique[1]. » Nous ne cessons d'avoir recours à des recettes, à des « trucs » pour nous aider au quotidien. Voyons-les simplement comme une manière d'organiser nos efforts, pour nous rapprocher autant que possible d'un but recherché.

En matière de bonheur, les recettes ne sont toxiques que si elles sont comprises comme des garanties infaillibles (« cela va marcher à tous les coups »), ou des obligations (« il n'y a que cela qui marche »). Cette perception dépend davantage de la manière dont elles sont délivrées que de leur contenu propre. C'est pourquoi les préceptes d'un gourou (« vous voulez guérir ? voici la voie ») ne sont pas de même nature que les conseils d'un thérapeute (« essayez de faire ainsi, et voyons si cela vous aide ») : les premiers sont des vérités révélées, les seconds des propositions à évaluer.

Les « recettes de bonheur » ne sont bien sûr que des propositions, mais elles sont utiles à qui s'intéresse au bonheur : elles lui racontent la manière dont certains se sont rendus plus heureux en les utilisant. Elles doivent aussi être écoutées avec prudence : rien ne dit qu'elles nous conviendront. D'autre part, on l'a vu, elles ne sont que des marchepieds, et ne peuvent que faciliter la survenue du bonheur.

La seconde question concerne l'intérêt d'une volonté globale, d'un « plan de bonheur », comme celui dont parlait Mirabeau dans une lettre à son ami Vauvenargues en 1738 : « Il n'est pas d'un philosophe, mon cher ami, de vivre au jour la journée. Eh quoi, mon cher, vous pensez continuellement, vous étudiez, rien n'est au-dessus de la portée de vos idées et vous ne songez pas un moment à vous faire un plan fixe vers ce qui doit être notre unique objet : le bonheur[2] ? »

Faut-il faire de la recherche du bonheur la priorité de l'existence ? Et dans ce cas, quelle énergie lui consacrer ? Deux attitudes sont possibles : renoncer ou essayer (avec d'ailleurs différentes variantes : renoncer en critiquant ceux qui essaient, ou essayer en critiquant ceux qui renoncent).

Si l'on a décidé d'essayer, plusieurs stratégies existent dans ces « plans de bonheur », perceptibles dès l'énoncé de leur méthode. Les mots comptent alors beaucoup : va-t-on parler de « recherche du bonheur » (qui suppose qu'on peut ne pas le trouver) ou de « quête » (plus mystique et acharnée) ? De sa poursuite, ou même de la « chasse du bonheur », selon l'expression de Stendhal ? Ou encore de « conquête du bonheur » (guerrière et volontariste) comme le prix Nobel Bertrand Russel[3], ou d'un « art du bonheur », comme le Dalaï-Lama[4] ?

Cette dernière formulation est sans doute la plus heureuse, car elle cerne mieux le mouvement qui caractérise l'approche du bonheur : comme la création artistique, le bonheur est le fruit d'un mélange d'efforts et de révélations, de réflexion et d'intuition, de contrôle et d'abandon, sans aucune certitude que la grâce d'un moment donné sera toujours présente le lendemain…

Nous avons évoqué tout au long de ce livre les nombreuses directions dans lesquelles œuvrer pour amplifier son bonheur (les « recettes »). Voici pour conclure quelques éléments supplémentaires pour organiser sa démarche (le « plan »).

Prendre la décision du bonheur

> « Il faut vouloir être heureux et y mettre du sien. Si l'on reste dans la position du spectateur impartial, laissant seulement entrée au bonheur et portes ouvertes, c'est la tristesse qui entrera. »
>
> ALAIN

Paul

« J'attendais le bonheur, maintenant je le construis. Ma mère est morte alors que j'avais six ans. Mon père était très occupé

Un plan de bonheur idéal, proposé par le prince de Ligne

L'incroyable vogue, lors du XVIIIe siècle, des traités consacrés au bonheur nous a laissé quelques œuvres savoureuses. Ainsi, le programme, décalé mais touchant, d'une journée heureuse selon le prince de Ligne : ce maréchal de l'Empire autrichien, parfait représentant de la noblesse européenne cosmopolite de son siècle, a laissé une œuvre écrite en français, langue des élites de l'époque. Son programme de bonheur comportait six rubriques[5] :

« Il faut en se réveillant se dire : 1) Puis-je faire plaisir à quelqu'un aujourd'hui ? 2) Comment pourrai-je m'amuser ? 3) Qu'aurai-je à dîner ? 4) Pourrai-je voir un homme aimable ou intéressant ? 5) Paraîtrai-je tel à Mme Une Telle qui me plaît beaucoup ? 6) Avant de sortir, lirai-je ou écrirai-je quelque vérité neuve, piquante, utile ou agréable ? — et puis remplir ces six points si l'on peut. »

Mais la méthode était aussi programmée sur le long terme :

« Prendre deux jours par semaine pour faire le bilan de son bonheur. Examinons notre existence. Je me porte fort bien… Je suis riche, je joue un rôle, j'ai de la considération, on m'aime ou l'on m'estime… Sans cette récapitulation, on se blase sur son heureuse condition. »

par son travail, il n'a jamais été disponible pour mes sœurs et moi ; il était sûrement lui-même très malheureux, et de toute façon peu doué pour le bonheur. J'étais un enfant très anxieux, perdu dans la vie, sans fil conducteur, ni logique, ni règles de vie. Adolescent, j'étais persuadé, comme beaucoup, que je mourrais jeune.

Puis je me suis retrouvé à trente ans, marié, avec des enfants. Et toujours incapable de profiter de la vie, noyé dans mes soucis et mes envies, pas stabilisé, pas heureux. J'ai eu plusieurs crises graves avec ma femme. J'ai commencé à réfléchir. Jusqu'alors, j'attendais le bonheur, il venait, il partait. À un moment, j'ai compris une chose toute bête : je n'y consacrais aucun effort. Je me battais dans mon travail, en faisant du sport, ou pour le confort matériel de ma famille. Mais je ne faisais rien pour mon bonheur : aucune réflexion, aucune méthode, aucune cohérence. Rien.

Eh bien, simplement comprendre cela, ça m'a suffi pour commencer à changer. Prendre conscience que le bonheur, c'est important, prendre la décision d'y consacrer des efforts, prendre le temps qu'il faut pour y arriver : tout ça a marché dans mon cas… »

► *Des efforts pour être heureux ?*

Les bonheurs répétés sont très souvent le fruit d'une ascèse. Non pas au sens chrétien de « privation », mais au sens étymologique, *askésis* signifiant exercice, en grec. Le bonheur ne se décrète pas, ne se convoque pas, mais se cultive et se construit peu à peu, sur la durée. Il ne peut certes que se préparer ou se faciliter. Et il est des individus, nous l'avons vu, plus doués que d'autres. Mais efforts et exercices restent nécessaires chez tous. Simplement, ces efforts sont imperceptibles chez certains, car ils sont devenus un mode de vie.

Alors, faut-il continuer de se moquer des manuels du type « une pensée de bonheur par jour[6] » ? Dans mon enquête sur le bonheur, j'ai rencontré finalement beaucoup de personnes que ces ouvrages avaient aidées, sans qu'elles soient dupes pour autant de leurs limites, comme de celles de tout livre sur le bonheur. Certes les conseils de bonheur sont toujours irritants lorsqu'on n'a pas envie de les entendre, lorsqu'on n'est pas *mood-congruent*, c'est-à-dire dans la même humeur que l'auteur qui les propose.

D'autre part, certains « culturistes du bonheur », affichant trop ostensiblement leur bien-être, vont être suspects, par la permanence même de leur sérénité : ne passent-ils pas sous silence leurs désarrois et les obstacles du chemin ? Le lecteur peut avoir parfois l'impression que les bonheurs qu'on lui propose s'avèrent étouffants, vont l'écraser de leur poids… Et surtout, qu'ils vont lui faire perdre un peu de sa personnalité : car il nous semble nous reconnaître, et être uniques, davantage dans nos souffrances que dans nos bonheurs.

Mais les abus éventuels de la démarche ne doivent pas en faire oublier la pertinence et l'utilité. D'autant que le quotidien ne cesse de nous détourner de l'essentiel.

Écoutons à nouveau Proust, dans *Le Temps retrouvé*, décrivant sa lutte opiniâtre pour retrouver le souvenir heureux de la madeleine : « Dix fois il me faut recommencer, me pencher vers lui. Et chaque fois la lâcheté qui nous détourne de toute tâche difficile, de toute œuvre importante, m'a conseillé de laisser cela, de boire mon thé en pensant simplement à mes ennuis d'aujourd'hui, à mes désirs de demain qui se laissent remâcher sans peine. »

La lâcheté qui nous détourne de toute tâche difficile… Je parlerai plus volontiers des tentations de la facilité et du laisser-aller : les sollicitations de la vie quotidienne, la résignation, le pessimisme. Oui, décidément, notre bonheur a bien besoin de nos efforts…

➤ *Savourer toutes les formes de bonheurs*

Lorsque je travaille avec mes patients sur le bonheur, nous y réfléchissons au moyen de quatre verbes : être, avoir, faire, appartenir. Nos bonheurs quotidiens se répartissent presque tous dans l'une ou l'autre de ces catégories :

• Être : ce sont tous les bonheurs où il suffit d'ouvrir les yeux, de se réjouir d'être là, de se sentir simplement exister. C'est un bonheur presque animal.
• Avoir : c'est le bonheur de posséder, un livre, un objet que l'on aime, mais aussi de vivre dans un endroit que l'on apprécie, le bonheur d'avoir de la chaleur en hiver, de la lumière la nuit.
• Faire : c'est le bonheur de marcher, de travailler, de parler avec des amis, d'imaginer, créer, fabriquer, réparer.
• Appartenir : c'est le bonheur de vivre au sein d'une famille, de travailler au sein d'un groupe qui nous estime, d'être aimé d'une communauté d'amis.

Quatre familles de bonheurs tellement simples et élémentaires qu'on les oublie vite. L'exercice consiste justement à ouvrir régulièrement les yeux sur eux, à les savourer, les préserver, les faire vivre et revivre, en étendre le nombre. La langue anglaise utilise pour nommer cet exercice une très belle expression : *Count your blessings*[7], « compte tes chances », savoure les bienfaits que la vie t'offre…

Voici un souvenir d'enfance d'un de mes amis, Olivier :

> « Mon père était très pieux et, lorsque j'étais petit garçon, il venait tous les soirs m'embrasser dans ma chambre. Nous faisions alors une prière ensemble, agenouillés contre mon lit. C'était très simple, il y avait trois parties, qui se résumaient en trois mots : pardon, aide et merci.
> Le pardon, c'était demander à Dieu de nous excuser pour les fautes commises dans la journée ; je n'aimais pas beaucoup, il y a des jours où je n'avais rien à me reprocher, ça me paraissait être des trucs d'adultes… L'aide, c'était afin que Dieu me

soutienne pour réaliser quelque chose de difficile : déjà plus intéressant, mais là encore, souvent je devais me forcer pour trouver quelque chose. D'ailleurs, sur ces deux points, mon père n'insistait jamais.

Sur le merci, par contre, il lâchait rarement prise : même quand j'avais l'impression que rien de particulièrement positif ne s'était produit dans ma journée, il me disait que ce n'était pas possible. Et nous cherchions ensemble, jusqu'à trouver tout un tas de petites choses simples, dont on pouvait remercier Dieu. Parfois, je devais chercher longtemps, des trucs du genre : il y a eu du soleil, j'ai retrouvé mes chaussettes de foot que je croyais perdues… D'autres fois, j'avais l'impression de me forcer et de me faire violence, par exemple les jours où j'étais triste ou contrarié. Mais souvent, c'était agréable de se remémorer de bons moments de la journée. Parfois, c'était carrément drôle et ça finissait en bonnes rigolades. On avait la foi joyeuse.

Quand l'adolescence est arrivée, nous avons arrêté ce petit rituel, je ne sais plus comment. Mais finalement, c'était génial tous ces instants : ça m'a appris à comprendre que je pouvais aussi me réjouir d'autres choses que des succès ou des cadeaux. Et aussi à ne jamais oublier que vivre est une chance. »

➤ *Désobéir à la morosité*

Claire

« C'était hier soir, vers dix-neuf heures. J'avais eu une journée de travail fatigante, j'étais à la cuisine avec ma dernière fille, âgée de trois ans. Elle finissait avec application son yaourt, pendant que je rangeais la cuisine, qui était sens dessus dessous. J'avais en tête tout ce qui me restait encore à faire, la soirée s'annonçait chargée, le lendemain épuisant… Ma fille me parlait et je lui répondais à peine tant j'étais préoccupée par toutes ces petites choses lancinantes.

Tout à coup, je me suis arrêtée. Quelque chose n'allait pas. J'ai réalisé que la situation était absurde : je me sentais agacée parce que ma fille me demandait de l'attention. Mais surtout parce que j'étais en train de faire passer la vaisselle avant elle.

J'ai posé mon éponge et je suis allée m'asseoir à ses côtés. Nous avons discuté un moment, tranquillement. J'étais totalement dans la situation, je l'observais, je l'écoutais, *vraiment*. Et peu à peu, j'ai senti une petite onde de bonheur qui prenait naissance en moi. Puis, nous avons fait un puzzle, je lui ai lu son histoire avant qu'elle s'endorme. Mais je ne faisais pas cela en me disant : “Vite, vite, il y a le repas à préparer, les coups de téléphone à passer.” Je me disais que j'avais le temps et que c'est ce que j'étais en train de faire, là, qui était réellement important.

Lorsque mon mari est arrivé, il n'y avait rien à manger et la cuisine était en vrac, mais j'allais bien. Et tout ce qui restait à faire ne me paraissait plus insurmontable… »

Plusieurs fois au cours d'une journée normale, des carrefours s'offrent à nous.

Nous pouvons choisir de continuer sur la lancée de nos activités routinières, de nos humeurs d'adultes stressés et préoccupés (car la vie n'est pas toujours facile).

Mais nous pouvons aussi désobéir à l'évidence de la morosité. Choisir d'appuyer sur « pause » et de reprendre la main. On ne peut en permanence agir ainsi, il faut bien que les choses de la vie se fassent. Mais il suffit de le faire de temps en temps. Prendre un chemin de traverse auquel on ne songeait même pas l'instant d'avant.

Voici une liste de séquences semblables, racontées par la même Claire :

– « M'arrêter acheter un gâteau en rentrant du travail,

– ne pas rentrer directement à la maison le soir mais retrouver une amie au cinéma,
– rester au lit sans culpabiliser le dimanche matin alors qu'il y aurait toujours des choses à faire dans l'appartement… »

S'offrir des petites bouffées de bonheur et vivre léger, aussi souvent que possible…

➤ *Un but, pas une obsession*

À propos de la recherche du bonheur, Comte-Sponville rappelle très justement : « Occupe-toi plutôt de ce qui compte vraiment : le travail, l'action, le plaisir, l'amour — le monde. Le bonheur viendra par surcroît, s'il vient, et te manquera moins, s'il ne vient pas. »

Il faut décider, certes, que le bonheur est une priorité, mais il faut veiller aussi à ne le faire dépendre de rien, à ce qu'il nous laisse libres de nos mouvements. C'est tout simplement la différence entre avoir un but et souffrir d'une obsession. Contradictoire avec l'un des conseils précédents (faire des efforts) ? Non, il s'agit simplement d'une des difficultés de tout apprentissage : s'y appliquer d'abord, s'en affranchir ensuite…

Fort heureusement, l'attente, la préparation, la poursuite du bonheur peuvent procurer aussi du bonheur ou en faciliter l'apparition. Diderot écrivait : « Ne me détachez pas de la meilleure partie de mon bonheur. Celui que je me promets est presque toujours plus grand que celui dont je jouis. » Et Jules Renard remarquait encore plus joliment : « Le bonheur, c'est de le chercher… »

➤ *Le jardinage du bonheur*

Comme le jardinage, le bonheur est le résultat d'efforts non immédiatement récompensés. Nous avons vu dans le chapitre précédent ce que l'on peut considérer comme l'équivalent de l'arrachage des mauvaises herbes. Mais il faut aussi semer et arroser, et bien d'autres tâches encore. Tout un travail de patience, avec parfois des résultats décevants, et des saisons plus médiocres que d'autres. C'est pour cela que les accros au plaisir ne goûtent guère le bonheur : il leur faut la récompense plus vite.

Le découragement face au sentiment de bonheur qui ne vient pas, ou qui repart à peine effleuré, est sans doute accru par des habitudes propres à notre époque, qui nous laisse miroiter un accès facile à tout. Mais le bonheur demande des efforts et du temps. Fort heureusement, l'expérience montre que l'on surévalue en général ce que l'on peut faire en une journée (et on peut se retrouver déçu), mais qu'on sous-évalue ce que l'on peut faire en un an (et on sera alors agréablement surpris, si on n'a pas renoncé trop tôt).

➤ *En pente douce vers le haut*

L'une des principales causes de renoncement aux bonnes résolutions (régimes, arrêt du tabac, pratique régulière d'un sport…), c'est ce qui se passe dans nos têtes lorsque nous faisons des entorses à nos objectifs. On tend à se dire qu'avoir recommencé à fumer lors d'une soirée, par exemple, c'est la preuve flagrante que l'on n'est pas capable de s'arrêter, et on peut alors transformer en authentique rechute ce qui aurait pu n'être qu'un simple incident de parcours.

Il en est de même pour le bonheur : décider de travailler davantage à son bonheur n'implique pas que l'on soit toujours de bonne humeur (malgré les remarques malicieuses de notre entourage : « Alors, tu es de mauvais poil, toi qui cherches le bonheur ? »). Travailler à son bonheur suppose simplement qu'on espère peu à peu le ressentir plus souvent, plus longuement, ne plus le gâcher ou le négliger. Le tout en fonction des événements de vie qui surviendront naturellement pour perturber, en bien ou en mal, nos bonnes résolutions.

Les thérapeutes savent bien qu'une courbe de développement personnel n'est jamais rectiligne, mais obéit à d'inévitables dents-de-scie, correspondant à autant de faux pas, de baisses de moral, de retour du spleen, suivis de redémarrages. Tant que sur la durée la courbe monte doucement, il n'y a aucun souci à se faire, sinon se rappeler

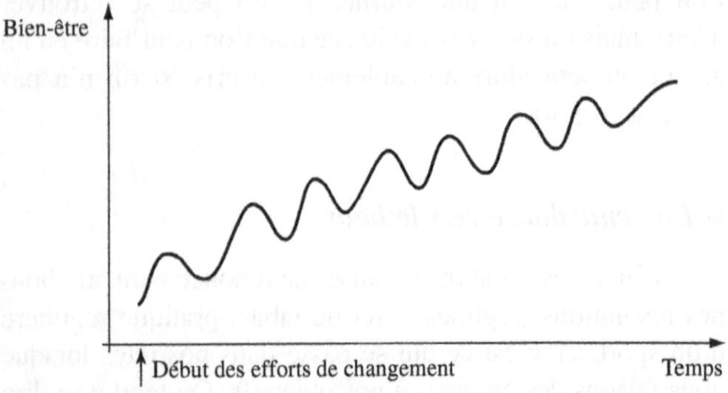

La courbe de changement personnel.

Il faut évaluer ses progrès sur le mouvement global de la courbe et non pas en fonction des inévitables mouvements en dents-de-scie.

cette phrase d'André Gide : « Il est bon de suivre sa pente pourvu que ce soit en montant. »

➤ *Garder les yeux ouverts*

« Tâchons d'entrer dans la mort les yeux ouverts », faisait dire Marguerite Yourcenar à l'empereur romain Hadrien. La phrase peut-elle s'appliquer au bonheur ? Cultiver une conscience du bonheur suppose de ne jamais oublier ni banaliser ses chances. Celles — pour les lectrices et lecteurs de ce livre — de vivre dans des pays démocratiques, riches, en paix, avec des conditions de travail protégées, un système de santé performant… C'est pour cela que le bonheur est indissociable de l'ouverture au monde et à ses malheurs. On peut d'ailleurs se demander si le rôle des films mélodramatiques ou des romans tragiques n'est pas, une fois l'émotion passée, d'augmenter notre conscience du malheur possible, et de nous pousser à percevoir plus clairement nos possibilités de bonheur.

Voici, à ce propos, l'exercice que conseillait le philosophe Cioran[8] : « Allez vingt minutes dans un cimetière et vous allez voir que votre chagrin ne sera pas certes éteint, mais presque dépassé… Si vous avez la conscience du néant, tout ce qui vous arrive garde ses proportions normales et ne prend pas les proportions démentes qui caractérisent l'exagération du désespoir. » Nous l'avons dit : la conscience de la fragilité du bonheur est de même nature que celle de la fragilité de la vie. Mais les grands anxieux nous montrent exactement ce qu'il ne faut pas faire : « Comment être heureux alors que le malheur peut nous frapper à tout instant ? » Tandis que les gens heureux nous montrent l'inverse : « C'est parce que le malheur est toujours possible qu'il faut au contraire s'efforcer d'être le plus heureux possible. »

> Je me souviens d'avoir soigné une jeune mère, qui vivait dans l'angoisse de la mort de son bébé (une de ses sœurs avait perdu un enfant de mort subite du nouveau-né). La thérapie avait été longue et difficile : car le moyen pour guérir de telles angoisses n'est pas de rassurer sur le faible risque (l'entourage et les médecins ont déjà essayé), mais au contraire d'aider le patient à réfléchir à la mort, à y penser non pas plus mais mieux, à en parler, enfin. Son angoisse l'empêchait littéralement d'être heureuse avec son enfant : elle ne voyait en lui qu'un être fragilissime et menacé par la mort.
>
> Après de longues discussions sur la mort éventuelle de son fils, et de nombreux exercices thérapeutiques de confrontation à l'idée de mort[9], la patiente commença peu à peu à comprendre l'essentiel : quoi qu'il arrive demain, la chose la plus importante à faire est de se concentrer de toutes ses forces sur le bonheur d'être avec son enfant aujourd'hui. À la fin de la thérapie, elle arrivait à discuter avec moi de la seule question cruciale : « Si mon enfant doit mourir demain, à quoi dois-je me consacrer aujourd'hui : à l'angoisse ou au bonheur ? »

Un bonheur à visage humain

Raphaëlle

« Je ressens parfois de la gêne, presque de la honte, à être heureuse. Pas seulement parce que la misère existe sur cette terre : j'ai compris que mon bonheur ou mon malheur personnels n'y changeaient pas grand-chose. Mais parce que être heureux peut déranger les autres, les agacer, ou pire, les rendre malheureux, en les renvoyant à leurs propres difficultés avec le bonheur. Lorsque j'étais enceinte, je me souviens de la gêne que j'éprouvais face à une de mes amies, qui ne pouvait pas avoir d'enfant. Eh bien, je ressens le même sentiment avec mon bonheur face à certaines personnes. Alors, parfois, je le cache, je le tais…

➤ *Comment ne pas exaspérer avec son bonheur ?*

Pierre Daninos, écrivain qui connut une grave dépression[10], notait : « Les gens ne connaissent pas leur bonheur… mais celui des autres ne leur échappe jamais. »

Le bonheur est une richesse, sans doute la plus grande qui soit, en tout cas la seule qui ne devrait pas susciter d'agacement ou de jalousie, car elle est immatérielle et accessible à tous. Et pourtant, nous l'avons vu, le bonheur peut s'avérer un sujet qui fâche. Paradoxalement, il peut même être une offense aux yeux d'autrui, comme la beauté (dont l'écrivain Michel Tournier disait qu'elle « nous blesse sans merci »). Alors qu'en réalité, le bonheur est bien plus proche de cette autre richesse qu'est la santé : un mélange de chances génétiques et d'efforts personnels. Sans doute ces agacements viennent-ils de ce que le bonheur est une richesse qui reste trop mal partagée, et que nombreux sont ceux qui ont du mal à y accéder.

« Pour vivre heureux, vivons cachés », fait dire Florian au grillon de sa fable. Dans quel sens lire cette maxime ? Le bonheur survient-il plus facilement si l'on vit à l'écart du monde ? Ou bien le bonheur implique de la discrétion pour ne pas incommoder autrui ? De la discrétion, mais pas seulement…

➤ *Les devoirs du bonheur*

C'est Diderot qui a parlé le premier du devoir de bonheur : « Il n'y a qu'un devoir, c'est d'être heureux. »

Mais il y a aussi les devoirs *du* bonheur. Le bonheur est très justement soumis aux obligations morales de toutes les autres formes de richesses : humilité et générosité. Nous avons déjà vu que l'altruisme était plus facile aux personnes heureuses : le bonheur est généreux par nature. Il faut simplement penser, le plus souvent possible, à le partager et à le redistribuer.

➤ *Le bonheur de tous existe-t-il ?*

L'homme est un animal social : comment penser son bonheur sans prendre en compte ses semblables ? Les seuls bonheurs viables au sein d'une communauté humaine sont ceux qui n'enlèvent rien à autrui : « N'accepte aucun bonheur qui s'obtienne au détriment du plus grand nombre », disait Gide.

C'est sans doute la condition préalable à cette utopie du bonheur, à laquelle beaucoup rêvent : les gens heureux ne frappent pas, ne violent pas, ne tuent pas, ils n'ont pas besoin de dire du mal de tout le monde, ou de haïr ceux qui ne sont pas comme eux, ou qui ne pensent pas comme eux… On sait que cette utopie ne peut se décider « d'en haut », qu'elle ne peut prétendre à exister durablement que si elle est le fait de chaque membre de la société. C'est ce que nous rappelait Boris Vian : « Le bonheur de tous est fait du bonheur de chacun… »

L'optimisme : Max, Candide et les souris nageuses

« L'optimiste : elle est en retard, c'est qu'elle viendra. »

Sacha GUITRY

Hadrien :
« J'ai rencontré Max à l'université, il avait mis une petite annonce pour partager avec un autre étudiant un appartement au centre-ville. C'était un garçon joyeux et agréable. Mais il était bien plus que cela : c'était un optimiste pratiquant. J'utilise ce terme volontairement, car Max n'était pas seulement croyant, avec une confiance éperdue en l'avenir (il disait être convaincu de l'intelligence de l'espèce humaine), mais il était aussi pratiquant, c'est-à-dire que ses amis voyaient quotidiennement son optimisme en action.
Un jour, nous devions prendre un avion. Nous étions épouvantablement en retard, et un quart d'heure avant le décollage, nous n'étions toujours pas arrivés à l'aéroport. J'étais prêt à abandonner, et à rebrousser chemin, mais Max eut l'air très étonné que cette idée ait pu m'effleurer l'esprit, et refusa tout net, me disant : “On ne sait jamais, imagine que le pilote soit lui aussi dans les bouchons…” Je ne sais pas si c'est ce qui s'est passé, mais en arrivant à l'aéroport, notre avion était annoncé avec une heure de retard. Et nous avons pu le prendre. Max a davantage profité du vol que moi, car j'avais beaucoup stressé en chemin, tandis qu'il se montrait plus fataliste : “On fait ce qu'on peut, s'énerver ne nous fait pas avancer plus vite.”
Quand nous draguions les filles, Max n'hésitait devant rien, même les plus jolies ne le faisaient pas reculer, il tentait toujours sa chance. Mais il avait l'œil, il n'insistait jamais, il ne perdait pas son temps s'il sentait la cause désespérée. “Il faut toujours essayer”, nous expliquait-il simplement, “c'est seule-

ment comme ça qu'on sent ses chances, ce n'est pas en passant sa soirée à regarder de loin." Comme il était détendu et souriant, ça marchait souvent. Mais si ce n'était pas le cas, il essayait aussitôt avec une autre fille, pas du tout affecté par son échec. Il ne percevait d'ailleurs pas les refus comme des échecs.

Un jour que nous discutions de son optimisme (en réalité, nous nous intéressions davantage à sa méthode avec les filles), il nous expliqua : "Je pars toujours d'un *a priori* positif, sauf preuves évidentes du contraire. Et dans le doute, je ne m'abstiens jamais. Regretter de n'avoir pas essayé me fait toujours plus mal que d'échouer. C'est normal d'échouer, anormal de ne pas essayer."

Max n'aimait pas beaucoup les examens, mais il les réussissait, malgré des révisions assez sommaires. Il tirait le maximum de ses connaissances, car il ne s'affolait jamais : il était toujours persuadé que ça irait. Mais il ne faisait pas pour autant n'importe quoi : il modulait ses efforts en fonction d'un travail d'enquête très efficace auprès des étudiants des années supérieures : il connaissait les matières où il fallait en mettre un coup, et celles où on pouvait s'y prendre plus calmement…

Quand il avait des chagrins ou des soucis, Max était affecté, mais ne s'effondrait jamais. Il était sincèrement convaincu que le bonheur reviendrait, comme le soleil revient après la pluie. Et c'est ce qui se passait. C'est ce qui se passe toujours dans la vie des optimistes. Il n'y a que les pessimistes qui restent englués dans le malheur.

Je n'ai jamais su d'où venait l'optimisme de Max. Il avait eu une vie normale, des parents normaux. Son père était un maçon d'origine italienne, l'air toujours content, sa mère une brave matrone qui s'occupait tranquillement de ses cinq enfants sans jamais hausser le ton.

Après nos études, nous nous sommes perdus de vue. Mon dernier souvenir de lui et de son optimisme, c'est encore dans un aéroport. Je crois que ces souvenirs d'aéroport m'ont davantage frappé que d'autres parce que j'ai peur de prendre l'avion. Au moment d'embarquer, Max avait perdu son billet et ses papiers. Les hôtesses étaient un peu énervées, et tout un tas de gens attendaient derrière nous. Honnêtement, à sa place, j'aurais été fébrile et inquiet. Pas Max. Il se mit tranquillement sur le côté pour laisser passer les gens, et me regarda en rigolant : “Bon, je les avais il y a cinq minutes au contrôle des bagages, alors ils ne sont pas loin. Je vais bien les retrouver...” Et c'est ce qu'il fit, sans stress d'aucune sorte.

Je sais que Max est devenu professeur de français dans un lycée. Les parents de ses élèves peuvent se réjouir : il apprendra à leurs enfants bien d'autres choses que celles qu'on trouve dans les livres... »

➤ *Qu'est-ce que l'optimisme ?*

La définition de l'optimisme évoque une tournure d'esprit poussant à « prendre les choses du bon côté en négligeant leurs aspects fâcheux », ainsi que par un « sentiment de confiance heureuse dans l'issue favorable d'une situation[11] ».

L'optimisme est une dimension de la personnalité qui a été très largement étudiée en psychologie, car elle est étroitement liée aux sentiments de bien-être et de bonheur[12]. On reconnaît généralement aux optimistes le bénéfice d'un meilleur confort émotionnel, et d'une plus grande qualité de vie[13]. Les études de psychologie expérimentale montrent aussi de manière assez unanime les effets bénéfiques de l'optimisme sur la santé[14], dans des domaines très variés, comme le déroulement des suites opératoires[15] ou l'implication dans le traitement, lors des maladies graves[16].

Car l'optimisme ne se limite pas à une attitude mentale (être confiant dans l'avenir), il se traduit aussi par des attitudes plus actives et des comportements concrets face aux difficultés de l'existence[17] : recherche de soutien et d'informations, application de stratégies adaptées pour régler le problème ou améliorer son moral, etc.

Ces données actuelles des connaissances psychologiques permettent de proposer une définition plus précise de l'optimisme : *face à l'incertain, supposer qu'il existera une issue favorable et agir pour la faciliter*. L'optimisme est donc de pensée et d'action.

➤ *Caricatures et critiques de l'optimisme :* Candide

De nombreux préjugés persistent à l'encontre de l'optimisme. L'optimisme est suspect. Au mieux, il fait l'objet de plaisanteries : « Un optimiste est quelqu'un qui commence à faire ses mots croisés au stylo à bille. » Au pire, il est considéré comme un manque de lucidité et d'intelligence. Et tout ça, c'est la faute à Voltaire ! Et à son fameux *Candide*…

Ce conte philosophique, la plus célèbre des œuvres de Voltaire, était en fait une charge en règle contre les thèses du philosophe allemand Leibniz, convaincu de l'excellence de la création divine, et adepte — pour simplifier — du « tout est bien ».

Candide, jeune Allemand à l'esprit simple et droit, de naissance noble mais illégitime, a été recueilli par le baron de Thunder-ten-thronck. Au château, il est l'élève du docteur Pangloss, partisan comme Leibniz du « Tout va pour le mieux dans le meilleur des mondes ». Cet enseignement, et une jeunesse agréable, font de lui un optimiste un rien naïf. Mais il se trouve brutalement expulsé de ce paradis, après avoir été surpris par le baron en train d'embrasser Cunégonde, sa fille légitime. Les ennuis commencent alors pour Candide. De nombreuses aventures, aussi cruelles qu'exotiques, le conduiront de Buenos Aires à Constantinople, et se chargeront de le ramener à la raison (selon Voltaire) : il finira par revenir de ses croyances optimistes, et se retirer modestement pour « cultiver son jardin », sans plus prétendre s'embarrasser de métaphysique.

Voltaire avait-il des comptes à régler avec l'optimisme ? Au moment où il rédigea *Candide*, il était profondément choqué par la grande catastrophe de l'époque, le tremblement de terre de Lisbonne (qui détruisit totalement la ville en 1755, et épouvanta l'Europe), ainsi que par les horreurs de la guerre de Sept Ans. Banni par le roi, vivant en exil à Ferney, près de la Suisse, Voltaire était alors en proie à un pessimisme envahissant : « Un jour, tout sera bien, voilà notre espérance. Tout est bien aujourd'hui, voilà l'illusion[18]. »

D'où vient que l'on critique plus volontiers les optimistes que les pessimistes ? Alors qu'en réalité, on recherche davantage leur compagnie. Est-ce dû à un soupçon de jalousie envers ces bons élèves à l'école du bonheur ? C'est surtout qu'on ne perçoit de l'optimisme qu'une facette très limitée : la volonté de voir le monde de manière positive, alors qu'il n'y a pas toujours de quoi. Il y aurait dans l'optimisme un certain aveuglement, un désir borné de ne pas se focaliser sur le côté sombre de la réalité. Dans son conte, Voltaire joue d'ailleurs malicieusement à mettre sur le chemin de Candide tous les malheurs du monde, comme autant de preuves de l'inanité de sa posture philosophique.

En réalité, nous avons vu que les connaissances modernes sur l'optimisme montrent qu'il n'est pas seulement un état d'esprit (s'attendre au meilleur et non au pire), mais aussi une attitude globale impliquant des comportements engagés (agir pour que le meilleur survienne). Ce qui fait que, contrairement à ce que croyait Voltaire, l'optimisme est parfaitement adapté à la vie dans un « monde cruel »…

➤ *Intelligence de l'optimisme*

L'intelligence de l'optimisme, c'est ce que pressentait Montherlant dans ses carnets, lorsqu'il notait : « Aucune preuve d'intelligence ne surpasse celle de voir le monde tel qu'il est, et de le trouver bon, c'est-à-dire, en termes familiers, de se sentir bien dans sa peau. » La conviction de l'optimiste, c'est que lucidité et bien-être sont parfaitement compatibles.

L'optimisme *béat*, ou *aveugle*, semble en effet n'être que l'invention de pessimistes jaloux ! Le plus souvent l'optimisme est en effet intelligent, c'est-à-dire bien plus lucide, flexible, et discriminant, qu'on ne le pensait[19].

On a montré qu'en cas de difficultés, les optimistes persévèrent davantage que les pessimistes (« il doit bien y avoir une solution à ce problème »), sauf s'ils évaluent que leurs efforts sont inutiles et seraient plus efficaces ailleurs. Une expérience de psychologie avait par exemple consisté à demander à des volontaires de résoudre des problèmes géométriques (puzzles) en réalité insolubles. Tant qu'il n'y avait pas d'alternative à cette épreuve, optimistes et pessimistes ne se différenciaient pas : tous essayaient de trouver la solution dans les vingt minutes imparties, malgré l'absence totale de résultats. Par contre, lorsque dans une autre condition d'expérience, on donnait trois séries de puzzles à effectuer, en commençant par l'insoluble, les optimistes abandonnaient cette première série en moyenne quatre minutes plus tôt que les pessimistes, pour passer à la suivante[20].

La légende assurant que les optimistes ne veulent pas voir les choses désagréables est, elle aussi, démentie par l'expérimentation. Ainsi, on avait évalué les temps de lecture d'étudiants à qui l'on donnait des brochures informatives sur certains risques en matière de santé (alimentation, exposition au soleil, consommation de tabac, etc.). Contrairement aux attentes, les étudiants optimistes passaient davantage de temps à lire les informations de mise en garde que les informations neutres. Et plus ils étaient concernés par les informations désagréables, plus ils lisaient : les fumeurs sur les méfaits du tabac, les gros consommateurs de vitamines sur les risques des surdosages[21]. Et de fait, par la suite, les optimistes modifient davantage leurs comportements en fonction des informations négatives qui leur paraissent pertinentes[22]. Plusieurs mécanismes peuvent expliquer cette intelligence adaptative des optimistes, mais l'un d'entre eux a été clairement démontré dans plusieurs études : c'est le rôle des émotions positives. Plus l'humeur d'une personne est positive, plus elle va se montrer réceptive aux messages qui concernent son bien-être et sa santé[23].

Nous sommes donc bien loin de la méthode Coué ou de la politique de l'autruche, souvent associées à la psychologie des optimistes…

➤ *Des illusions positives ?*

Il semble ainsi que l'optimisme « aveugle » n'existe pas, et que la lucidité soit plus souvent du côté de l'optimisme que du pessimisme. Cependant, il faut aborder un point théorique délicat : le rôle du déni dans l'optimisme et le bonheur. Madame de Puisieux, maîtresse de Diderot écrivait par exemple : « J'aime mieux une erreur qui fait mon bonheur qu'une évidence qui me désespère. »

L'optimisme repose clairement sur un ensemble d'« illusions positives ». Celles-ci sont simplement des convictions, pas plus toxiques que d'autres, et, comme toujours dans l'optimisme, d'une efficacité avérée : une étude conduite auprès de personnes âgées (moyenne de soixante-trois ans) a montré que, sur une période de suivi de vingt-trois ans, celles qui avaient une vision positive du vieillissement (« je continue de me sentir en forme », « le temps qui passe m'apprend toujours des choses », etc.) vivaient en moyenne sept ans et demi de plus que celles dont la vision était plus négative[24].

La vie est belle

Un des exemples les plus poignants et les plus lumineux de la fonction de l'optimisme nous est donné par le film *La Vie est belle* (1999). Dans cette fable, à la fois souriante et cruelle, le metteur en scène italien Roberto Benigni joue le rôle d'un père déporté en camp de concentration avec son jeune fils. Voulant protéger l'enfant des souffrances et de la violence de l'univers concentrationnaire, le papa invente une gigantesque « illusion positive » à laquelle il fait adhérer son fils. Il lui présente la survie dans le camp comme une sorte de jeu de piste grandeur nature, un peu violent, dont ils vont essayer tous les deux de sortir vainqueurs, pour gagner le premier prix (dont rêve le petit garçon) : un vrai char d'assaut ! Grâce à l'énergie déployée par son père pour rendre crédible cette illusion, le petit garçon s'en sortira vivant, et finira par monter dans un tank de soldats américains venus libérer le camp…

D'autres travaux existent, aussi convaincants sur les illusions positives (« je m'en sortirai, tout redeviendra comme avant »…) utilisées par les personnes souffrant de maladies sévères[25]. Rappelons tout de même que lorsqu'elles existent, ces « illusions positives » portent non pas sur l'évaluation ou la reconnaissance du problème (s'il est réel, il n'y a là pas de différences entre optimistes et pessimistes) mais sur ce que nous nommons les « attentes d'efficacité ». C'est-à-dire la conviction que l'on peut entreprendre quelque chose pour faire face. Et là, l'écart se creuse entre optimistes et pessimistes.

De nombreux travaux sont en cours sur ces illusions positives, qui intéressent beaucoup les spécialistes des sciences humaines : on cherche par exemple à vérifier si leurs bénéfices, assez clairs à court terme, restent valides sur le long terme[26] ; ou si elles ne sont pas davantage adaptées à certains domaines qu'à d'autres (la lutte contre les maladies graves plus que la réussite dans les études). Autrement dit : y aura-t-il des limites à fixer aux bénéfices déjà démontrés de l'optimisme ? Réponse dans quelques années. En attendant, restons optimistes, ou apprenons à le devenir…

➤ *Comment rendre des souris optimistes ?*

Prenez une cuve aux parois lisses, emplie d'un liquide que vous aurez rendu opaque comme du lait, et une quantité suffisante de souris. Séparez les souris au hasard en deux groupes, et plongez-les toutes, une par une, dans la cuve, qui est assez profonde pour qu'elles n'aient pas pied, pardon, pas patte.

Pour faire une découverte intéressante, imaginez le stratagème suivant : les souris du premier groupe auront l'avantage de nager dans une cuve où se trouvera une île engloutie, c'est-à-dire une petite plate-forme, invisible sous la surface de l'eau, mais qui permettra à la souris, lorsqu'elle l'aura trouvée au hasard de sa nage frénétique vers une éventuelle sortie, de se reposer et de récupérer un moment. Les souris du second groupe par contre n'auront pas droit à l'île engloutie, et devront nager tout le temps.

Vérifiez en gros que le temps de nage des souris des deux groupes soit comparable (afin que la fatigue ne fausse pas vos résultats). Retirez-les de la cuve. Laissez vos braves souris nageuses se sécher et récupérer. Puis, replongez-les à nouveau, une par une, dans le liquide laiteux. Cette fois-ci, plus de favoritisme, on n'a plus patte nulle part, l'île engloutie a disparu. Mesurez alors combien de temps vos souris vont désespérément nager, avant de se laisser couler, épuisées et découragées (pensez tout de même à les retirer de la cuve à temps, elles vous en seront reconnaissantes).

Qu'allez-vous trouver ? Les souris qui ont, lors de leur première séance de nage, découvert au hasard l'existence de l'île cachée vont nager deux fois plus longtemps que celles qui sont convaincues, d'après leur première expérience, qu'il n'y a pas d'espoir de reprendre son souffle quelque part[27]. En cas de naufrage et de sauveteurs un peu en retard, les souris du premier groupe auraient été majoritaires parmi les rescapées.

➤ *D'où vient l'optimisme ?*

Vous avez compris comment rendre des souris optimistes. Mais vous avez aussi compris que l'optimisme pouvait s'apprendre…

Les mécanismes d'acquisition de l'optimisme chez l'humain ne sont pas si éloignés de ce qui s'est passé chez nos souris : avoir eu des expériences antérieures où nos efforts ont été récompensés va nous pousser à l'optimisme (au moins dans les domaines où nous avons régulièrement réussi). À l'inverse, des échecs répétés, et surtout subis sans qu'il y ait grand-chose à faire, dans une ambiance d'impuissance à agir (ce qu'on appelle « impuissance apprise ») induiront du pessimisme et une tendance à ne pas chercher d'autre issue aux difficultés que le repli et la passivité.

On sait aussi que les modèles parentaux, optimistes ou pessimistes, et la manière d'encourager, ou de critiquer, les efforts des enfants, pèsent également très lourd sur les futures capacités à l'optimisme de chaque personne[28].

Lorsque des expériences de vie négatives ont eu lieu précocement (carences affectives, violences psychiques ou physiques, expériences abandonniques, etc.), se mettent souvent en place ce que l'on nomme des « troubles de la personnalité ». Ces troubles se caractérisent surtout par un style relationnel à autrui très pathologique (par exemple, une dépendance excessive, ou une agressivité incontrôlable), et des convictions très pessimistes sur les liens sociaux (« je sais à l'avance comment cela finira »). Mais, comme toujours en psychologie, rien n'est immuable... Une étude récente conduite auprès de tels patients[29] a pu montrer des interactions étroites entre l'apparition et le développement de l'optimisme en cours de thérapie, et la diminution des convictions négatives sur l'existence, même si elles étaient très anciennes.

➤ *Pratique de l'optimisme*

Le philosophe Alain écrivait : « Le pessimisme est d'humeur, l'optimisme de volonté. » Eh oui, encore et toujours des efforts à faire ! Voici quelques-unes des directions possibles.

Ni positif ni négatif

La pensée optimiste, nous l'avons vu, est une pensée marquée par le réalisme, la confiance et le pragmatisme. Elle est aussi éloignée de la pensée positive systématique que de la pensée pessimiste.

La pensée optimiste : une pensée réaliste...

Pensée positive	Pensée optimiste	Pensée pessimiste
« Il n'y a aucun problème, tout ira parfaitement bien »	« Il y a des problèmes, mais je vais m'adapter »	« Les problèmes sont insurmontables »
« Je suis parfait(e), et tout le monde m'adore »	« J'ai des qualités et des défauts, et il y a des gens qui m'aiment bien comme cela »	« Je suis minable, et personne ne peut m'aimer »

Réfléchir ET agir

Développer son optimisme va consister à agir autant qu'à réfléchir : être *pleinement* optimiste, c'est convertir ses pensées en action. Plusieurs études ont montré la pertinence et l'efficacité de telles démarches d'entraînement à l'optimisme[30].

Vérifier ses prédictions

Globalement, les efforts à développer vont consister en quatre étapes principales, résumées dans le tableau ci-après : face à une situation donnée, on demande au patient d'envisager :

- la pire issue (pensée pessimiste),
- puis la meilleure issue possible (pensée positive),

• enfin, le compromis le plus probable en fonction de la situation. Le principal objectif de cette démarche consiste à aboutir à une pensée réaliste, à mi-chemin entre la pensée positive et la pensée pessimiste, toutes deux souvent peu adaptées.

• Et surtout, quatrième étape, à vérifier méthodiquement, systématiquement le résultat. La réalité des faits est souvent le meilleur thérapeute qui soit.

Faire confiance a priori *?*

Louis

« L'optimisme, c'est une histoire de confiance. Il y a finalement deux manières d'aborder la vie et les relations aux autres. Soit on ne fait pas confiance *a priori* : on commence par se méfier et on ajuste peu à peu sa vision de la situation ou de la personne, en fonction de ce qui se passe. Efficace, mais un peu fatigant. Soit on fait l'inverse : on accorde sa confiance d'emblée et on observe la suite, sans aveuglement. Cela me semble tout aussi efficace, mais bien plus agréable à vivre. J'ai eu la chance d'avoir été élevé par des parents qui m'ont appris en même temps la confiance et la lucidité. Je donne toujours une chance aux gens. Au départ de toute nouvelle relation le curseur est à 10 sur 20. Ensuite, cela monte ou descend. Je sais que d'autres personnes font partir leur curseur de zéro : il faut conquérir leur confiance. D'autres enfin vous donnent 20 sur 20 *a priori*. Ma femme est comme ça. Il faut vraiment lui en faire voir pour qu'elle en arrive à un jugement négatif. Elle trouve toujours des excuses aux gens. Elle, elle est trop optimiste ! L'inconvénient de sa façon d'être, c'est qu'elle est déçue lorsqu'elle réalise qu'elle s'est trompée sur quelqu'un. Mais finalement, cela n'arrive pas si souvent, ou ce n'est pas forcément dramatique… »

Exemple d'interventions psychothérapiques sur le pessimisme
(Jean-Philippe, trent-six ans, en thérapie cognitive pour prévention de rechute dépressive)

Situation	**Pensée automatique**	**En y réfléchissant, le pire qui puisse arriver**	**En y réfléchissant, le mieux qui puisse arriver**	**En y réfléchissant, ce qui est finalement probable**	**Que puis-je faire d'utile ?**	**Dans la réalité, ce qui s'est vraiment passé**
Bouchon sur le périphérique	Je ne serai jamais à l'heure à mon rendez-vous	Un bouchon géant, j'y reste cinq heures	Cela se débouche très vite, en cinq minutes	Je vais avoir du retard mais on va m'attendre	Je me relaxe, pour arriver en bon état psychologique. Inutile d'ajouter du stress au retard. Un ennui à la fois suffit	Dix minutes de retard au rendez-vous, mais l'autre personne était aussi dans les bouchons, on est arrivé en même temps
Une fête de cinquante personnes prévue à la maison	On va être débordés, on n'en profitera même pas	Les gens s'ennuient, il n'y a pas assez à boire et à manger, ils font des dégâts parce qu'ils sont trop serrés	C'est la meilleure soirée de l'année pour tous les invités	Ce sera globalement sympa, comme d'habitude, ce sont de bons amis	J'enlève le maximum de meubles, et je prévois large pour le boire et le manger	Quelques verres cassés, mais une très bonne soirée
Un entretien d'embauche	Trop stressé, je ne vais pas faire bonne impression	On ne me prend pas	On choisit pour un poste encore mieux que prévu	Ils savent que les candidats sont souvent stressés, ils ont l'habitude	Je me prépare en répétant avec une amie qui travaille dans les relations humaines	On m'a embauché !

L'optimisme n'est autre, finalement, qu'une confiance *a priori* envers l'existence, associée à la conviction qu'en cas de menace ou de déception, l'on saura réagir. Comme nous l'avons déjà dit, l'optimisme ne repose pas seulement sur une *vision* du monde (réaliste et modérément positive), mais sur des aptitudes à *modifier* le monde : savoir s'affirmer, développer son autocontrôle, etc.

Une fois de plus, nous voilà bien éloignés de l'image d'un bonheur placide et médiocre. Le bonheur est actif. Et intelligent…

Cultiver son intelligence du bonheur

« Le cerveau est un organe indispensable au bonheur. »

UN DE MES PATIENTS

Rémi

« Lorsque j'ai rencontré ma future épouse, cela a tout d'abord été le choc des cultures. Elle venait d'un milieu bourgeois, moi d'un milieu ouvrier. Elle ne s'intéressait pas beaucoup aux études, moi j'étais un fort en thème. Elle était joyeuse, j'étais un inquiet. Et nous avions des manières de vivre complètement différentes. Je me souviens du matin qui a suivi la première nuit passée ensemble, le moment du petit déjeuner a été révélateur. Moi, en général, j'expédiais cela en cinq minutes, j'avalais mon café debout, en pensant déjà à la suite : travailler, faire des courses, aller aux cours… Ce matin-là, nous étions chez elle, elle a mis une nappe blanche, de la musique, elle a arrangé la table, en m'expliquant : “C'est notre premier petit déjeuner ensemble, on va en faire un bon moment, d'accord ?” J'étais un peu décontenancé. Je me demandais à quoi cela servait, tout ce tralala, sinon à perdre du temps. J'étais un sauvage du bonheur, et elle, une civilisée. Au fur et à mesure de notre relation, j'ai compris qu'elle souhaitait vivre le plus possible de moments heureux. Et qu'elle avait sur moi une énorme supériorité : une intelligence tranquille du bonheur…

Il est utile de consacrer une bonne part de ses efforts et de son intelligence *au* bonheur. Mais certaines personnes nous montrent qu'il existe sans doute une intelligence *du* bonheur. En quoi consiste-t-elle, et surtout, comment la cultiver et la développer ?

➤ *Observer les gens heureux*

L'aptitude au bonheur est issue de mécanismes psychologiques multiples et subtils, dont nous avons parlé dans les premiers chapitres. Il n'existe pas une seule façon de faire, ou une seule démarche possible — cela se saurait. Face à tout phénomène complexe, le meilleur apprentissage consiste dans l'observation directe de modèles convaincants : c'est ce que les psychologues nomment l'« apprentissage social[31] ». Comment fonctionnent les personnes douées pour le bonheur ? Nous avons tous intérêt à choisir des professeurs de bonheur dont nous observerons, sans qu'ils le sachent forcément d'ailleurs, les attitudes : le bonheur s'enseigne mieux par l'exemple que par le conseil…

Alice

« Une des personnes les plus douées pour le bonheur que je connaisse, c'est mon oncle Pierre. Il n'a pourtant pas eu une enfance très heureuse : son père est mort alors qu'il était très jeune, il a alors été placé en pension. Il a souffert très tôt d'une maladie rhumatismale assez sévère, qui l'a handicapé toute son existence. Mais malgré tout, il a eu une vie heureuse et continue de se dire — et surtout de se montrer — heureux. Il est très convaincant, car il ne le professe pas, il le démontre.

Une fois, au cours d'un de ses voyages à l'étranger, il était passé dormir chez nous. Nous avions un petit appartement, et nous l'avions installé sur un matelas par terre, dans la chambre d'un de nos enfants, un peu ennuyés à cause de ses problèmes de santé, mais il avait refusé notre lit. Le lendemain matin, je l'interroge, assez inquiète, sur la qualité de sa nuit. "Mais Alice, me répondit-il, je n'étais pas installé par terre sur un matelas ! J'étais dans un monde bien plus extraordinaire, cette chambre avec tous ces jouets, ces objets de l'enfance, ces preuves de vie heureuse, avec les petits bruits des rêves de ton fils. C'était inoubliable, je n'aurais jamais eu cela ailleurs, cette intensité de la vie. Je suis un vieux monsieur, pour moi, c'est un bain de Jouvence que tu m'as offert. Je m'en fiche d'avoir mal dormi, j'ai tout le restant de ma vie pour dormir !"

Une autre fois, nous visitions Paris ensemble, il faisait un temps détestable, nous étions complètement perdus et trempés sous une pluie battante, en retard au rendez-vous que nous avions avec des cousins. J'appelai un taxi. Une fois à l'abri et sur le bon chemin, j'étais encore sur la lancée de ma contrariété : j'étais trempée, j'avais froid, faim… Mais mon oncle, lui, s'était déjà débarrassé de toutes ces impressions négatives, et avait engagé avec le chauffeur une grande conversation. En descendant, il me dit : "Quel bon moment ! Nous étions perdus, désemparés, et ce taxi nous a sauvés. En plus, ce type était très amusant et agréable. Et nous voilà arrivés à notre rendez-vous !"

Il a une appétence et une compétence pour le bonheur incroyables. J'ai l'impression qu'il n'a pas le même cerveau que moi, il ne voit pas les mêmes choses, il ne les vit pas de la même façon. Un jour d'automne, nous nous baladions en forêt. Je me laissais aller à mes pensées, quand tout à coup, je vois que mon oncle est resté cent mètres en arrière, l'air bouleversé. Lorsque je l'ai rejoint, il avait le souffle presque coupé, il était très ému : "Quel bonheur d'être ici ! C'est extraordinaire toute cette beauté. Tu te rends compte de notre chance !" J'ai fini la promenade dans un état d'esprit différent, grâce à lui. Mais je n'en revenais pas : il avait alors soixante-dix ans, cela faisait tout de même un bon paquet d'automnes qu'il voyait passer. Mais non, toujours "émerveillable", toujours le souffle coupé par les arbres aux feuilles rougissantes…

C'est la personne qui m'a le plus impressionnée dans ma vie. Pourtant, je me méfie toujours des instituteurs du bonheur, avec leurs petites leçons mièvres. Mais lui, je crois ne jamais l'avoir entendu me donner des conseils de bonheur : pas de sermons, de l'action. Il m'a beaucoup appris sur le bonheur, en douceur. Parce qu'il le vivait… »

➤ *Les petits bonheurs*

Comment le bonheur pourrait-il être « petit » ?

Pourtant, l'évidence s'impose. Tous les surdoués du bonheur insistent sur ces petits bonheurs : « À l'instar de l'or, que l'on trouve en pépites, le bonheur se présente sous forme de miettes : faut-il pour autant le dédaigner[32] ? » Les instants de bonheur sont du bonheur à part entière. Encore faut-il, nous l'avons vu, que nous en soyons conscients et que nous sachions ouvrir les yeux sur eux, pour transformer des instants bénins en moments de conscience heureuse.

Tous les travaux scientifiques confirment d'ailleurs que la fréquence des instants heureux est plus importante que leur intensité : mieux vaut de nombreux petits bonheurs qu'un grand bonheur unique[33].

On sait que la croyance « un grand amour, sinon rien » a causé des ravages considérables dans les âmes romantiques. Il en est de même pour le bonheur : inutile de vouloir hiérarchiser les bonheurs, les grands à ma gauche, les petits à ma droite, et les moyens au milieu… Il faut s'efforcer d'accueillir toutes les prémices de bonheur. On peut parfaitement être *un peu heureux*, ou ressentir un *petit bonheur* : il n'en reste pas moins un bonheur. À la question : « Êtes-vous heureux ? », André Comte-Sponville répondait : « Disons que je suis à peu près heureux, c'est-à-dire heureux[34]. »

Dans une existence ordinaire, le contraire du bonheur n'est pas toujours le malheur, mais l'indifférence au monde, qui finit par aboutir à l'ennui et à l'aveuglement. Le bonheur repose donc sur un mélange complexe de vigilance et de réceptivité, d'efforts et d'abandons, qui rendent possible la survenue de ces *petits bonheurs*…

➤ *Sages mais pas résignés*

Serge Gainsbourg chantait : « Mon vieux, quand on n'a pas ce que l'on aime, il faut aimer ce que l'on a… » De fait, certains bonheurs sont construits sur des petits accommodements avec la vie. D'autres exigent parfois de grands renoncements. On connaît la citation de Madame de Staël : « La gloire est le deuil éclatant du bonheur. » À l'inverse, le bonheur serait-il parfois le renoncement discret à toute forme de gloire ?

La dépendance extrême à des objectifs matériels (la réussite, la célébrité, la richesse) s'avère durablement incompatible avec le bonheur (mais non avec le plaisir). De même, une existence consacrée à la poursuite d'une vocation ou d'une passion : une vie intéressante n'est pas toujours une vie heureuse (il ne lui manquerait pourtant pas grand-chose…).

Pourtant, il ne suffit pas de renoncer pour être heureux, même si le bonheur commence parfois par des renoncements. Il faut ensuite construire (ou jardiner…).

Et la sagesse ne doit pas aboutir à la résignation : savoir dire non, être capable d'écarter des personnes toxiques, s'échapper d'activités désagréables, tout cela est nécessaire au bonheur. Comme l'écrivait Rousseau : « L'espèce de bonheur qu'il me faut, ce n'est pas tant de faire ce que je veux, que de ne pas faire ce que je ne veux pas. »

➤ *Gratitude et bonheur*

Virginie

« Autrefois, j'en ai beaucoup voulu à mes parents : leurs conflits incessants, leurs maladies (ma mère a été alcoolique et mon père était dépressif), et pour finir leur divorce, tout cela faisait que j'avais le sentiment qu'ils étaient responsables de toutes mes difficultés psychologiques. Puis, la vie et tous mes efforts ont changé cela. Il me semble aujourd'hui avoir une existence à peu près heureuse. Et avoir fait la paix avec mon passé. Donc, avec mes parents. J'ai toujours conscience de leurs erreurs, mais j'ai aussi conscience qu'elles n'étaient pas volontaires. J'ai surtout compris ce que je leur dois : ils m'ont appris à aimer les études, les livres, la nature, à respecter autrui, et bien d'autres choses à la base de mes capacités de bonheur actuelles. Parce que aujourd'hui je suis plus heureuse, j'arrive à leur en être reconnaissante. Cette reconnaissance ajoute à mon bonheur. Et sans doute au leur… »

Sauf lors de quelques instants de grâce, le bonheur « habituel » ne surgit pas d'un néant : il est précédé par une histoire et il est l'aboutissement d'un processus. Ce processus est souvent d'essence individuelle, nous en avons parlé (notre histoire et nos efforts). Il est aussi d'essence collective : nous devons certains de nos bonheurs, ou de nos possibilités de bonheur, à des personnes qui nous ont précédés, et nous ont permis d'accéder aux conditions de vie qui sont les nôtres : nos parents, au premier rang, mais aussi nos aïeux ou le genre humain dans son ensemble.

Pour ceux qui douteraient, différents travaux ont confirmé que l'exercice de la gratitude est solidement corrélé aux émotions de bien-être[35]. Une étude à ce propos avait suivi des étudiants pendant dix semaines : certains recevaient pour consigne de noter chaque semaine au moins cinq événements qui leur inspiraient de la reconnaissance envers quelqu'un ; les autres avaient à noter au moins cinq événements stressants. À l'issue de la recherche, les étudiants du groupe « gratitude » donnaient un score significativement plus haut sur les échelles de bonheur et de bien-être[36].

La gratitude n'implique pas que l'on doive tout attendre des autres, ou que notre bonheur leur doit tout. Elle témoigne simplement que l'on est conscient de ce que nous leur devons. Les philosophes, qui la mettent depuis toujours au rang des vertus, l'ont compris avant les psychologues et rappellent à son propos : « Elle se réjouit de ce qu'elle doit, quand l'amour-propre préférerait l'oublier[37]. » La gratitude est bien, à leurs yeux, l'une des composantes du bonheur.

➤ *« Être heureux quand tout va bien… »*

Il faut toujours faire simple…

Plus ce que nous visons est complexe et délicat, plus c'est difficile et impressionnant, plus il faut faire simple.

Alors, la première des choses que vous vous appliquerez à faire en reposant ce livre, ce sera de chercher à « être heureux quand tout va bien[38] ». Un programme d'une grande modestie apparente, mais qui s'avérera à l'usage le plus utile qui soit.

Décider d'être heureux quand tout va bien, c'est déjà beaucoup. C'est prendre la décision de ne plus gâcher les instants où l'on *peut* être heureux. C'est accepter que les bonheurs que l'on attend soient parfois plus petits que prévu et les savourer quand même. C'est comprendre que ne pas rater ce qui s'offre à nous est la première étape, la plus fondamentale, de la construction du bonheur. C'est le plus intelligent et le plus pragmatique des programmes de bonheur…

Conclusion

Bon, finalement, tout est clair, non ?

Si les contes de fées s'arrêtent toujours (voir l'introduction) à : « Ils vécurent heureux… »

Ce n'est pas parce que le bonheur n'est pas intéressant. Au contraire, il passionne tout le monde…

Ce n'est pas parce qu'il est meilleur à imaginer qu'à vivre. Donnez le choix entre les deux à n'importe qui…

Ce n'est pas parce qu'il n'existe pas. Nous l'avons tous aperçu…

Non, si les histoires s'arrêtent toujours à : « Ils vécurent heureux », c'est pour une raison beaucoup plus simple. C'est parce que les contes de fées, qui servent à parler du malheur, nous disent aussi : le bonheur est possible et il vaut mieux aller à sa rencontre qu'en écouter le récit…

Tout cela, vous le saviez, n'est-ce pas ? Bien sûr, le bonheur est possible. Mais comme la vie n'est pas un conte de fées, c'est à vous d'écrire la fin de l'histoire.

Alors, bonne chance, bon courage et bon… heur !

QUATRIÈME PARTIE

Où en êtes-vous avec le bonheur ?

Le but des questionnaires qui suivent n'est pas de vous ranger dans une catégorie, fût-elle flatteuse pour votre ego (« je m'en sors bien ! »), ou confortable pour vos certitudes (« hélas, cela ne m'étonne pas ! »).
Ces outils sont là surtout pour vous faire réfléchir un peu plus à vos rapports personnels et intimes au bonheur. Et pour représenter éventuellement une première étape de vos efforts de changement.

I - Un questionnaire pour évaluer vos prédispositions émotionnelles au bonheur

Le questionnaire ci-dessous se propose d'évaluer vos prédispositions à ressentir des affects agréables. Il est inspiré de deux outils existants[1].

Rappelons que ces prédispositions ne sont pas une condition indispensable, mais indiquent simplement ce que l'on pourrait appeler des « facilités » pour se sentir heureux. D'autres dimensions sont impliquées dans le bonheur. Et les dons ne font pas obligatoirement le succès : souvenez-vous de la fable du lièvre et de la tortue…

Mettez tout simplement une croix dans la case correspondant le mieux à votre situation actuelle.

	Plutôt vrai	**Plutôt faux**
1) Je suis souvent de bonne humeur		
2) Les films, blagues et histoires drôles ne m'amusent guère		
3) Je prends facilement du recul face à mes problèmes		
4) J'aime bien la solitude		
5) Je me remets vite de mes soucis		

	Plutôt vrai	Plutôt faux
6) Je suis souvent triste sans raison		
7) Je suis confiant(e) en l'avenir		
8) Je suis quelqu'un d'inquiet		

➤ *Comment calculer vos résultats ?*

Pour calculer votre nombre de points en fonction de vos réponses, aidez-vous du tableau ci-dessous : par exemple si vous avez mis une croix dans la case « plutôt vrai » à la question 1, vous avez 4 points, tandis que « plutôt faux » vous donne 0 point, etc.

Votre total peut varier de 0 à 24.

	Plutôt vrai	Plutôt faux
1) Je suis souvent de bonne humeur	4	0
2) Les films, blagues et histoires drôles ne m'amusent guère	0	2
3) Je prends facilement du recul face à mes problèmes	2	0
4) J'aime bien la solitude	0	2
5) Je me remets vite de mes soucis	2	0
6) Je suis souvent triste sans raison	0	4
7) Je suis confiant(e) en l'avenir	4	0
8) Je suis quelqu'un d'inquiet	0	4

➤ *Comment interpréter vos résultats ?*

• *Si vous avez obtenu 6 points ou moins* : vos prédispositions émotionnelles au bonheur paraissent modestes. Est-ce que cela correspond bien à votre impression personnelle ? Si oui, il va donc falloir travailler pour développer vos aptitudes au bien-être, mais rien n'est perdu. Chez de nombreuses personnes, l'accès au bonheur se fait souvent de manière progressive tout au long de l'existence. Si vos difficultés sont trop grandes, vous pouvez vous faire aider d'un(e) thérapeute.

• *Entre 8 et 14* : vos prédispositions émotionnelles sont, disons, moyennes. Vous pouvez mieux faire en prenant le temps de réfléchir et d'agir, et en considérant votre bonheur comme une des priorités (sinon *la* priorité) de votre existence. Augmenter votre aptitude au bonheur dépend maintenant de vous.

• *Si vous avez obtenu 16 ou plus* : vous avez hérité de bonnes prédispositions émotionnelles au bonheur, et vous avez les cartes en main pour vous construire une vie heureuse. Attention tout de même de ne pas gâcher vos dons. Et n'oubliez pas que le bonheur est une richesse : faites-en profiter les autres !

II - Un questionnaire pour évaluer le rapport entre votre bien-être et votre travail

Le travail, c'est la santé… Mais est-ce toujours le bonheur ? Ce questionnaire vous propose de réfléchir à ce sujet.

Cochez tout simplement la case correspondant le mieux à votre situation actuelle.

	Plutôt vrai	**Plutôt faux**
1) Je ne ressens jamais le « syndrome du dimanche soir » (spleen et vague à l'âme à la fin du week-end)		
2) Si c'était à refaire, je choisirais le même travail		
3) Je passe de bons moments conviviaux avec mes collègues de travail		
4) Il m'est parfois arrivé d'oublier l'heure alors que j'étais en train de travailler		
5) Je dispose d'une autonomie satisfaisante à mon poste		
6) Je suis satisfait(e) du dialogue avec mes supérieurs hiérarchiques		

	Plutôt vrai	Plutôt faux
7) Mon travail me fait évoluer favorablement sur un plan personnel		
8) Je peux citer trois moments professionnels agréables durant le mois écoulé		
9) J'ai des possibilités d'évoluer dans mon travail		
10) Ma hiérarchie reconnaît mes réussites		

➤ *Comment calculer vos résultats ?*

Comptez simplement 1 point par réponse « plutôt vrai ».

➤ *Comment interpréter vos résultats ?*

• *Moins de 3 réponses « plutôt vrai »* : Il y a sans doute un problème entre vous et votre travail. Est-ce un problème d'orientation (vous travaillez dans un secteur que vous n'avez pas choisi) ? Est-ce un problème d'adaptation (vos conditions de travail actuelles ne sont pas épanouissantes) ? Ou principalement un problème de mauvaise ambiance de travail ?

• *Entre 4 et 6 réponses « plutôt vrai »* : Vous êtes entre deux eaux, votre travail n'est ni une source d'épanouissement ni une source de souffrances. Pouvez-vous améliorer cela ?

• *Avec 7 « plutôt vrai » ou plus* : votre travail contribue clairement à votre développement personnel.

III - Un questionnaire sur votre satisfaction avec l'existence

Ce petit questionnaire est adapté d'un outil de recherche[2], conçu pour être utilisé auprès de populations importantes d'individus. D'où sa simplicité apparente. Il est destiné à explorer une des composantes du sentiment subjectif de bonheur : la satisfaction globale avec sa vie (une autre composante étant le bien-être émotionnel).

Pour chaque item, vous avez à choisir (et à inscrire dans la colonne de droite) une note indiquant à quel point vous êtes en accord, ou en désaccord, avec ce qui est formulé :

7 = tout à fait d'accord
6 = d'accord
5 = légèrement d'accord
4 = ni accord ni désaccord
3 = plutôt en désaccord
2 = pas d'accord
1 = pas du tout d'accord

1) Pour l'essentiel, ma vie est proche de ce que je souhaitais en faire	
2) J'ai d'excellentes conditions de vie	
3) Je suis satisfait(e) de mon existence	

4) Dans la mesure de ce qui était possible, j'ai tiré le meilleur de ma vie	
5) Si c'était à refaire, je ne changerais presque rien à ma vie	
Total des points	

➤ *Comment calculer vos résultats ?*

Faites le total de vos points.

Vous pouvez obtenir une note allant de 5, indiquant que vous n'êtes pas du tout satisfait(e) de votre vie actuelle, à 35, chiffre témoignant au contraire d'une satisfaction maximale.

➤ *Comment interpréter vos résultats ?*

Pour information, la plupart des personnes ayant passé l'échelle (aux États-Unis) obtenaient des scores situés entre 21 et 25 :

• *De 5 à 20*, vous êtes donc moins satisfait(e) de l'existence que la moyenne.
• *Entre 21 et 25*, vous vous situez dans la moyenne.
• *Au-dessus de 26*, vous êtes plus satisfait(e) de votre vie que la moyenne.

IV - Une échelle de petits bonheurs quotidiens

Nous vous proposons ici une échelle d'autoévaluation destinée à faire le point sur les petites sources de bien-être quotidien, et dont vous pouvez vous inspirer pour la construction de votre bonheur personnel. Cette échelle est dérivée d'un programme thérapeutique proposé aux patients souffrant de dépressions modérées[3]. Elle présente un double intérêt : offrir un panorama des diverses activités agréables au quotidien (et donc permettre un bilan personnel en la matière), mais aussi en permettre la personnalisation.

Pour chaque activité, il vous est demandé le degré de plaisir qu'elle vous procure, mais aussi la fréquence avec laquelle vous l'avez pratiquée durant les trente derniers jours. Le produit de ces deux chiffres représente alors la satisfaction obtenue. Ainsi, une activité fréquente mais peu plaisante à vos yeux ne vous apportera guère de points, pas plus qu'une activité plaisante, mais que vous ne prenez pas assez le temps de pratiquer. Cette échelle tente donc de combiner les deux dimensions *top-down* (de haut en bas) et *bottom-up* (de bas en haut) évoquées au chapitre 5.

➤ *Comment utiliser le questionnaire ?*

• Pour chaque activité, donnez un chiffre de 0 à 2 pour décrire le degré de plaisir obtenu en la pratiquant :

0 = pas de plaisir
1 = un peu de plaisir
2 = beaucoup de plaisir

• Procédez de même pour la fréquence au cours du dernier mois :

0 = activité non pratiquée dans le dernier mois
1 = pratiquée une à six fois
2 = pratiquée sept fois ou plus

• La « quantité » de satisfaction apportée par cette activité vous est indiquée par la multiplication de ces deux chiffres : par exemple si « respirer du bon air » vous donne beaucoup de plaisir (note 2) mais que vous ne l'ayez fait que deux fois ce mois-ci (note 1), votre note de satisfaction obtenue sera de 2 x 1 = 2. Cette note de satisfaction peut donc varier de 0 à 4.

	Plaisir (de 0 à 2)	**Fréquence (de 0 à 2)**	**Satisfaction obtenue (Plaisir x Fréquence)**
1) Respirer du bon air			
2) Bien manger			
3) Aller au restaurant			
4) Bien dormir la nuit			
5) Être détendu(e)			
6) Se sentir en paix			
7) Avoir du temps libre			
8) Rire			

	Plaisir (de 0 à 2)	Fréquence (de 0 à 2)	Satisfaction obtenue (Plaisir x Fréquence)
9) Voir un beau spectacle ou un beau paysage			
10) Être assis(e) au soleil			
11) Porter des vêtements propres			
12) Écouter la radio			
13) Écouter de la musique			
14) Lire			
15) Se trouver avec des animaux			
16) Regarder d'autres personnes			
17) Sourire à d'autres personnes			
18) Faire la connaissance de quelqu'un			
19) Avoir une conversation agréable avec quelqu'un			
20) Avoir une discussion utile			
21) Complimenter ou féliciter quelqu'un			
22) Être accepté(e) dans un groupe			
23) Être en compagnie de gens gais ou heureux			

	Plaisir (de 0 à 2)	Fréquence (de 0 à 2)	Satisfaction obtenue (Plaisir x Fréquence)
24) Être avec des amis			
25) Voir de vieux amis			
26) Boire un coup avec des amis			
27) Voir que des amis ou des proches vont bien			
28) Songer à des personnes que j'aime			
29) Être avec quelqu'un que j'aime			
30) Entendre dire qu'on m'aime			
31) Plaire à quelqu'un			
32) Exprimer mon amour à quelqu'un			
33) Câliner, caresser			
34) Embrasser			
35) Faire l'amour			
36) Sentir la présence de Dieu dans ma vie			
37) Être sollicité(e) pour aider ou donner mon avis			
38) Dire clairement quelque chose			
39) Voir que quelqu'un s'intéresse à ce que je dis			

	Plaisir (de 0 à 2)	**Fréquence (de 0 à 2)**	**Satisfaction obtenue (Plaisir x Fréquence)**
40) Faire rire des gens			
41) Planifier ou organiser quelque chose			
42) Préparer une sortie, une excursion, des vacances			
43) Conduire tranquillement une voiture			
44) Mener un travail à bien			
45) Voir aboutir un projet			
46) Apprendre à faire quelque chose			
47) Recevoir un compliment			
48) Penser à quelque chose à venir d'agréable			
TOTAUX			

Quelques items du questionnaire vous ont peut-être surpris(e). Pensez que cette échelle a été conçue pour s'appliquer également à des patients en détresse matérielle, d'où la question 11 sur les vêtements propres, et qu'elle est d'origine américaine, d'où la question 43 sur la conduite automobile (aux États-Unis, la voiture est, encore plus largement que chez nous, un symbole d'autonomie, et partant, de bonheur).

➤ *Comment calculer vos résultats ?*

Faites la somme des points obtenus dans chacune des trois colonnes.

• Vous devez obtenir pour les deux premières colonnes une note comprise entre 0 et 96 points.

• Pour la troisième colonne, le total se situera entre 0 et 192 points.

➤ *Comment interpréter vos résultats ?*

Vous pouvez comparer le total des points que vous avez obtenus à cette échelle avec ceux d'une population présentant des difficultés psychologiques d'intensité variable, qui étaient les suivants[4] :

• Plaisir : note moyenne à 51 (comprise entre 35 et 67).

• Fréquence : note moyenne à 49 (comprise entre 27 et 71).

• Satisfaction : note moyenne à 72 (comprise entre 34 et 110).

Si vous vous trouvez dans la moyenne, ou même au-dessus, votre vie vous offre apparemment une quantité de petits bonheurs tout à fait satisfaisants. Vous pouvez encore les augmenter (on n'est jamais *trop* heureux…) en observant quels sont les items auxquels vous avez obtenu peu de points. Mais vous pouvez aussi éviter le perfectionnisme, et continuer comme cela…

Si vous vous trouvez au-dessous de la moyenne, ce questionnaire peut être l'occasion de réfléchir à cette apparente pénurie en petits bonheurs quotidiens. Faut-il augmenter la fréquence de certains d'entre eux ? Notamment ceux qui vous procurent du plaisir (*cf.* colonne 1), mais que vous ne pratiquez pas assez souvent (*cf.* colonne 2). Ou bien faut-il en inventer de nouveaux, qui ne figurent pas sur la liste (bien sûr non limitative) ?

V - Un questionnaire sur votre profil de bonheur

Nous pouvons ressentir du bonheur dans quatre domaines différents :

- action (bonheur plutôt externe, et de mouvement),
- satisfaction (bonheur plutôt externe, et de recul),
- maîtrise (bonheur plutôt interne, et de mouvement),
- sérénité (bonheur plutôt interne, et de recul).

Pour chaque question, choisissez la réponse qui se rapproche le plus de votre point de vue actuel, en entourant la lettre correspondante :

1) Le bonheur, vous le…	
• poursuivez	(A)
• savourez	(SE)
• ressentez	(M)
• recevez	(S)
2) Vous disposez de quinze jours de vacances. Vous choisissez de…	
• faire une retraite sur une île déserte	(SE)
• louer une grande maison à la campagne avec vos enfants et petits-enfants	(S)
• faire un stage de plongée sous-marine ou de calligraphie chinoise	(M)
• faire un voyage avec de vieux amis	(A)
3) L'animal dont vous imaginez le mieux le bonheur ?	
• le cheval	(A)
• l'éléphant	(S)
• le chat	(SE)
• l'oiseau	(M)

4) Le bonheur qui vous ferait frissonner le plus fort ?	
• survoler une montagne en planeur, au soleil couchant	(M)
• sauver la vie de quelqu'un	(A)
• endormir un enfant dans vos bras	(SE)
• recevoir le prix Nobel à Stockholm, ou un Oscar à Hollywood	(S)
5) Face à un bonheur, que faites-vous ?	
• vous faites tout de suite de nouveaux projets	(M)
• vous vous asseyez et vous pensez au chemin parcouru	(S)
• vous criez et sautez de joie	(A)
• vous fermez les yeux et vous savourez	(SE)
6) La musique, vous aimez :	
• aller l'écouter en concert avec des amis	(A)
• avoir le disque et le passer quand vous voulez	(S)
• la jouer	(M)
• vous en souvenir et la chantonner	(SE)
7) Un verbe pour décrire le bonheur :	
• avancer	(M)
• construire	(S)
• renoncer	(SE)
• partager	(A)
8) La plus belle mort :	
• dans votre sommeil	(SE)
• en faisant l'amour	(A)
• après une fête de famille	(S)
• absorbé(e) dans un travail que vous aimez	(M)
9) Le plus grand bonheur avec une maison que vous aimez :	
• la construire	(A)
• l'entretenir et l'embellir	(M)
• l'habiter	(S)
• la quitter et la retrouver	(SE)
10) Des moments de bonheur avec un enfant :	
• lui apprendre quelque chose	(M)
• penser à lui	(SE)
• partager ses jeux	(A)
• le regarder vivre	(S)

➤ *Comment calculer vos résultats ?*

Comptez combien de fois vous avez obtenu chacune des quatre lettres (A, S, M ou SE), et reportez-en le total dans le tableau ci-dessous. Le total de vos réponses doit être égal à 10.

Type de bonheur	**Nombre de lettres correspondant**
Action	Total des A = …
Satisfaction	Total des S = …
Maîtrise	Total des M = …
Sérénité	Total des SE = …

➤ *Comment interpréter vos résultats ?*

Vous pouvez obtenir, pour chacun des profils de bonheur, une note de 0 à 10. Plus votre note sera élevée dans un domaine, plus ce domaine sera celui qui aura votre prédilection.

Mais réfléchissez aussi aux domaines dans lesquels vous avez obtenu les notes les plus basses : ce sont ceux que vous aurez intérêt à développer, pour élargir encore vos capacités de bonheur.

➤ *Si vous avez obtenu une majorité de réponses « Bonheur d'action »*

Votre devise de bonheur : « Agir et partager ».

Ce type de bonheur est lié à la plénitude ressentie en participant à des événements extérieurs. C'est celui que l'on peut éprouver lors d'activités accomplies en groupe : travail en commun, loisirs avec de la famille ou des amis… C'est un bonheur d'action, mais aussi de lien, de partage, d'appartenance.

Une monoculture de ce bonheur peut conduire à une certaine superficialité, à une recherche systématique des plaisirs et stimulations de l'extraversion, à une dépendance à autrui pour se sentir exister. Mais les vertus du bonheur d'action sont aussi bien réelles : il s'exprime et se perçoit facilment, et il se communique et se transmet donc volontiers à l'entourage. Le bonheur est une richesse, et le partager en est un des devoirs…

➤ *Si vous avez obtenu une majorité de réponses « Bonheur de satisfaction »*

Votre devise de bonheur : « S'asseoir et savourer ».

Ce type de bonheur est lié au recul et à la satisfaction intérieurement ressentie grâce à l'atteinte d'objectifs personnels investis. Ce n'est pas qu'un bonheur matérialiste, il peut aussi provenir, par exemple, du sentiment que l'on éprouve d'avoir aidé autrui. C'est un bonheur de lien au monde, mais mentalisé, ressenti davantage dans le recul que dans l'action.

Privilégier à l'excès ce type de bonheur de satisfaction peut induire matérialisme (si les objectifs sont atteints) ou insatisfaction (s'ils ne le sont pas). Cependant, le bonheur d'action représente une puissante source d'énergie pour entreprendre et construire. Car contrairement à ce que l'on entend souvent, le bonheur est parfaitement compatble avec la créativité et la motivation…

➤ *Si vous avez obtenu une majorité de réponses « Bonheur de maîtrise »*

Votre devise de bonheur : « S'engager et aller au bout ».

Ce type de bonheur se caractérise par le fait d'être totalement absorbé(e) et épanoui(e) dans une activité que l'on aime et que l'on maîtrise : il découle du sentiment agréable de contrôle alors ressenti. On parle d'état de « flow » pour décrire cette sensation de *flux* harmonieux de pensées et surtout de sensations qui en découlent.

Cultiver exclusivement ce bonheur de maîtrise, centré sur les bénéfices personnels d'une activité intense, risque d'aboutir au mieux à de l'activisme, à une dépendance au travail ou à l'action, et au pire à de l'égoïsme. Mais le bonheur de maîtrise permet aussi l'excellence et l'expertise : il est la nourriture de celles et ceux qui aspirent au dépassement de soi…

➤ *Si vous avez obtenu une majorité de réponses « Bonheur de sérénité »*

Votre devise de bonheur : « Présence et distance au monde ».

Ce bonheur repose sur un mélange de réceptivité, de repos, de distance avec la marche du monde. On se sent alors heureux(se) d'être là, à côté des événements de la vie, mais pas absorbé(e) par eux. Cette distance n'est pas de l'indifférence, car ce bonheur survient presque toujours à l'occasion d'un moment de vie : en regardant un coucher de soleil, ou une aurore, alors que tout le monde dort encore ; en entendant un air de musique ; en réalisant tout simplement que l'on se trouve au calme, et heureux(se) de l'être…

Ne développer dans sa vie que ce bonheur de sérénité peut induire une certaine forme de passivité, de fatalisme, de désengagement envers les combats nécessaires de la vie. Pourtant, ce même bonheur favorise grandement l'accès à la paix intérieure et à la tolérance, qui peuvent représenter de meilleures bases existentielles que bien des émotions négatives…

VI - Un questionnaire sur le pessimisme et l'optimisme

Ce questionnaire est inspiré de deux outils scientifiques[5], destinés à évaluer l'optimisme et le « lieu de contrôle » (ce qui nous arrive dépend-il de nous, ou du hasard et des autres ?). Ces deux données s'avèrent importantes dans la capacité à construire et préserver son bonheur.

Cochez chaque fois la case correspondant à la phrase la plus proche de votre point de vue actuel :

1	On peut toujours s'entendre avec les gens			Il y a des gens avec qui il est impossible de s'entendre
2	J'aime bien rester sans rien faire			J'ai toujours besoin de faire quelque chose pour m'occuper
3	Prévoir le pire permet de mieux s'y préparer			Faire confiance à l'avenir rend la vie plus agréable
4	Quand j'ai des soucis, je m'endors en me disant « la nuit porte conseil »			Je n'aime pas qu'une journée s'achève sur des problèmes non résolus
5	On n'échappe pas à son passé			On peut toujours infléchir son destin
6	Je me mets parfois en colère			Je ne m'énerve pas facilement

7	Je crois en la notion de progrès			Je pense souvent que les humains courent à leur perte
8	Si un ennui doit arriver, il arrivera			Le pire n'est jamais sûr
9	J'aime surtout les couchers de soleil			Je préfère voir le soleil se lever
10	J'ai souvent de la chance dans la vie			En général, je n'ai pas de chance
11	On peut changer le cours des choses			Le plus souvent, on subit le cours des choses
12	Chagrin d'amour dure toute la vie			Un(e) de perdu(e) dix de retrouvé(e)s
13	Sur toute une carrière professionnelle, la compétence fait toujours la différence			Il y a beaucoup d'autres choses que la compétence qui expliquent la réussite : piston, chance, compromission
14	J'aime les carrés			Je préfère les cercles
15	Quand je perds un objet, je finis toujours par le retrouver lorsque je ne le cherche plus			Si on ne retrouve pas les choses égarées tout de suite, on ne retombera dessus que lorsqu'on n'en aura plus besoin
16	Il est le plus souvent inutile d'essayer de changer l'avis des gens, car tout est relatif			Cela vaut toujours la peine d'essayer de convaincre les gens qui sont dans l'erreur

➤ *Comment calculer vos résultats ?*

Si vous avez choisi la colonne de gauche aux questions 1, 4, 7, 10, 11, 13, 15 : comptez 1 point. À ces questions, pas de point pour la colonne de droite.

Si vous avez choisi la colonne de droite aux questions 3, 5, 8, 12, 16 : comptez 1 point. À ces questions, pas de point pour la colonne de gauche.

Les questions 2, 6, 9, 14 étaient là juste pour faire diversion dans la mécanique du questionnaire…

Vous pouvez donc obtenir un total allant de 0 à 12 points.

➤ *Comment interpréter vos résultats ?*

• *Moins de 3 points* : Vous ne serez pas surpris(e) d'apprendre que vous êtes plutôt pessimiste… Vous avez tendance à anticiper négativement, chaque fois que vous vous trouvez face à quelque chose d'incertain. Vous estimez aussi que nous n'avons guère de moyens pour influencer le cours de nos vies. Vous avez donc du travail pour développer une vision différente de l'existence, plus compatible avec des moments de bonheur : rassurez-vous, contrairement à ce que vous avez tendance à penser (normal, pour l'instant c'est votre pessimisme qui est aux commandes), le changement est possible…

• *De 4 à 8 points* : Vous avez d'indéniables capacités à l'optimisme, mais les démons du pessimisme vous rattrapent parfois. Ceci peut représenter, finalement, une position assez efficace dans l'existence : votre optimisme ne s'active que lorsque les circonstances l'exigent ou le permettent. C'est à vous de vérifier que c'est bien le cas. Mais vous pouvez encore progresser. Par exemple, en réfléchissant aux bénéfices que vous attribuez au pessimisme : sont-ils si évidents ? Et aussi aux moyens d'être davantage optimiste même dans l'adversité : arriver à se battre, tout en restant confiant(e). Tout un passionnant travail sur vous-même…

• *9 points ou plus* : Vous appartenez à l'heureuse famille des optimistes : vous faites *a priori* confiance à l'avenir, et aussi à vos capacités à le construire et à l'infléchir. Vous n'aimez guère ruminer : réfléchir, agir, puis passer à autre chose, voilà plutôt votre stratégie face à l'existence. Votre optimisme vous permet d'accéder plus facilement à des émotions de bien-être et de bonheur. Préservez-le précieusement, continuez de le cultiver, et n'oubliez pas de partager avec vos proches moins doués en la matière…

Pour en savoir plus

Ouvrages sur la psychologie du bonheur et du bien-être

American Psychologist, Special Issues on Happiness, Excellence, and Optimal Human Functioning, vol. 55, n° 1, January 2000.

M. ARGYLLE, *The Psychology of Happiness*, Londres, Taylor & Francis, 2001.

F. et L. CAVALLI-SFORZA, *La Science du bonheur*, Paris, Odile Jacob, 1998.

E. C. CHANG (éd.), *Optimism and Pessimism. Implications for Theory, Research and Practice*, Washington DC, American Psychological Association, 2001.

M. CSIKSZENTMIHALYI, *Vivre*, Paris, Robert Laffont, 2004.

D. KAHNEMAN, E. DIENER, N. SCHWARZ (éds), *Well-being. The Foundations of Hedonic Psychology*, New York, Russell Sage Foundation, 1999.

P. LEGRENZI, *Le Bonheur*, Bruxelles, De Boeck, 2001.

D. LYKKEN, *Happiness. The Nature and Nurture of Joy and Contentment*, New York, St-Martin's Griffin, 1999.

D. G. MYERS, *The Pursuit of Happiness*, New York, Avon Books, 1992.

C. R. SNYDER, S. J. LOPEZ, *Handbook of Positive Psychology*, Oxford, Oxford University Press, 2002.

R. E. THAYER, *The Origin of Everyday Mood*, Oxford, Oxford University Press, 1996.

J. VAN RILLAER, *La Gestion de soi*, Bruxelles, Mardaga, 1992.

D. WATSON, *Mood and Temperament*, New York, Guilford Press, 2000.

Ouvrages sur la philosophie et l'histoire du bonheur

ALAIN, *Propos sur le bonheur*, Paris, Gallimard, 1928.

AUGUSTIN, *La Vie heureuse*, Paris, Payot et Rivages, 2000.

A. DE BOTTON, *Les Consolations de la philosophie*, Paris, Mercure de France, 2001.

P. BRUCKNER, *L'Euphorie perpétuelle. Essai sur le devoir de bonheur*, Paris, Grasset, 2000.

MADAME DU CHÂTELET, *Discours sur le bonheur*, Paris, Payot et Rivages, 1997.

A. COMTE-SPONVILLE, *Petit Traité des grandes vertus*, Paris, PUF, 1995.

A. COMTE-SPONVILLE, *Dictionnaire philosophique*, Paris, PUF, 2001.

A. COMTE-SPONVILLE, *Le Bonheur, désespérément*, Nantes, Pleins Feux, 2000.

M. CONCHE, *Montaigne ou la conscience heureuse*, Paris, PUF, 2002.

ÉPICURE, *Lettre sur le bonheur*, Paris, Mille et une nuits, 1993.

L. FERRY, *Qu'est-ce qu'une vie réussie ?*, Paris, Grasset, 2002.

R. MAUZI, *L'Idée du bonheur dans la littérature et la pensée françaises au XVIIIe siècle*, Genève, Slatkine Reprints, 1979.

PLUTARQUE, *La Sérénité intérieure*, Paris, Payot et Rivages, 2001.

L. PRIOREFF, *Le Bonheur. Anthologie de textes philosophiques et littéraires*, Paris, Maisonneuve et Larose, 2000.

B. RUSSELL, *La Conquête du bonheur*, Paris, Payot et Rivages, 2001.

A. SCHOPENHAUER, *L'Art d'être heureux*, Paris, Seuil, 2001.

P. TEILHARD DE CHARDIN, *Sur le bonheur*, Paris, Seuil, 1966.

P. VAN DEN BOSCH, *La Philosophie et le Bonheur*, Paris, Flammarion, 1997.

B. VERGELY, *Petite philosophie du bonheur*, Toulouse, Milan, 2001.

Ouvrages sur l'exercice du bonheur au quotidien

DALAÏ-LAMA et H. CUTLER, *L'Art du bonheur*, Paris, Robert Laffont, 1999.

P. DELERM, *Le Bonheur. Tableaux et bavardages*, Paris, Éditions du Rocher, 1986.

P. DELERM, *La Première Gorgée de bière, et autres plaisirs minuscules*, Paris, Gallimard, 1997.

P. DELERM, *La Sieste assassinée*, Paris, Gallimard, 2001.

A. E. ELLIS, *How to make Yourself Happy and Remarkably Less Disturbable*, Atascadero, Impact Publishers, 1999.

A. MEMMI, *Ah, quel bonheur !*, Paris, Arléa, 1999.

A. MEMMI, *L'Exercice du bonheur*, Paris, Arléa, 1995.

A. MEMMI, *Bonheurs*, Paris, Arléa, 1992.

D. NIVEN, *The 100 Simple Secrets of Happy People. What Scientists have learned and how you can use it*, San Francisco, Harper Collins, 2000.
D. NOGUEZ, *Les Plaisirs de la vie*, Paris, Payot et Rivages, 2000.
M. RICARD, *Plaidoyer pour le bonheur*, Paris, NIL éditions, 2003.
P. SANSOT, *Du bon usage de la lenteur*, Paris, Payot et Rivages, 1998.
M. SELIGMAN, *Apprendre l'optimisme*, Paris, InterÉditions, 1994.
J.-L. SERVAN-SCHREIBER, *Vivre content*, Paris, Albin Michel, 2002.
S. C. VAUGHAN, *Half Empty, Half Full. How to take Control and Live Life as an Optimist*, Orlando, Harcourt, 2000.

De nombreuses revues ont consacré des numéros spéciaux au thème du bonheur

Beaux-Arts Magazine, « 132 pages de bonheur dans l'art contemporain, la peinture du XVIIIe siècle, la BD, le design, la mode, la publicité... », n° 188, janvier 2000.
Magazine littéraire, « La tentation du bonheur », n° 389, juillet-août 2000.
Le Nouvel Observateur, « Le bonheur, mode d'emploi », hors-série n° 36, 1999.
Psychologies Magazine, « Dossier Bonheur », n° 161, avril 1998.
Sciences humaines, « Le bonheur, de la philosophie antique à la psychologie contemporaine », n° 75, août-septembre 1997.

Hommages

À André Comte-Sponville, dont les écrits ont éclairé la rédaction de cet ouvrage.

À Philippe Delerm, qui osa célébrer les plaisirs (et bonheurs) minuscules.

À la mémoire de Robert Mauzi, dont la monumentale somme, *L'Idée du bonheur dans la littérature et la pensée françaises au XVIIIe siècle*, m'a procuré un immense bonheur de lecture.

Remerciements

À Odile Jacob, pour sa présence attentive à toutes les étapes de ce projet.

À Catherine Meyer, pour son aide éditoriale et psychologique.

À Jean-Jérôme Renucci, pour sa sobre et constante efficacité.

À Cécile Andrier et Hélène Sabatier, pour leur soutien amical.

Aux professeurs Henri Lôo et Jean-Pierre Olié, pour le bonheur de travailler à leurs côtés dans le service hospitalo-universitaire de l'hôpital Sainte-Anne à Paris.

À mes confrères et amis : Frédéric Fanget, pour ses conseils chaleureux, Jacques Van Rillaer, pour ses apports scientifiques.

Aux patients qui ont accepté de me relire et de critiquer (avec justesse) les écrits de leur thérapeute : Annie, Christine, Laure, Maud et Jean-Marc.

À Misou et Clémence, pour leurs pertinentes remarques sur ce manuscrit.

À mes amis et proches, pour leurs opinions, expériences de vie, et, citations : Danièle Laufer, Pierre Boisard, Jacques-Franck De Gioanni, Florian Kleinefenn, Bertrand Legendre, Pierre Ricard, Étienne et l'heureuse famille Prache (dont les témoignages parcourent ce livre). Toutes mes excuses à celles et ceux que j'aurais oubliés : j'ai tant parlé du bonheur autour de moi…

À mes parents, évidemment, pour les bonheurs qu'ils m'ont donnés et ceux qu'ils m'ont permis d'atteindre.

Enfin, et surtout, à mes trois filles pour leurs conseils pleins de bon sens, et leur participation joyeuse à la naissance et à la rédaction de ce livre.

Notes

Première partie
Le bonheur est-il possible ?

Chapitre premier
QU'EST-CE QUE LE BONHEUR ?

1. P. VAN DEN BOSCH, *La Philosophie et le Bonheur*, Paris, Flammarion, 1997.
2. J.-C. GUILLEBAUD, *La Tyrannie du plaisir*, Paris, Seuil, 1998.
3. J. DANIEL, Introduction à l'ouvrage *Le Bonheur. Anthologie de textes philosophiques et littéraires*, Paris, Maisonneuve et Larose, 2000.
4. A. COMTE-SPONVILLE, *Dictionnaire philosophique*, Paris, PUF, 2000.
5. *Dictionnaire des mots de la foi chrétienne*, Paris, Éditions du Cerf, 1968.
6. A. REY, *Dictionnaire historique de la langue française*, Paris, Dictionnaires Le Robert, 1992.
7. D. KAHNEMAN, E. DIENER, N. SCHWARZ (éds), *Well-Being : The Foundations of Hedonic Psychology*, New York, Russel Sage, 1999.
8. J.-L. SERVAN-SCHREIBER, *Vivre content*, Paris, Albin Michel, 2002.
9. M. CONCHE, *Montaigne, ou la conscience heureuse*, Paris, PUF, 2002.
10. A. DAMASIO, *Le Sentiment même de soi*, Paris, Odile Jacob, 1999.
11. Cité par P. FOULQUIÉ, *Dictionnaire de la langue philosophique*, Paris, PUF, 1962, p. 74.
12. F. LECLERC, *Pieds nus dans l'aube*, Montréal, Bibliothèque québécoise, 1982.

13. P. Delerm, *Le Bonheur, tableaux et bavardages*, Paris, Éditions du Rocher, 1998.

Chapitre 2
Le bonheur empêché

1. M. Yourcenar, *Feux*, Paris, Gallimard, 1993.
2. P. Fort, *Ballades françaises*, Paris, Flammarion, 1983, p. 91.
3. E. Mozzani, *Le Livre des superstitions*, Paris, Robert Laffont, 1995.
4. F. et S. Cavalli-Sforza, *La Science du bonheur*, Paris, Odile Jacob, 1998.
5. S. Heimpel *et al.*, « Do people with low self-esteem really want to feel better ? Self-esteem differences in motivation to repair negative mood », *Journal of Personality and Social Psychology*, 2002, 82 : 128-147.
6. A. Braconnier, *Petit ou grand anxieux*, Paris, Odile Jacob, 2002.
7. P. Legrenzi, *Le Bonheur*, Bruxelles, De Boeck Université, 2001, p. 34-35.
8. J. E. Young, J. Klosko, *Je réinvente ma vie*, Montréal, Éditions de l'Homme, 1995.
9. L. Abramson *et al.*, « Learned helplessness in humans : Critique and reformulation », *Journal of Abnormal Psychology*, 1978, 87 : 49-74.
10. Guilleragues, *Lettres de la religieuse portugaise*, Paris, Mille et une nuits, 2000.
11. A. T. Beck *et al.*, « The measurement of pessimism : The "Hopelessness scale" », *Journal of Consulting and Clinical Psychology*, 1974, 42 : 861-865.
12. J. Audiberti, *Race des hommes*, Paris, Gallimard, 1968.
13. A. Comte-Sponville, *op. cit.*
14. C. Prieur, « Les écueils de la liberté », *Le Monde*, 20 décembre 2002, p. 14.
15. B. Cyrulnik, *Un merveilleux malheur*, Paris, Odile Jacob, 1999.
16. W. Styron, *Face aux ténèbres. Chronique d'une folie*, Paris, Gallimard, 1990.
17. A. Solomon, *Le Diable intérieur. Anatomie de la dépression*, Paris, Albin Michel, 2002.

Chapitre 3

LE BONHEUR : UNE HISTOIRE INTIME

1. R. E. THAYER, *The Origin of Everyday Moods*, Oxford, Oxford University Press, 1996.
2. D. WATSON, « Measuring mood : A structural model », *in Mood and Temperament*, New York, Guilford Press, 2000, p. 31-61.
3. N. SCHWARZ et G. L. CLORE, « Mood, misattribution and judgments of well-being : Informative and directive functions of affective states », *Journal of Personality and Social Psychology*, 1983, 45 : 513-523.
4. N. SCHWARZ *et al.*, « Soccer, rooms and the quality of your life : Mood effects on judgments of satisfaction with life in general and with specific domains », *European Journal of Social Psychology*, 1987, 17 : 69-79.
5. E. DIENER, R. J. LARSEN, « Temporal stability and cross-situational consistency of affective, behavioral and cognitive responses », *Journal of Personality and Social Psychology*, 1984, 47 : 871-883.
6. D. WATSON, « The dispositional basis of affect », *in Mood and Temperament, op. cit.*, p. 144-173.
7. L. A. CLARK, D. WATSON, « Mood and the mundane : Relations between daily life and self-reported mood », *Journal of Personality and Social Psychology,* 1988, 54 : 296-308.
8. P. T. COSTA *et al.*, « Environmental and dispositional influences on well-being : Longitudinal follow-up of an American national sample », *British Journal of Psychology,* 1987, 78 : 299-306.
9. D. WATSON D, *Mood and Temperament, op. cit.*
10. H. J. EYSENCK, *The Biological Basis of Personality*, Springfield, 1967.
11. W. VAN DER DOES, « Differents types of experimentally induced sad mood », *Behavior Therapy,* 2002, 33 : 551-561.
12. C. L. RUSTING, R. J. LARSEN, « Diurnal patterns of unpleasant mood : Associations with neuroticism, depression and anxiety », *Journal of Personality,* 1998, 66 : 87-103.
13. R. DE BEAUREPAIRE, « Anatomies discrètes du bonheur et du malheur », *Dépression*, 2000, 18 : 51-53.
14. A. J. TOMARKEN, A. D. KEENER, « Frontal brain asymmetry and depression : A self-regulatory perspective », *Cognition and Emotion,* 1998, 12 : 387-420.

15. A. F. LEUCHTER *et al.*, « Changes in brain function of depressed patients during treatment with placebo », *American Journal of Psychiatry,* 2002, 159 : 122-129.
16. A. L. BRODY *et al.*, « Regional brain metabolic changes in patients with major depression treated with either paroxetine or interpersonal therapy », *Archives of General Psychiatry*, 2001, 56 : 631-640.
17. A. ERNAUX, *La Place*, Paris, Gallimard, 1983.
18. L. PRIOREFF, *Le Bonheur*, Paris, Maisonneuve et Larose, 2000, p. 222.
19. A. RÉMOND, *Chaque jour est un adieu*, Paris, Seuil, 2000.
20. J. ANOUILH, *Antigone*, Paris, La Table ronde, 1946.
21. D. D. DANNER *et al.*, « Positive emotions in early life and longevity : Findings from the nun study », *Journal of Personality and Social Psychology,* 2001, 80 : 804-813.
22. A. COMTE-SPONVILLE, *op. cit.*, p. 621.
23. *Impact Médecine*, n° 14, 31 octobre 2002, p. 6-8.
24. A. COMTE-SPONVILLE, *op. cit.*, p. 322.
25. R. HELSON, E. C. LOHNEN, « Affective coloring of personality from young adulthood to midlife », *Personality and Social Psychology Bulletin,* 1998, 24 : 241-252.

Deuxième partie
Comprendre et défendre le bonheur

Chapitre 4
OÙ CHERCHER LE BONHEUR ?

1. A. SCHOPENHAUER, *L'Art d'être heureux*, Paris, Seuil, 2001, p. 29.
2. J. LECOMTE, « Le bien-être au quotidien », *Sciences humaines,* 1997, n° 75, p. 26-29.
3. E. DIENER *et al.*, « The relationship between income and subjective well-being : Relative or absolute ? », *Social Indicators Research*, 1993, 28 : 195-223.
4. E. DIENER *et al.*, *art. cit.*
5. A. CAMPBELL, *The Sense of Well-Being in America*, New York, McGraw-Hill, 1981.
6. P. BRICKMAN *et al.*, « Lottery winners and accidents victims : Is happiness relative ? », *Journal of Personality and Social Psychology*, 1978, 36 : 917-927.

7. P. Thoits, M. Hannan, « Income and psychological distress », *Journal of Health and Social Behaviour*, 1979, 20 : 120-138.
8. T. Ter Schiphorts, *Joseph Delteil*, Paris, Éditions CLT, 1977.
9. F. Beigbeder, *99 francs*, Paris, Grasset, 2000 (devenu depuis 2002 : *14,99 euros*…).
10. A. De Botton, *Les Consolations de la philosophie*, Paris, Mercure de France, 2001.
11. C. Olievenstein, *Il n'y a pas de drogués heureux*, Paris, LGF, 1978.
12. J. G. Hull *et al.*, « The self-awareness reducing effect of alcohol consumption », *Journal of Personality and Social Psychology*, 1983, 44 : 461-473.
13. J. Morenon, F. Péréa, « L'alcoolique au comptoir, étude sur le comportement verbal spontané des buveurs », *Synapse*, 2002, n° 190, p. 23-28.
14. J. G. Hull, R. D. Young, « Self-consciousness, self-esteem, and success-failure as determinants of alcohol consumption in male social drinkers », *Journal of Personality and Social Psychology*, 1983, 44 : 1097-1109.
15. P. Kramer, *Prozac : le bonheur sur ordonnance ?*, Paris, First, 1994.
16. A. L. Brody *et al.*, « Personality changes in adults subjects with major depressive disorder or obsessive-compulsive disorder treated with paroxetine », *Journal of Clinical Psychiatry*, 2000, 61 : 349-355.
17. B. Knutson, *et al.*, « Serotonergic interventions selectively alters aspects of personality and social behavior in normal humans », *American Journal of Psychiatry*, 1998, 155 : 373-379.
18. W. K. Campbell, P. E. Converse, W. L. Rogers, *The Quality of American Life*, New York, Sage, 1976.
19. D. Goleman, *L'Intelligence émotionnelle*, Paris, Robert Laffont, 1997.
20. J. Siaud-Facchin, *L'Enfant surdoué*, Paris, Odile Jacob, 2002.
21. D. K. Mroczak, C. M. Kolanz, « The effect of age on positive and negative affect : A developmental perspective on happiness », *Journal of Personality and Social Psychology*, 1998, 75 : 1333-1349.
22. J.-F. Amadieu, *Le Poids des apparences*, Paris, Odile Jacob, 2002.
23. M. Argyle, L. Lu, « The happiness of extraverts », *Personality and Individual Differences*, 1990, 11 : 1011-1017.

24. D. G. MYERS, « Close relationships and quality of life », *in* D. Kahneman *et al.* (éds), *Well-Being : The Foundations of Hedonic Psychology*, New York, Russell Sage, 1999, p. 378.
25. A. MASTEKAASA, « Marital status, distress, and well-being : An international comparison », *Journal of Comparative Families Studies,* 1994, 25 : 183-206.
26. A. T. BECK, *Love is never enough*, Londres, Penguin Books, 1989.
27. W. WOOD *et al.*, « Sex-differences in positive well-being », *Psychological Bulletin,* 1989, 106 : 249-264.
28. B. CYRULNIK, *Sous le signe du lien*, Paris, Hachette, 1989.
29. C. WALKER, « Some variations in marital satisfactions », *in* R. Chester, J. Peels (éds), *Equalities and Inequalities in Family Life*, Londres, Academic Press, 1977, p. 127-139.
30. R. F. BAUMEISTER, *Meanings of Life*, New York, Guilford, 1991.
31. S. FORWARD, *Toxic Parents*, New York, Bantam Books, 1989.
32. R. D. ENRIGHT *et al.*, « Le pardon comme mode de régulation émotionnelle », *Journal de thérapie comportementale et cognitive*, 2001, 11 : 123-135.
33. A. COMTE-SPONVILLE, *Dictionnaire philosophique*, *op. cit.*, p. 425.
34. L. WHEELER *et al.*, « Loneliness, social interaction and social roles », *Journal of Personality and Social Psychology,* 1983, 45 : 943-953.
35. R. W. LARSON, « The solitary side of life : an examination of the time people spend alone from childhood to old age », *Developmental Review,* 1990, 10 : 155-183.
36. T. A. JUDGE, S. WATANABE, « Another look at the job satisfaction-life satisfaction relationship », *Journal of Applied Psychology* 1993, 78 : 939-948.
37. K. M. SHELDON, L. HOUSER-MARKO, « Self-concordance, goal attainment, and the pursuit of happiness : Can there be an upward spiral ? », *Journal of Personality and Social Psychology*, 2001, 80 : 152-156.
38. M. ARGYLE, *The Psychology of Happiness*, Hove, Routledge, 2001, p. 93.
39. L. LU, M. ARGYLE, « TV watching, soap opera and happiness », *Kaoshiung Journal of Medical Sciences*, 1993, 9 : 501-507.
40. J. P. ROBINSON, « Television's effects on families'use of time », *in* J. Bryant (éd.), *Television and The American Family*, Hillsdale, Erlbaum, 1990, p. 195-209.
41. D. WATSON, *Mood and Temperament*, *op. cit.*

42. M. Csikszentmihaly, *Living Well*, Londres, Phoenix, 1997.

43. J. Nakamura, M. Csikszentmihaly, « The concept of flow », *in* C. R. Snyder et S. J. Lopez (éds), *Handbook of Positive Psychology*, Oxford, Oxford University Press, 2002, p. 89-105.

44. Abbé Trublet, cité par R. Mauzi, *L'Idée de bonheur dans la littérature et la pensée françaises au* XVIIIe *siècle*, Paris, Colin, 1979, p. 330.

45. E.-M. Cioran, *De l'inconvénient d'être né*, Paris, Gallimard, 1973.

46. J.-J. Rousseau, *Les Rêveries du promeneur solitaire*, Paris, Garnier-Flammarion, 1964.

47. E. Orsenna, *Portrait d'un homme heureux*, Paris, Fayard, 2000.

48. H. D. Thoreau, *Walden ou La vie dans les bois*, Paris, Aubier, 1967.

Chapitre 5

Que sait-on sur le bonheur ?

1. Cité par F. et L. Cavalli-Sforza, *La Science du bonheur*, *op. cit.*, 1998, p. 25.

2. D. Lykken, *Happiness : The Nature and Nurture of Joy and Contentment*, New York, St Martin's Griffin, 2000.

3. F. M. Andrews, S. B. Whitey, *Social Indicators of Well-Being : American's Perceptions of Life Quality*, New York, Plenum, 1976.

4. P. Steel et D. S. Ones, « Personality and happiness : A national-level analysis », *Journal of Personality and Social Psychology*, 2002, 83 : 767-781.

5. R. Inglehart, *Culture Shift in Advanced Industrial Society*, Princeton, Princeton University Press, 1990.

6. F. De Waal, *Le Bon Singe*, Paris, Bayard, 1997.

7. A. Weiss *et al.*, « Subjective well-being is heritable and genetically correlated with dominance in chimpanzees », *Journal of Personality and Social Psychology*, 2002, 83 : 1141-1149.

8. J.-P. Rolland, « Le bien-être subjectif. Revue de questions », *Pratique psychologique*, 2000, 1.

9. B. Headey *et al.*, « Top-down versus bottom-up theories of subjective well-being », *Social Indicators Research*, 1991, 24 : 81-100.

10. E. Diener, E. Suh, « Measuring quality of life : economic, social and subjective indicators », *Social Indicators Research*, 1997, 40 : 189-216.

11. G. Rannaud, « Stendhal : la chasse du bonheur », *Magazine littéraire,* 2000, n° 389, p. 49-52.
12. C. D. Ryff, « Happiness is everything, or is it ? Explorations of the meaning of psychological well-being », *Journal of Personality and Social Psychology,* 1989, 57 : 1069-1081.
13. E. Diener, M. Diener, « Cross-cultural correlates of life satisfaction and self-esteem », *Journal of Personality and Social Psychology*, 1995, 5687 : 653-663.
14. C. André, F. Lelord, *L'Estime de soi*, Paris, Odile Jacob, 1999.
15. L. Millet *et al.*, « La nostalgie maternelle pathologique », *Annales médico-psychologiques,* 1980, 138 : 587-594.
16. N. Dubois, *La Psychologie du contrôle*, Grenoble, Presses universitaires de Grenoble, 1987.
17. R. Larsen, « Is feeling "in control" related to happiness in daily life ? », *Psychological Reports*, 1989, 64 : 775-784.
18. J. Rodin, « Aging and health : Effects of the sense of control », *Science,* 1986, 233 : 1271-1276.
19. G. Oettingen, M. E. P. Seligman, « Pessimism and behavioral signs of depression in East *versus* West Berlin », *European Journal of Social Psychology*, 1990, 20 : 207-220.
20. B. Schwartz *et al.*, « Maximizing versus satisficing : happiness is a matter of choice », *Journal of Personality and Social Psychology,* 2002, 83 : 1178-1197.
21. S. Kierkegaard, *Le Concept de l'angoisse*, Paris, Gallimard, 1977.
22. K. M. Sheldon, L. Houser-Marko, « Self-concordance, goal attainment and the pursuit of happiness : Can there be an upward spiral ? », *Journal of Personality and Social Psychology*, 2001, 80 : 152-165.
23. R. Shafran *et al.*, « Clinical perfectionism : A cognitive-behavioral analysis », *Behaviour Research and Therapy,* 2002, 40 : 773-791.
24. G. Oettingen, D. Mayer, « The motivating function of thinking about the future : Expectations *versus* fantasies », *Journal of Personality and Social Psychology*, 2002, 83 : 1198-1212.
25. M. Lacroix, *Le Développement personnel*, Paris, Flammarion, 2000.
26. C. R. Snyder, S. J. Lopez (éds), *Handbook of Positive Psychology*, Oxford, Oxford University Press, 2002.

27. C. L. M. KEYES *et al.*, « Optimizing well-being : The empirical encounter of two traditions », *Journal of Personality and Social Psychology*, 2002, 82 : 1007-1022.
28. F. LELORD, C. ANDRÉ, *La Force des émotions*, Paris, Odile Jacob, 2001.
29. J. L. FREEDMAN, *Happy People*, New York, Harcourt, 1978.
30. J. R. AVERILL, T. A. MORE, « Happiness », *in* M. Lewis, J. M. Havilland, *Handbook of Emotions*, New York, Guilford, 1993, p. 617-629.
31. K. M. SHELDON *et al.*, « What is satisfying about satisfying events ? Testing 10 candidate psychological needs », *Journal of Personality and Social Psychology*, 2001, 80 : 325-339.
32. MADAME DU CHÂTELET, *Discours sur le bonheur*, Paris, Payot, 1997.
33. *In Psychologies Magazine*, n° 213, 2002, p. 98-102.
34. A. CAMUS, *Le Mythe de Sisyphe*, Paris, Gallimard, 1942.
35. P.-H. SIMON, *Témoins de l'homme*, Paris, Payot, 1968.
36. P. TEILHARD DE CHARDIN, *Sur le bonheur*, Paris, Seuil, 1966.
37. A. COMTE-SPONVILLE, *Dictionnaire philosophique*, *op. cit.*, p. 252.
38. *Ibid.*, p. 264.
39. M. ARGYLLE, *The Psychology of Happiness*, New York, Taylor & Francis, 2001, p. 164.
40. R. A. WITTER *et al.*, « Religion and subjective well-being in adulthood : A quantitative synthesis », *Review of Religious Research*, 1985, 26 : 332-342.
41. J. MALTBY *et al.*, « Religious orientation and psychological well-being : The role of the frequency of personal prayer », *British Journal of Health Psychology*, 1999, 4 : 363-378.
42. C. G. ELLISON, « Religious involvment and subjective well-being », *Journal of Health and Social Behavior*, 1991, 32 : 80-99.
43. L. TEPPERS *et al.*, « The prevalence of religious coping among persons with persistent mental illness », *Psychiatric Services*, 2001, 52 : 660-665.
44. V. T. DULL, L. A. SKOKAN, « A cognitive model of religion's influence on health », *Journal of Social Issues*, 1995, 51 : 49-64.
45. A. W. BRAAM *et al.*, « Religious climate and geographical distribution of depressive symptoms in older dutch citizens », *Journal of Affective Disorders*, 1999, 54 : 149-159.

46. P. DESPROGES, *Vivons heureux en attendant la mort*, Paris, Seuil, 1983.
47. A. COMTE-SPONVILLE, *Dictionnaire philosophique*, *op. cit.*

Chapitre 6

LE BONHEUR, UN SUJET QUI FÂCHE

1. P. VAN DEN BOSCH, « Le bonheur en philosophie », *Sciences humaines*, 1997, n° 75, p. 20-25.
2. AUGUSTIN, *La Vie heureuse*, Paris, Payot, 2000.
3. M. CONCHE, *Montaigne ou la conscience heureuse*, Paris, PUF, 2002, p28.
4. J. DELUMEAU, « L'âge d'or », *Le Nouvel Obervateur*, hors-série n° 36, *Le Bonheur, mode d'emploi*, 1999, p. 82-83.
5. J. DELUMEAU, *Une histoire du paradis*, Paris, Fayard, 1992.
6. *Ibid.*, p. 106.
7. Cité par D. RABOUIN, « Du bonheur comme idée reçue », *Magazine littéraire*, 2000, n° 389, p. 29-30.
8. R. MAUZI, *op. cit.*, p. 15.
9. A. BURGUIÈRE, « Une idée neuve », *Le Nouvel Obervateur*, hors-série n° 36, *Le Bonheur, mode d'emploi*, 1999, p. 25-26.
10. Cité par M. DELON, « Sade contre Rousseau : en marge des lumières », *Magazine littéraire*, 2000, n° 389, p. 39-43.
11. D. NOGUEZ, *Les Plaisirs de la vie*, Paris, Payot, 2000.
12. R. MAUZI, *op. cit.*, p. 24.
13. Cité par Y. LECLERC, « Flaubert : le bonheur dans la bêtise », *Magazine littéraire*, 2000, n° 389, p. 52-55.
14. P. BRUCKNER, *L'Euphorie perpétuelle*, Paris, Grasset, 2000.
15. A. COMTE-SPONVILLE, *Dictionnaire philosophique*, *op. cit.*
16. C. SEDIKIDES, « Mood as a determinant of attentional focus », *Cognition and Emotion*, 1992, 6 : 129-148.
17. M. N. O'MALLEY, L. ANDREWS, « The effects of mood and incentives on helping », *Motivation and Emotion*, 1983, 7 : 179-189.
18. A. M. ISEN, P. F. MEVIN, « Effects on feeling good on helping : Cookies and kindness », *Journal of Personality and Social Psychology*, 1972, 21 : 384-388.
19. D. J. BAUMANN *et al.*, « Altruism as hedonism : Helping and self-gratification as equivalent responses », *Journal of Personality and Social Psychology*, 1981, 40 : 1039-1046.

20. J. Anouilh, *La Sauvage*, Paris, Gallimard, 1972.
21. P. Bruckner, *op. cit.*
22. M. Houellebecq, *Rester vivant*, Paris, Flammarion, 1997.
23. M. Houellebecq, *Plateforme*, Paris, Flammarion, 2001.
24. M. Houellebecq, *Les Particules élémentaires*, Paris, Flammarion, 1998.
25. Cité par M. Wachentorff dans une interview à *Impact Médecine*, n° 13, 25 octobre 2002, p. 72-73.
26. P. Sansot, *Les Gens de peu*, Paris, PUF, 1991.
27. « Pourquoi tant de haine pour Amélie ? Les lecteurs de *Libé* défendent le film de Jeunet », *Libération*, 3 juin 2001, n° 6235, p. 2-4.
28. B. Cannone, « Le bonheur en littérature », *Sciences humaines*, 1997, n° 75, p. 38-41.
29. T. Todorov, « Sous le regard des autres », *Sciences humaines*, 2002, n° 131, p. 22-27.
30. P. Carré, « Pyrrhon : abolir tous les étants », *Magazine littéraire*, 2001, n° 394, p. 25-27.
31. Alain, *Propos*, Paris, Gallimard, 1956.
32. D. Noguez, *Comment rater complètement sa vie en onze leçons*, Paris, Payot, 2002.
33. R.-P. Droit, « Le mou, le raté et le flou », *Le Monde des livres*, 18 janvier 2002, p. 8.
34. Cycle de conférences de l'Église réformée de l'Étoile, Paris, en 2001.

Troisième partie
Construire le bonheur

Chapitre 7

Comment ne pas se rendre malheureux

1. P. Watzlawick, *Faites vous-mêmes votre malheur*, Paris, Seuil, 1984.
2. M. Muraven *et al.*, « Self-control as a limited resource : Regulatory depletion patterns », *Journal of Personality and Social Psychology*, 1998, 74 : 774-789.
3. M. McGuire, A. Troisi, *Darwinian Psychiatry*, Oxford, Oxford University Press, 1998.

4. C. WADDELL, « Creativity and mental illness : Is there a link ? », *Canadian Journal of Psychiatry,* 1998, 43 : 166-172.
5. R. WEIS, M. C. LOVEJOY, « Information processing in everyday life : Emotion-congruent-bias in mother's report of parent-child interaction », *Journal of Personality and Social Psychology*, 2002, 83 : 216-230.
6. E. YOUNGSTROM *et al.*, « Dysphoria-related bias in maternal ratings of children », *Journal of Consulting and Clinical Psychology*, 1999, 67 : 905-916.
7. Z. V. SEGAL *et al.*, « A cognitive science perspective on kindling and episode sensitizations in recurrent affective disorders », *Psychological Medicine*, 1996, 26 : 371-380.
8. Cité par A. SCHOPENHAUER, *L'Art d'être heureux*, Paris, Seuil, 2001, p. 56.
9. *Le Petit Robert*, Paris, Dictionnaires Le Robert, 1990.
10. D. WATSON, *Mood and Temperament*, *op. cit.*
11. P. FÉDIDA, *Les Bienfaits de la dépression*, Paris, Odile Jacob, 2001.
12. P. T. COSTA *et al.*, « Environmental and dispositional influences on well-being : Longitudinal follow-up on an american national sample », *British Journal of Psychology,* 1987, 78 : 299-306.
13. J. M. VANELLE *et al.*, « Controlled efficacy study of fluoxetine in dysthymia », *British Journal of Psychiatry,* 1997, 170 : 345-350.
14. J. C. Markowitz, « Psychotherapy of dysthymia », *American Journal of Psychiatry*, 1994, 89 : 1114-1121.
15. A. V. RAVINDRAN *et al.*, « Treatment of primary dysthymia with group cognitive therapy and pharmacotherapy », *American Journal of Psychiatry*, 1999, 156 : 1608-1617.
16. N. BAUMAN, J. KUHL, « Intuition, affect and personality : Unconscious coherence judgments and self-regulation of negative affects », *Journal of Personality and Social Psychology*, 2002, 83 : 1213-1223.
17. R. E. THAYER, « Rational mood substitution : Exercise more and indulge less », *in* R. E. Thayer, *The Origin of Everyday Mood*, *op. cit.*, p. 157-168.
18. R. WESTERMANN *et al.*, « Relative effectiveness and validity of mood induction procedures : A meta-analysis », *European Journal of Social Psychology*, 1996, 26 : 557-580.
19. M. DUGAS *et al.*, « Intolerance of uncertainty and worry », *Cognitive Therapy and Research*, 2001, 25 : 551-558.

20. J. K. NOREM, « Defensive pessimism, optimism, and pessimism », *in* E. C. Chang (éd.), *Optimism and Pessimism*, Washington DC, American Psychological Association, 2001, p. 77-100.
21. M. E. P. SELIGMAN, « Explanatory style : Predicting depression, achievement and health », *in* M. D. Yapko (éd.), *Brief Therapy Approaches to Treating Anxiety and Depression*, New York, Brunner-Mazel, 1989.
22. C. J. ROBINS, A. M. HAYES, « The role of causal attributions in the prediction of depression », *in* G. M. Buchman, M. E. P. Seligman (éds), *Explanatory Style*, Hillsadale (NJ), Erlbaum, 1995, p. 71-98.
23. M. MINOIS, *Histoire de l'avenir, des prophètes à la prospective*, Paris, Fayard, 1996.
24. J.-C. PECKER, « L'effet Mars », *Sciences et Avenir*, 1995, hors-série n° 101, p. 20-26.
25. N. AMBADY, H. M. GRAY, « On being sad and mistaken : Mood effects on the accuracy of thin-slice judgments », *Journal of Personality and Social Psychology*, 2002, 83 : 947-961.
26. J. M. DARLEY, C. D. BATSON, « From Jerusalem to Jericho : A study of situational and dispositional variables in helping behaviors », *Journal of Personality and Social Psychology*, 1973, 27 : 100-108.
27. R. F. BAUMEISTER *et al.*, « Effects of social exclusion on cognitive processes : Anticipated aloneness reduces intelligence thought », *Journal of Personality and Social Psychology*, 2002, 83 : 817-827.
28. E. CIORAN, *Cahiers 1957-1972*, Paris, Gallimard, 1997, p. 801.
29. R. H. SMITH, E. DIENER, D. H. WEDELL, « Intrapersonal and social comparison determinants of hapiness : a range-frequency analysis », *Journal of Personality and Social Psychology*, 1989, 56 : 317-325.
30. R. MAUZI, *op. cit.*, p. 296.
31. M. BALINT, *Les Voies de la régression*, Paris, Payot, 2000.
32. A. BIERCE, *Le Dictionnaire du Diable*, Paris, Payot-Rivages, 1989.
33. P. LEGRENZI, *Le Bonheur*, *op. cit.*, p. 28.
34. V. B. SCOTT *et al.*, « The development of a trait measure of ruminative thought », *Personality and Individual Differences*, 1999, 26 : 1045-1053.
35. F. ROUSTANG, *La Fin de la plainte*, Paris, Odile Jacob, 2000.

Chapitre 8

CULTIVER ET PROTÉGER LE BONHEUR

1. Dictionnaire *Le Robert*, *op. cit.*
2. Cité par R. MAUZI, *op. cit.*, p. 261-262.
3. B. RUSSELL, *La Conquête du bonheur*, Paris, Payot, 1962.
4. S. S. LE DALAÏ-LAMA, H. CUTLER, *L'Art du bonheur*, Paris, Robert Laffont, 1999.
5. Cité par R. MAUZI, *op. cit.*, p. 42.
6. Voir par exemple le classique M. AUCLAIR, *Le Livre du bonheur*, Paris, Seuil, 1959. Ou bien D. GLOCHEUX, *Petits chemins du bonheur*, Paris, Flammarion, 1999.
7. Interview de J.-L. SERVAN-SCHREIBER, *Psychologies*, 2002, n° 213, p. 114.
8. E. CIORAN, *Entretiens*, Paris, Gallimard, 1995, p. 314.
9. R. LADOUCEUR, A. MARCHAND, J.-M. BOISVERT, *Les Troubles anxieux. Approche cognitive et comportementale*, Paris, Masson, 1999.
10. P. DANINOS, *Le 36e dessous*, Paris, Hachette, 1966.
11. Dictionnaire *Le Robert, op. cit.*
12. C. PETERSON, « The future of optimism », *American Psychologist*, 2000, 55 : 44-55.
13. M. F. SCHEIER *et al.*, « Optimism, pessimism and psychological well-being », *in* E. C. Chang (éd.), *op. cit.*, p. 189-216.
14. C. PETERSON *et al.*, « Pessimistic explanatory style is a risk-factor for physical illness : A thirty-five year longitudinal study », *Journal of Personality and Social Psychology*, 1988, 55 : 23-27.
15. S. GUELLATI *et al.*, « Le rôle de l'optimisme dans les suites opératoires », *Journal de thérapie comportementale et cognitive*, 2000, 10 : 15-29.
16. S. GUELLATI, « Le concept d'optimisme en psychologie de la santé », *Journal de thérapie comportementale et cognitive*, 2000, 10 : 5-14.
17. I. BRISSETTE *et al.*, « The role of optimism in social network development, coping ands psychological adjustment during a life transition », *Journal of Personality and Social Psychology,* 2002, 82 : 102-111.
18. VOLTAIRE, *Candide*, Paris, Hachette, « Classiques », 1991.

19. L. G. ASPINWALL *et al.*, « Understanding how optimism works : An examination of optimist's adaptative moderation of belief and behavior », *in* E. C. Chang (éd.), *op. cit.*, p. 217-238.
20. L. G. ASPINWALL *et al.*, « Optimism and self-mastery predict more rapid disengagement from unsolvable tasks in presence of alternatives », *Motivation and Emotion*, 1999, 23 : 221-245.
21. L. G. ASPINWALL *et al.*, « Distinguishing optimism from denial : optimistic beliefs predict attention to health threats », *Personality and Social Psychology Bulletin*, 1996, 22 : 993-1003.
22. S. E. TAYLOR *et al.*, « Optimism, coping, psychological distress and high-risk sexual behavior among men at risk for AIDS », *Journal of Personality and Social Psychology*, 1992, 63 : 460-473.
23. R. RAGHUNATHAN, Y. TROPE, « Walking the tightrope between feeling good and being accurate : mood as a ressource in processing persuasive messages », *Journal of Personality and Social Psychology*, 2002, 83 : 510-525.
24. B. R. LEVY *et al.*, « Longevity increased by positive self-perceptions of aging », *Journal of Personality and Social Psychology*, 2002, 83 : 261-270.
25. S. E. TAYLOR *et al.*, « Psychological ressources, positive illusions and health », *American Psychologist,* 2000, 55 : 99-109.
26. R. W. ROBINS, J. S. Beer, « Positive illusions about the self : Short-term benefits and long-term costs », *Journal of Personality and Social Psychology,* 2001, 80 : 340-352.
27. D'après R. G. MORRIS, « Spatial localization does not require the presence of local cues », *Learning and Motivation,* 1981, 12 : 239-260 ; R. Brandeis *et al.*, « The use of the Morris Water Maze in the study of memory and learning », *International Journal of Neuroscience,* 1989, 48 : 29-69.
28. M. SELIGMAN, *Apprendre l'optimisme*, Paris, InterÉditions, 1994.
29. A. HOFFART et H. SEXTON, « The role of optimism in the process of schema-focused cognitive therapy of personality problems », *Behaviour Research and Therapy*, 2002, 40 : 611-623.
30. J. H. RISKINF *et al.*, « For every malady a sovereign cure : Optimism training », *Journal of Cognitive Psychotherapy*, 1996, 10 : 105-117.
31. A. BANDURA, *L'Apprentissage social*, Bruxelles, Mardaga, 1980.
32. A. MEMMI, *L'Exercice du bonheur*, Paris, Arléa, 1995, p. 11.

33. E. DIENER, R. J. LARSEN, « The experience of emotional well-being », *in* M. Lewis, J. M. Havilland, *Handbook of Emotions*, New York, Guilford Press, 1993, p. 407.
34. A. COMTE-SPONVILLE, *Le Bonheur, désespérément*, Nantes, Pleins Feux, 2000, p. 102.
35. M. E. MCCULLOUGH, « The grateful disposition : A conceptual and empirical topography », *Journal of Personality and Social Psychology*, 2002, 82 : 112-127.
36. R. A. EMMONS, C. A. CLUMPER, « Gratitude as human strenght : Appraising the evidence », *Journal of Social and Clinical Psychology*, 2000, 19 : 56-69.
37. A. COMTE-SPONVILLE, *Petit Traité des grandes vertus*, Paris, PUF, 1995.
38. A. COMTE-SPONVILLE, *Le bonheur, désespérément*, *op. cit.*, p. 21.

Quatrième partie
Où en êtes-vous avec le bonheur ?

1. H. J. EYSENCK, S. B. G. EYSENCK, *Manual of the Eysenck Personality Questionnaire*, San Diego, CA, « Educational and Industrial Testing Service », 1975 ; D. Watson *et al.*, « Development and validation of brief measures of positive and negative affects », *Journal of Personality and Social Psychology*, 1988, 54 : 1063-1070.
2. E. DIENER *et al.*, « The Satisfaction With Life Scale », *Journal of Personality Assessment*, 1985, 49 : 71-75 ; W. Pavot, E. Diener, « Review of the Satisfaction With Life Scale », *Psychological Assessment*, 1993, 5 : 164-172.
3. P. LEWINSOHN et M. GRAF, « Pleasant activites and depression », *Journal of Consulting and Clinical Psychology*, 1973, 41 : 261-268.
4. J. VAN RILLAER. *La Gestion de soi*, Bruxelles, Mardaga, 1992, p. 79-82.
5. M. F. SCHEIER *et al.*, « Distinguishing optimism and neuroticism : A reevaluation of the Life Orientation Test », *Journal of Personality and Social Psychology*, 1994, 67 : 1063-1078 ; J. B. Rotter, « Generalized expectancies for internal versus external control of reinforcement », *Psychological Monographs*, 1966, 80 (tout le numéro 609).

Table

Chapitre 2
Le bonheur empêché

Chapitre 3
Le bonheur : une histoire intime

Deuxième partie
Comprendre et défendre le bonheur

Chapitre 4
OÙ CHERCHER LE BONHEUR ?

Chapitre 5
QUE SAIT-ON SUR LE BONHEUR ?

Troisième partie
Construire le bonheur

Chapitre 7
COMMENT NE PAS SE RENDRE MALHEUREUX

Chapitre 8

Cultiver et protéger le bonheur

Quatrième partie
Où en êtes-vous avec le bonheur ?

Dans la collection « Poches Odile Jacob »

N° 1 : Aldo Naouri, *Les Filles et leurs mères*
N° 2 : Boris Cyrulnik, *Les Nourritures affectives*
N° 3 : Jean-Didier Vincent, *La Chair et le Diable*
N° 4 : Jean François Deniau, *Le Bureau des secrets perdus*
N° 5 : Stephen Hawking, *Trous noirs et Bébés univers*
N° 6 : Claude Hagège, *Le Souffle de la langue*
N° 7 : Claude Olievenstein, *Naissance de la vieillesse*
N° 8 : Édouard Zarifian, *Les Jardiniers de la folie*
N° 9 : Caroline Eliacheff, *À corps et à cris*
N° 10 : François Lelord, Christophe André, *Comment gérer les personnalités difficiles*
N° 11 : Jean-Pierre Changeux, Alain Connes, *Matière à pensée*
N° 12 : Yves Coppens, *Le Genou de Lucy*
N° 13 : Jacques Ruffié, *Le Sexe et la Mort*
N° 14 : François Roustang, *Comment faire rire un paranoïaque ?*
N° 15 : Jean-Claude Duplessy, Pierre Morel, *Gros Temps sur la planète*
N° 16 : François Jacob, *La Souris, la Mouche et l'Homme*
N° 17 : Marie-Frédérique Bacqué, *Le Deuil à vivre*
N° 18 : Gerald M. Edelman, *Biologie de la conscience*
N° 19 : Samuel P. Huntington, *Le Choc des civilisations*
N° 20 : Dan Kiley, *Le Syndrome de Peter Pan*
N° 21 : Willy Pasini, *À quoi sert le couple ?*
N° 22 : Françoise Héritier, Boris Cyrulnik, Aldo Naouri, *De l'inceste*
N° 23 : Tobie Nathan, *Psychanalyse païenne*
N° 24 : Raymond Aubrac, *Où la mémoire s'attarde*
N° 25 : Georges Charpak, Richard L. Garwin, *Feux follets et Champignons nucléaires*
N° 26 : Henry de Lumley, *L'Homme premier*
N° 27 : Alain Ehrenberg, *La Fatigue d'être soi*
N° 28 : Jean-Pierre Changeux, Paul Ricœur, *Ce qui nous fait penser*
N° 29 : André Brahic, *Enfants du Soleil*
N° 30 : David Ruelle, *Hasard et Chaos*
N° 31 : Claude Olievenstein, *Le Non-dit des émotions*
N° 32 : Édouard Zarifian, *Des paradis plein la tête*
N° 33 : Michel Jouvet, *Le Sommeil et le Rêve*
N° 34 : Jean-Baptiste de Foucauld, Denis Piveteau, *Une société en quête de sens*
N° 35 : Jean-Marie Bourre, *La Diététique du cerveau*
N° 36 : François Lelord, *Les Contes d'un psychiatre ordinaire*

N° 37 : Alain Braconnier, *Le Sexe des émotions*
N° 38 : Temple Grandin, *Ma vie d'autiste*
N° 39 : Philippe Taquet, *L'Empreinte des dinosaures*
N° 40 : Antonio R. Damasio, *L'Erreur de Descartes*
N° 41 : Édouard Zarifian, *La Force de guérir*
N° 42 : Yves Coppens, *Pré-ambules*
N° 43 : Claude Fischler, *L'Homnivore*
N° 44 : Brigitte Thévenot, Aldo Naouri, *Questions d'enfants*
N° 45 : Geneviève Delaisi de Parseval, Suzanne Lallemand, *L'Art d'accommoder les bébés*
N° 46 : François Mitterrand, Elie Wiesel, *Mémoire à deux voix*
N° 47 : François Mitterrand, *Mémoires interrompus*
N° 48 : François Mitterrand, *De l'Allemagne, de la France*
N° 49 : Caroline Eliacheff, *Vies privées*
N° 50 : Tobie Nathan, *L'Influence qui guérit*
N° 51 : Éric Albert, Alain Braconnier, *Tout est dans la tête*
N° 52 : Judith Rapoport, *Le garçon qui n'arrêtait pas de se laver*
N° 53 : Michel Cassé, *Du vide et de la création*
N° 54 : Ilya Prigogine, *La Fin des certitudes*
N° 55 : Ginette Raimbault, Caroline Eliacheff, *Les Indomptables*
N° 56 : Marc Abélès, *Un ethnologue à l'Assemblée*
N° 57 : Alicia Lieberman, *La Vie émotionnelle du tout-petit*
N° 58 : Robert Dantzer, *L'Illusion psychosomatique*
N° 59 : Marie-Jo Bonnet, *Les Relations amoureuses entre les femmes*
N° 60 : Irène Théry, *Le Démariage*
N° 61 : Claude Lévi-Strauss, Didier Éribon, *De près et de loin*
N° 62 : François Roustang, *La Fin de la plainte*
N° 63 : Luc Ferry, Jean-Didier Vincent, *Qu'est-ce que l'homme ?*
N° 64 : Aldo Naouri, *Parier sur l'enfant*
N° 65 : Robert Rochefort, *La Société des consommateurs*
N° 66 : John Cleese, Robin Skynner, *Comment être un névrosé heureux*
N° 67 : Boris Cyrulnik, *L'Ensorcellement du monde*
N° 68 : Darian Leader, *À quoi penses-tu ?*
N° 69 : Georges Duby, *L'Histoire continue*
N° 70 : David Lepoutre, *Cœur de banlieue*
N° 71 : Université de tous les savoirs 1, *La Géographie et la Démographie*
N° 72 : Université de tous les savoirs 2, *L'Histoire, la Sociologie et l'Anthropologie*
N° 73 : Université de tous les savoirs 3, *L'Économie, le Travail, l'Entreprise*

N° 74 : Christophe André, François Lelord, *L'Estime de soi*
N° 75 : Université de tous les savoirs 4, *La Vie*
N° 76 : Université de tous les savoirs 5, *Le Cerveau, le Langage, le Sens*
N° 77 : Université de tous les savoirs 6, *La Nature et les Risques*
N° 78 : Boris Cyrulnik, *Un merveilleux malheur*
N° 79 : Université de tous les savoirs 7, *Les Technologies*
N° 80 : Université de tous les savoirs 8, *L'Individu dans la société d'aujourd'hui*
N° 81 : Université de tous les savoirs 9, *Le Pouvoir, L'État, la Politique*
N° 82 : Jean-Didier Vincent, *Biologie des passions*
N° 83 : Université de tous les savoirs 10, *Les Maladies et la Médecine*
N° 84 : Université de tous les savoirs 11, *La Philosophie et l'Éthique*
N° 85 : Université de tous les savoirs 12, *La Société et les Relations sociales*
N° 86 : Roger-Pol Droit, *La Compagnie des philosophes*
N° 87 : Université de tous les savoirs 13, *Les Mathématiques*
N° 88 : Université de tous les savoirs 14, *L'Univers*
N° 89 : Université de tous les savoirs 15, *Le Globe*
N° 90 : Jean-Pierre Changeux, *Raison et Plaisir*
N° 91 : Antonio R. Damasio, *Le Sentiment même de soi*
N° 92 : Université de tous les savoirs 16, *La Physique et les Éléments*
N° 93 : Université de tous les savoirs 17, *Les États de la matière*
N° 94 : Université de tous les savoirs 18, *La Chimie*
N° 95 : Claude Olievenstein, *L'Homme parano*
N° 96 : Université de tous les savoirs 19, *Géopolitique et Mondialisation*
N° 97 : Université de tous les savoirs 20, *L'Art et la Culture*
N° 98 : Claude Hagège, *Halte à la mort des langues*
N° 99 : Jean-Denis Bredin, Thierry Lévy, *Convaincre*
N° 100 : Willy Pasini, *La Force du désir*
N° 101 : Jacques Fricker, *Maigrir en grande forme*
N° 102 : Nicolas Offenstadt, *Les Fusillés de la Grande Guerre*
N° 103 : Catherine Reverzy, *Femmes d'aventure*
N° 104 : Willy Pasini, *Les Casse-pieds*
N° 105 : Roger-Pol Droit, *101 Expériences de philosophie quotidienne*
N° 106 : Jean-Marie Bourre, *La Diététique de la performance*
N° 107 : Jean Cottraux, *La Répétition des scénarios de vie*
N° 108 : Christophe André, Patrice Légeron, *La Peur des autres*
N° 109 : Amartya Sen, *Un nouveau modèle économique*
N° 110 : John D. Barrow, *Pourquoi le monde est-il mathématique ?*

N° 111 : Richard Dawkins, *Le Gène égoïste*
N° 112 : Pierre Fédida, *Des bienfaits de la dépression*
N° 113 : Patrick Légeron, *Le Stress au travail*
N° 114 : François Lelord, Christophe André, *La Force des émotions*
N° 115 : Marc Ferro, *Histoire de France*
N° 116 : Stanislas Dehaene, *La Bosse des maths*
N° 117 : Willy Pasini, Donato Francescato, *Le Courage de changer*
N° 118 : François Heisbourg, *Hyperterrorisme : la nouvelle guerre*
N° 119 : Marc Ferro, *Le Choc de l'Islam*
N° 120 : Régis Debray, *Dieu, un itinéraire*
N° 121 : Georges Charpak, Henri Broch, *Devenez sorciers, devenez savants*
N° 122 : René Frydman, *Dieu, la Médecine et l'Embryon*
N° 123 : Philippe Brenot, *Inventer le couple*
N° 124 : Jean Le Camus, *Le Vrai Rôle du père*
N° 125 : Elisabeth Badinter, *XY*
N° 126 : Elisabeth Badinter, *L'Un est l'Autre*
N° 127 : Laurent Cohen-Tanugi, *L'Europe et l'Amérique au seuil du XXIe siècle*
N° 128 : Aldo Naouri, *Réponses de pédiatre*
N° 129 : Jean-Pierre Changeux, *L'Homme de vérité*
N° 130 : Nicole Jeammet, *Les Violences morales*
N° 131 : Robert Neuburger, *Nouveaux Couples*
N° 132 : Boris Cyrulnik, *Les Vilains Petits Canards*
N° 133 : Christophe André, *Vivre heureux*
N° 134 : François Lelord, *Le Voyage d'Hector*
N° 135 : Alain Braconnier, *Petit ou grand anxieux ?*
N° 136 : Juan Luis Arsuaga, *Le Collier de Néandertal*
N° 137 : Daniel Sibony, *Don de soi ou partage de soi*
N° 138 : Claude Hagège, *L'Enfant aux deux langues*
N° 139 : Roger-Pol Droit, *Dernières Nouvelles des choses*
N° 140 : Willy Pasini, *Être sûr de soi*
N° 141 : Massimo Piattelli Palmarini, *Le Goût des études ou comment l'acquérir*
N° 142 : Michel Godet, *Le Choc de 2006*
N° 143 : Gérard Chaliand, Sophie Mousset, *2 000 ans de chrétientés*
N° 145 : Christian De Duve, *À l'écoute du vivant*
N° 146 : Aldo Naouri, *Le Couple et l'Enfant*

N° 147 : Robert Rochefort, *Vive le papy-boom*
N° 148 : Dominique Desanti, Jean-Toussaint Desanti, *La liberté nous aime encore*
N° 149 : François Roustang, *Il suffit d'un geste*
N° 150 : Howard Buten, *Il y a quelqu'un là-dedans*
N° 151 : Catherine Clément, Tobie Nathan, *Le Divan et le Grigri*
N° 152 : Antonio R. Damasio, *Spinoza avait raison*
N° 153 : Bénédicte de Boysson-Bardies, *Comment la parole vient aux enfants*
N° 154 : Michel Schneider, *Big Mother*
N° 155 : Willy Pasini, *Le Temps d'aimer*
N° 156 : Jean-François Amadieu, *Le Poids des apparences*
N° 157 : Jean Cottraux, *Les Ennemis intérieurs*
N° 158 : Bill Clinton, *Ma Vie*
N° 159 : Marc Jeannerod, *Le Cerveau intime*
N° 160 : David Khayat, *Les Chemins de l'espoir*
N° 161 : Jean Daniel, *La Prison juive*
N° 162 : Marie-Christine Hardy-Baylé, Patrick Hardy, *Maniaco-dépressif*
N° 163 : Boris Cyrulnik, *Le Murmure des fantômes*
N° 164 : Georges Charpak, Roland Omnès, *Soyez savants, devenez prophètes*
N° 165 : Aldo Naouri, *Les Pères et les Mères*
N° 166 : Christophe André, *Psychologie de la peur*
N° 167 : Alain Peyrefitte, *La Société de confiance*
N° 168 : François Ladame, *Les Éternels Adolescents*
N° 169 : Didier Pleux, *De l'enfant roi à l'enfant tyran*
N° 170 : Robert Axelrod, *Comment réussir dans un monde d'égoïstes*
N° 171 : François Millet-Bartoli, *La Crise du milieu de la vie*
N° 172 : Hubert Montagner, *L'Attachement*
N° 173 : Jean-Marie Bourre, *La Nouvelle Diététique du cerveau*
N° 174 : Willy Pasini, *La Jalousie*
N° 175 : Frédéric Fanget, *Oser*
N° 176 : Lucy Vincent, *Comment devient-on amoureux ?*
N° 177 : Jacques Melher, Emmanuel Dupoux, *Naître humain*
N° 178 : Gérard Apfeldorfer, *Les Relations durables*
N° 179 : Bernard Lechevalier, *Le Cerveau de Mozart*
N° 180 : Stella Baruk, *Quelles mathématiques pour l'école ?*

N° 181 : Patrick Lemoine, *Le Mystère du placebo*
N° 182 : Boris Cyrulnik, *Parler d'amour au bord du gouffre*
N° 183 : Alain Braconnier, *Mère et Fils*
N° 184 : Jean-Claude Carrière, *Einstein, s'il vous plaît*
N° 185 : Aldo Naouri, Sylvie Angel, Philippe Gutton, *Les Mères juives*
N° 186 : Jean-Marie Bourre, *La Vérité sur les oméga-3*
N° 187 : Édouard Zarifian, *Le Goût de vivre*
N° 188 : Lucy Vincent, *Petits arrangements avec l'amour*
N° 189 : Jean-Claude Carrière, *Fragilité*
N° 190 : Luc Ferry, *Vaincre les peurs*
N° 191 : Henri Broch, *Gourous, sorciers et savants*
N° 192 : Aldo Naouri, *Adultères*
N° 193 : Violaine Guéritault, *La Fatigue émotionnelle et physique des mères*
N° 194 : Sylvie Angel et Stéphane Clerget, *La Deuxième Chance en amour*
N° 195 : Barbara Donville, *Vaincre l'autisme*
N° 196 : François Roustang, *Savoir attendre*
N° 197 : Alain Braconnier, *Les Filles et les Pères*
N° 198 : Lucy Vincent, *Où est passé l'amour ?*
N° 199 : Claude Hagège, *Combat pour le français*
N° 200 : Boris Cyrulnik, *De chair et d'âme*
N° 201 : Jeanne Siaud-Facchin, *Aider son enfant en difficulté scolaire*
N° 202 : Laurent Cohen, *L'Homme-thermomètre*
N° 203 : François Lelord, *Hector et les secrets de l'amour*
N° 204 : Willy Pasini, *Des hommes à aimer*
N° 205 : Jean-François Gayraud, *Le Monde des mafias*
N° 206 : Claude Béata, *La Psychologie du chien*
N° 207 : Denis Bertholet, *Claude Lévi-Strauss*
N° 208 : Alain Bentolila, *Le Verbe contre la barbarie*
N° 209 : François Lelord, *Le Nouveau Voyage d'Hector*
N° 210 : Pascal Picq, *Lucy et l'obscurantisme*
N° 211 : Marc Ferro, *Le Ressentiment dans l'histoire*
N° 212 : Willy Pasini, *Le Couple amoureux*
N° 213 : Christophe André, François Lelord, *L'Estime de soi*
N° 214 : Lionel Naccache, *Le Nouvel Inconscient*
N° 215 : Christophe André, *Imparfaits, libres et heureux*

Ouvrage publié sous la responsabilité
éditoriale de Catherine Meyer

Cet ouvrage a été imprimé en France par

CPI
BUSSIÈRE

à Saint-Amand-Montrond (Cher)
en septembre 2013

N° d'édition : 7381-1524-11 – N° d'impression : 2005004
Dépôt légal : septembre 2004